Deutschstunden 6

Lesebuch

Neue Ausgabe

Herausgegeben von
Harald Frommer, Hans Jürgen Heringer,
Theo Herold, Ulrich Müller

Erarbeitet von
Petra Cornelißen, Helmut Flad,
Harald Frommer, Theo Herold,
Elvira Langbein, Rosemarie Lange
Ute Mühlbradt, Viktor Rintelen,
Wolfgang Waldmann, Hubert Wolf

Cornelsen

INHALTSVERZEICHNI

1 Familienbande

2 Schulstunden

3 Sport macht Spaß!?

4 Katze, Pferd und Hochseekuh: Tiergedichte

5 Das Blaue vom Himmel

6 Sagenhafte Geschichten

7 Aus dem Schatzkästlein des Kalendermannes

8 Von Sklaven, Herren und Dummköpfen – Fabeln

9 Erich Kästner – ein Autor für Kinder und Erwachsene

10 Kühne Seefahrer, verwegene Abenteurer und gefesselte Leser

11 Theater mitten unter uns

12 Foto-Safari in der Schule

1 Familienbande

Jeder an seinem Platz

Karin Bolte

Ich sehe mich

Es regnete und stürmte draußen. Obwohl noch früher Nachmittag, war es bereits so dunkel, dass die Lampen brennen mussten. Monika stand im Flur vor dem großen Spiegel. Sie drehte sich hin und her, schnitt Grimassen und war ernst. Sie setzte Vaters Hut auf und sagte mit tiefer Stimme: „Meine sehr verehrten Damen und Herren …“, und später, mit Klaus' Pudelmütze auf dem Kopf: „Aaaaaale, Aaaaaale …“
Plötzlich wurde es für eine ganze Weile still. Schließlich rief sie ihrer Mutter zu: „Mutti, wer bin ich nun eigentlich wirklich?“

Die Mutter hatte ihr Bügelbrett bei Monika im Zimmer aufgestellt und bügelte Hemden. Monika hatte es gern, wenn die Mutter bei ihr im Zimmer bügelte. Sie spielten dann Wortspiele zusammen und Mutter hatte viel Zeit Dinge zu erklären.
Die Mutter sah sich nach Monika um. Sie stand immer noch vor dem Spiegel. Ohne Hut und sehr ernst. Mutter sagte: „Wer du wirklich bist? Das kommt darauf an.“
„Worauf?“
„Na, auf den Standpunkt, von dem aus du betrachtet wirst.“

„Das versteh ich nicht. Ich kann doch niemand anders sein als ich. Aber wer bin ich denn?"

Mutter überlegte einen Augenblick. „Na, komm her und leg dich hier auf den Fußboden", sagte sie zu Monika. „Wo bügele ich denn jetzt: über oder unter dir?"

„Über mir natürlich."

„Und wenn du dich auf den Schrank da stellst?" – „Na, unter mir natürlich."

„Siehste", sagte Mutter. „Und wo bügele ich denn nun wirklich?"

Monika dachte nach. Schließlich sagte sie: „Na gut, das versteh ich. Aber wie komm ich da jetzt rein?"

„Ganz einfach, was meinst du, sagt dein Bruder Jürgen von dir?"

„Dass ich eine dumme, blöde Gans bin, die immer alles kaputtmacht."

„Und was wird deine Lehrerin sagen?"

„Sie sagt, dass ich eine Stütze der Klasse bin."

Mutter seufzte und nickte. „Das sagt sie, weil sie achtunddreißig von euch in einer Klasse hat und für jedes Kind dankbar ist, das ruhig und leise und fleißig ist. Sieht dich denn die Klasse auch als Stütze?"

„Bestimmt nicht!", sagte Monika düster. „Ich soll Klassenkeile haben, weil ich als Einzige die Strafarbeit gemacht habe."

Man sah, dass Mutter sich eine Bemerkung zu dem Thema verbiss. Schnell sagte sie: „Und was meinst du, sagt dein Trainer im Sportverein?"

„Dass ich feige bin und mich nichts traue."

„Und was sagt Frau Kienast?"

„Ach, die!" Monika schnitt eine Grimasse. Mit künstlicher, hoher Stimme flötete sie: „Kind, du gibst mir den Glauben an die heutige Jugend wieder."

Mutter setzte ihr Bügeleisen ab und kam zu Monika auf den Flur. Beide standen nun vor dem Spiegel. „Siehst du", sagte Mutter leise, „das alles bist du: die dumme Gans und der Glauben an die heutige Jugend, feige und eine Stütze der Klasse. Na?"

„Aber wer bin ich nun wirklich? Was du erzählt hast, sind Sachen, wie die anderen mich sehen. Ich finde mich aber nicht feige, zum Beispiel. Wie bin ich denn ohne die andern?"

„Das", sagte Mutter langsam, „das ist ziemlich schwer. Weißt du, genau wie die anderen Menschen ein Bild von dir haben, das nicht stimmen muss, so hast du auch ein Bild von dir selber. Und das muss auch nicht stimmen, denn genauso wenig wie die andern ganz ehrlich mit dir sind, bist du es auch mit dir selbst. Wer macht sich selber schon ein Bild von sich als faul, feige und dumm zum Beispiel? Dann sagt man schon lieber: Ich bin nicht dumm, die andern sehen meine Intelligenz bloß nicht. Verstehst du das?"

Monika nickte. „Das ist wie mit dem Feigesein. Der Trainer sagt, ich bin feige, weil ich nicht vom Zehner-Brett springe. Aber ich finde es nicht feige, dass ich nicht springen will."

„Darüber kann man sich ja auch streiten", sagte Mutter, „aber schlimmer ist, dass man meistens eine sehr gute Meinung von sich hat. Ich meine, dass man von sich selber sagen würde, man klaut nicht oder betrügt oder mordet nicht. Und man ist immer ganz entrüstet, wenn andere das tun.

Aber manchmal ist man auch sehr erschrocken, zu was man selber fähig ist. Auch der Bravste kann unter Umständen was ganz Schlimmes tun. Das muss man wissen. Für das eigene Bild sozusagen und für die Beurteilung von andern."

Monika sagte mit merkwürdig trockener Stimme: „Wie neulich. Da war ich so wütend auf Klaus, da hab ich gewünscht, er soll sterben. – Und abends war er dann krank. Da hab ich fürchterlich geheult."

Mutter streichelte sie sanft. „Ich kann verstehen, dass dich das erschreckt hat. Aber der Klaus hatte sich erkältet. Ich bin froh, dass du es mir erzählt hast. Mir ging das früher mit meinen Geschwistern nicht anders. Und manchmal hab ich auch meine Eltern gehasst. Weil sie nicht verstanden, was ich wollte. Aber jetzt werde ich uns mal ein paar Waffeln zum Kaffee machen. Einverstanden?"

Monika winkte sich selbst im Spiegel zu und schnitt eine Grimasse. „Weißt du", sagte sie zu ihrer Mutter, „wenn ich so daran denke, was ich alles bin. Eigentlich bin ich doch ziemlich vielseitig. Oder?"

„Na, Gott sei Dank, das will ich meinen!", sagte Mutter.

1 Wie Monika und ihre Mutter miteinander umgehen. Schreibt auf, was euch auffällt.

2 Geschwister untereinander – habt ihr ähnliche Erfahrungen gemacht wie Monika oder andere?

3 Wie ich mich sehe – wie mich andere sehen. Dazu könnt ihr eure Gedanken aufschreiben und (eventuell) mit Fotos illustrieren.

Ursula Haucke

Papa, Charly hat gesagt … – Das große Familienspiel

SOHN: Papa? Charly hat gesagt, seine Schwester hat gesagt, dieses Werbefernsehen, das schmeißt uns um Jahre zurück!

[…]

VATER: Wobei soll uns das denn „zurückschmeißen"? Charlys Schwester redet mal wieder von Dingen, von denen sie nichts versteht, wie?

SOHN: Gar nicht! Weil doch die Familien im Werbefernsehen sich immer so unmöglich benehmen; und weil die richtigen Familien dann denken, dass das ganz in Ordnung ist!

VATER *bereits genervt:* Kannst du das vielleicht etwas näher erläutern?

SOHN: Das hast du doch auch schon gesehn, Papa! Wie die Männer sich immer anstellen, wenn ihr Hemd nicht ganz weiß ist, und wie die Frauen dann bloß sagen, es tut ihnen so Leid und sie haben sich solche Mühe gegeben!

VATER: Und was soll daran so verkehrt sein?

SOHN: Na, Charly sagt, seine Schwester sagt, wenn ihr Mann so mit ihr reden würde, dann würde sie sagen, er soll sich sein Hemd gefälligst selber waschen!

VATER *lacht ironisch:* Der Mann, der auf Charlys Schwester mal reinfällt, der kann mir heute schon Leid tun! Der darf dann wahrscheinlich das Geld verdienen und noch den ganzen Haushalt machen!

SOHN: Aber Charlys Schwester hat dann doch auch einen Beruf und verdient Geld. Sie sagt, das ist es ja gerade: dass die Frauen im Werbefernsehen nie einen Beruf haben. Entweder cremen sie sich dauernd bloß ein und waschen sich die Haare und baden in Schaum oder sie haben nur ihren Küchenfußboden im Kopf!

VATER: Ja nun – wenn für Haushaltswaren geworben werden soll, dann ist es ja wohl logisch, auch Hausfrauen zu zeigen, die damit umgehen! Immerhin gibt es ja einstweilen noch Hausfrauen!

SOHN: Aber nicht solche wie im Werbefernsehen!

VATER: Und warum nicht?

SOHN: Weil die immer so aussehen, als wären sie gerade aus einem Schönheitsladen gekommen. Mitten im Großreinemachen!

VATER: Ja, mein Gott, soll man sich vielleicht lauter abgerackerte, verschwitzte Frauen ansehen, denen die Socken rutschen und die Haarsträhnen ins Gesicht hängen?

SOHN: Aber so denken die Zuschauer vielleicht, Hausarbeit ist gar keine richtige Arbeit und da brauchen die Männer auch nicht zu helfen.

VATER: Genau das habe ich aber schon in den Werbeszenen gesehen: dass der Ehemann sich angeboten hat seiner Frau zu helfen. Beim Abtrocknen zum Beispiel.

SOHN: Ja und dann hat die Frau gesagt, dass man gar nicht mehr abtrocknen muss, weil das neue Spülmittel das von allein macht. Und dann ist der Mann gleich wieder gegangen.

VATER: So genau kann ich mich daran natürlich nicht erinnern. Ist ja auch nicht so wichtig.

SOHN: Und dann die Sache mit den kuschelweichen Pullis ...

VATER *abwesend:* So ...

SOHN: Ja. Ein Mädchen sagt da immer, dass ihre Freundinnen viel kuschligere Pullis haben. Und die Mutter guckt dann ganz traurig und grübelt, woran das wohl liegen könnte!

VATER: Die echten Mütter werden schon anders reagieren, da mach dir mal keine Sorgen ...

SOHN: Aber wenn die Kinder so was sehen, dann denken sie vielleicht, ihre Mutter hat sie nicht richtig gern, bloß weil die nicht so viel Theater mit der Wäsche macht!

VATER: So schlimm wird's ja nicht gleich kommen ...

SOHN: Und wenn sie nicht dauernd die tollen Speisen und gesunden Schokoladenstangen und all so was kriegen, dann denken sie vielleicht, die Eltern gönnen ihnen nichts!

VATER: Da hast du allerdings ganz Recht. In dieser Hinsicht wird ziemlich verantwortungslos verfahren mit der Werbung. Da könnten die Eltern sich ja arm kaufen, wenn sie das alles nachmachen wollten!

SOHN: Ja. Und überhaupt sehen die sich im Fernsehen nie vor und machen alles dreckig, weil die Mutter ja so tolle Putzmittel hat! Die kann das ja dann wieder wegmachen!

VATER *ungeduldig:* Ja doch, ja! Du hast ja Recht.
Immerhin sieht man doch auf den ersten Blick, dass in der Werbung mit völlig unrealistischen[1] Mitteln gearbeitet wird. Frühstücken wir etwa mitten auf einer Wiese? Oder machen wir erst Wellenreiten oder eine Wildwasserfahrt, bevor wir Limonade trinken? Die Werbung nimmt doch keiner ernst!

SOHN: Ich weiß ja nicht ...

VATER: Was weißt du nicht?

SOHN: Ich glaub, Mama war ziemlich enttäuscht an ihrem Geburtstag ...

VATER: In welcher Hinsicht denn, bitte?

SOHN: Weil sie bloß solche Sachen gekriegt hat, wie sie die Männer im Fernsehen immer schenken: Parfüm und Seife und Badeöl – alles bloß zum Schönsein!

VATER: Und der neue Saugklopfer?? Hat sie sich darüber etwa nicht gefreut?

SOHN *beruhigend:* Doch, doch, sie fand das sicher ganz gut. Aber von den Büchern, die sie aufgeschrieben hat, hast du ihr keins geschenkt.

[...]

SOHN: Du denkst eben auch, Frauen sind so, wie's im Werbefernsehen gezeigt wird!

VATER: Rede keinen Unfug! Ich bin sehr wohl imstande, mir meine eigene Meinung zu bilden! Dazu brauche ich kein Werbefernsehen!

1 **unrealistisch:** wirklichkeitsfremd

SOHN: Charly sagt aber, das ist gerade das Schlimme, dass man gar nicht merkt, wie man puliert wird,

VATER: „Puliert" vor allen Dingen! Noch nicht mal die Worte kennen, aber über ihre Bedeutung klug reden! Ma-ni-pu-liert[2] heißt das und verstehen tut ihr das sowieso noch nicht.

SOHN: Versteh ich wohl.

Pause.

Und die Männer im Fernsehen – da soll man auch immer denken, das sind alles Supermänner!

VATER *gleichgültig:* Na und? Soll doch jeder denken, was er will.

SOHN: Aber Charly sagt, seine Schwester sagt, wenn sich jemand Löcher in die Schuhe läuft, bloß um 'ne Zigarette zu kriegen, dann ist das ein ganz kaputter Typ! Weiter nichts!

VATER: Lieber Himmel, Charlys Schwester kann einen ja krank machen mit ihrem wichtigen „psychologischen"[3] Geschwätz! Gerade dieser Werbeeinfall war nun wirklich ganz originell und gut gemacht.

SOHN: Und du findest nicht, dass der Mann 'ne Macke haben muss?

VATER *hartnäckig:* Nein, das finde ich nicht.

SOHN: Dann versteh ich eins nicht …

VATER: Und das wäre?

SOHN: Warum *ich* dir immer deine Zigaretten holen muss!

2 **manipulieren:** das Verhalten anderer geschickt steuern und beeinflussen

3 **psychologisch:** das Seelenleben betreffend

1 Untersucht den Gesprächsverlauf: Welches Bild gewinnt man von dem Sohn? Und welches von dem Vater?

2 „Weil doch die Familien im Werbefernsehen sich immer so unmöglich benehmen …" Ob das stimmt, was der Sohn hier behauptet, könnt ihr überprüfen.

Erich Rauschenbach

Lauter gute Vorsätze

Rosemarie Künzler-Behncke

Weihnachtsbaumkaufen ist Männersache

Heiner sah zu, wie die Mutter Fenster putzte. „In der Stadt haben sie schon Adventskränze in den Schaufenstern", sagte er. Die Mutter nickte. Sie rieb eifrig mit dem Leder auf der Scheibe herum.

„Kaufen wir diesmal einen? Oder basteln wir selbst einen?", fragte Heiner.

„Einen was?" – „Einen Adventskranz natürlich!"

Die Mutter seufzte. „Und wann backen wir Stollen?", fragte Heiner weiter.

„Das Backen lohnt sich doch nicht für uns zwei", sagte die Mutter. Sie rieb immer noch auf der gleichen Scheibe herum.

„Du meinst, weil Vater nicht mehr bei uns wohnt, sollen wir beide keinen Adventskranz haben und keinen Stollen backen?", fragte Heiner. „Willst du vielleicht auch keinen Tannenbaum schmücken und nicht Weihnachten feiern?"

Die Mutter schwieg. Da sagte Heiner auch nichts mehr. Er spürte, wie das Fahrrad, das er sich zu Weihnachten wünschte, ganz nebensächlich wurde. Viel wichtiger war, dass die Mutter Stollen backte und dass es einen Weihnachtsbaum gab. Und am allerwichtigsten war, dass der Vater kam. Ohne Weihnachtsbaum und ohne Vater wollte er das Fahrrad gar nicht mehr haben.

Ob der Vater Weihnachten allein sein würde?, dachte Heiner. Der Vater hatte lange nicht geschrieben. Er wohnte jetzt in einer anderen Stadt. Die Mutter und er sprachen nicht darüber. Aber Heiner wusste, dass sie beide auf den Vater warteten.

Die Tage vergingen. Weihnachten rückte näher. Nikoläuse stapften mit roten Nasen vor den Kaufhäusern auf und ab. Manchmal schneite es. Aber auf den Straßen wurde der Schnee schnell wieder zu Matsch. Sie hatten keinen Adventskranz aufgehängt. Sie hatten auch keinen Stollen gebacken. Jeden Abend im Bett malte Heiner sich aus, wie es dieses Jahr zu Weihnachten sein würde. Und sein Herz war schwer.

Früher hatte er immer mit seinem Vater zusammen den Weihnachtsbaum gekauft. „Das ist Männersache!", sagte der Vater jedes Jahr. Sie hatten lange gesucht, bis sie den richtigen Baum fanden. Nicht zu groß und nicht zu klein durfte er sein. Dann hatten sie gemeinsam den Baum geschmückt.

Und während Heiner in seinem Zimmer warten musste, hörte er die Eltern hin und her laufen und flüstern und knistern. Später standen sie dann hinter ihm am Weihnachtsbaum und schauten zu, wie er die Geschenke auspackte und sich freute. Sie hatten miteinander gesungen und gespielt und ganz spät am Abend einen Spaziergang gemacht – Heiner in der Mitte, links der Vater an der Hand und rechts die Mutter.

Dieses Jahr würde sich niemand freuen. Heiner hatte Angst vor diesem

Weihnachtsfest. Wenn es nur schon vorüber wäre, dachte er.
Zwei Tage vor Weihnachten fasste Heiner einen Entschluss. Er nahm seine Geldbörse und machte sich auf den Weg. „Tannenbaumkaufen ist Männersache“, hatte der Vater immer gesagt. Also würde er jetzt einen Baum kaufen. Der Stand mit den Weihnachtsbäumen war nicht weit, Heiner ging von einem Baum zum anderen. Er wollte eine schöne Fichte haben, nicht zu groß und nicht zu klein. Schließlich hatte er den richtigen Baum gefunden. Der Verkäufer band die Zweige mit einer Schnur zusammen. „Damit du ihn besser tragen kannst“, sagte er. „Diesmal kommst du ja allein.“
Heiner nickte.
„Na, du wirst es schon schaffen.“
„Klar“, sagte Heiner. Er nahm den Baum unter den Arm. Er malte sich aus, was die Mutter für Augen machen würde über diesen Weihnachtsbaum. Das sollte sein Weihnachtsgeschenk für die Mutter sein. Und ganz leise spürte er in sich die Hoffnung, dass vielleicht sein Vater käme.
Der Baum wurde schwerer. Heiner klemmte ihn unter den anderen Arm. Endlich war es geschafft. Heiner zog den Tannenbaum die Kellertreppe hinunter und versteckte ihn in der hintersten Ecke. Er wollte ihn im Keller schmücken und dann erst am Weihnachtsabend ins Wohnzimmer tragen.
„Wo warst du denn?“, fragte die Mutter in der Wohnungstür.
„Wird nicht verraten“, sagte Heiner. „Das ist eine Überraschung.“
Er sah seine Mutter an: „Ist was los? Du hast so komische Augen.“
„Ich habe auch eine Überraschung für dich“, sagte die Mutter.
Da fiel Heiners Blick auf den Koffer im Flur. „Vater! Vater!“, schrie er und lief ins Wohnzimmer.
Der Vater kam ihm entgegen und nahm ihn in den Arm. Heiner bohrte den Kopf in die Magengrube des Vaters, weil er nicht weinen wollte. Nun konnten sie Weihnachten doch zu dritt feiern. Es würde anders sein als früher, wo Weihnachtsfreude etwas Selbstverständliches gewesen war.
Heiner ahnte, dass es besser war, nicht zu fragen, wie lange der Vater bleiben würde. Aber es war gut, dass er gekommen war.

1 Heiner will nicht weinen, als er seinen Vater wiedersieht, und er will auch nicht fragen, wie lange er bleibt. Wie denkt ihr über dieses Verhalten?

2 Heiners Vater erklärt Weihnachtsbaumkaufen zur „Männersache“. Wie denkt ihr darüber?

PETER HÄRTLING

... geboren am 13. 11. 1933 in Chemnitz. In den letzten Kriegsjahren Flucht mit der Familie aus Böhmen nach Niederösterreich. Dort gerät der Vater in russische Kriegsgefangenschaft und stirbt 1945. Die Familie wird im schwäbischen Nürtingen von Verwandten aufgenommen. Nach dem frühen Tod der Mutter (1946) bleibt Peter Härtling zunächst bei der Großmutter. Er besucht die Schule, verlässt sie aber, bevor er das Abitur macht. Er ist seit Mitte der 50er-Jahre journalistisch, seit Anfang der 70er-Jahre als freier Schriftsteller tätig.

Ein Autor stellt sich vor

Über sein bekanntes Kinder- und Jugendbuch „Oma" schreibt Peter Härtling:

Warum hast du denn die „Oma" geschrieben?, werde ich oft von Kindern gefragt. Weil du alt bist? Dann schüttle ich alter Mann den Kopf und antworte: Nein, weil ich mal ein Kind war wie ihr. Nur hatte ich da keine Eltern mehr. Die gingen mir durch den Krieg, den Zweiten Weltkrieg, verloren. Nicht jedoch meine Großmutter. Die nahm mich und meine um zwei Jahre jüngere Schwester auf. Bei meiner Oma blieb ich, bis ich zwanzig Jahre alt war. Und alle meine Oma-Erfahrungen wollte ich viel, viel später, als ich für Kinder angefangen hatte zu schreiben, loswerden. So entstand das Buch von Kalle und Oma. Vorher hatte ich schon ein Buch für Kinder – „Das war der Hirbel" – und mehrere Bücher für Erwachsene geschrieben. Bücher für Kinder fing ich erst an zu schreiben, als unsere Kinder – meine Frau und ich haben vier, die inzwischen erwachsen sind – ihre ersten Bücher lasen. Manche Bücher, die sie besonders toll fanden, hielt ich für ziemlich blöd (zum Beispiel Serien, die kein Ende nehmen) und ich sagte mir: Warum versuchst du es nicht selber mal? Seither schreibe ich für Erwachsene und Kinder. Mein erstes Büchlein entstand übrigens noch in der Schule. Ich war fünfzehn, schrieb Gedichte und mein Deutschlehrer „las mit". Er brachte mich drauf, die Gedichte an einen Verlag zu schicken. Der veröffentlichte sie dann auch. Also verdanke ich ihm, meinem Lehrer, Schriftsteller geworden zu sein.

Peter Härtling

Wie Kalle zu Oma kam

Peter Härtlings Buch hat eigentlich zwei Hauptfiguren. Die eine ist die Oma, zu Beginn der Geschichte 67 Jahre alt, sie lebt allein in München in einer kleinen Wohnung. Die andere Hauptfigur ist Karl-Ernst, genannt Kalle. Er wächst in der Nähe von Düsseldorf auf, doch dann verliert er im Alter von fünf Jahren durch einen Verkehrsunfall seine Eltern. Die Oma nimmt daraufhin den kleinen Kalle mit nach München.

Mit siebenundsechzig Jahren ist man alt, behaupten die Leute. Oma bestreitet das. Sie sagte immer – und das sagen eine Menge alter Leute –, man ist so jung, wie man sich fühlt. Oma fühlte sich ziemlich jung. Sie sagte auch, ich bin außen ein altes Weib und innen drin ein Mädchen. Wer sie gut kannte, glaubte ihr das. Oma hatte nicht viel Geld, schimpfte manchmal über die kleine Rente und über ihren verstorbenen Mann, der auch keine Größe gewesen sei, doch sie lachte lieber, als dass sie schimpfte. Und sie verstand sich einzurichten. Ihre Wohnung in München war klein und fast so alt wie sie. Die Couch war schon ein paarmal unter zu schweren Gästen zusammengekracht. Der Ölofen war der einzige neue Gegenstand und mit ihm kam sie nicht zurecht. Sie fürchtete, eines Tages mit ihm in die Luft zu fliegen. Wenn er anfing zu blubbern, redete sie auf ihn ein, als wäre er ein störrischer Esel. Sie redete überhaupt gern mit sich selbst und mit den Sachen, die um sie herum waren. Daran mussten sich Leute, die sie nicht gut kannten, erst gewöhnen. Denn selbst in Unterhaltungen fing sie manchmal an, mit sich selber zu reden, und wenn der andere sie dann erstaunt ansah, schüttelte sie bloß den Kopf, ihn hatte sie ja gar nicht gemeint.

Oma wurde Oma gerufen, auch von den Nachbarn im Haus, von dem Bäcker an der Ecke, auch von den Jungen im Hof, die sie manchmal hänselten, aber im Grunde gern hatten, ihr sogar manchmal die Tasche in den fünften Stock trugen. In dem Haus, in dem Oma wohnte, gab es nämlich keinen Aufzug. Fürsten sind wir keine, pflegte sie zu sagen, wenn ihr der Atem im dritten Stock ausging und sie eine Pause machen musste.

stand in Zierschrift auf dem Schild an der Wohnungstür. Ihr Sohn hatte sie gefragt, weshalb sie „Frau" vor ihren Namen geschrieben habe. Sie hatte ihm geantwortet: Du bist dumm. So will ich angeredet werden. Schließlich könnten die Leute nach Ottos Tod glauben, ich bin eine alte Jungfer. Das bin ich aber nicht.

Omas Sohn hatte wiederum einen Sohn. Von ihm und Oma wird die Geschichte erzählen. Er heißt Karl-

Ernst oder genauer: Er hieß so, denn er wurde von Anfang an Kalle gerufen.
Kalle wuchs in einer kleinen Stadt in der Nähe von Düsseldorf auf. Sein Vater arbeitete im Büro einer Fabrik. Er rechnet immer zusammen, was die anderen dann in die Lohntüten kriegen – so erklärte Kalle den Beruf seines Vaters.
Manchmal ging Kalles Vater in die Kneipe, meistens am Freitagabend, und dann kam er betrunken nach Hause und beweinte die Welt. Kalles Mutter schimpfte: Immer am Wochenende das heulende Elend!
Kalle konnte diese Ausbrüche nicht verstehen, denn eigentlich war sein Vater ein fröhlicher Mann. Er kam gut mit ihm aus. Besser als mit der Mutter, die immerfort über den Dreck klagte, den die beiden Männer ihr hinterließen und den sie wegputzen musste. So putzte sie den ganzen Tag. Ganz normal ist das nicht, fand Kalles Vater.
Kalles Eltern kamen bei einem Autounglück um, als Kalle fünf Jahre alt war. Sie hatten gar kein eigenes Auto, sondern waren mit Bekannten fort gewesen, hatten Kalle zu der Nachbarin gebracht. Dorthin kam auch der Polizist, der der Frau sagte: Beide sind tot.
Kalle begriff das erst gar nicht. Er konnte sich nicht vorstellen, lange nicht, dass er die Eltern nicht wiedersehen würde. Dass sie für immer weg sein sollten.
Das geht gar nicht, sagte er oft.
Die Nachbarin legte ihn ins Bett, ein Arzt steckte ihm ein Zäpfchen in den Po, was ihn zum Lachen brachte.
Jetzt wirst du schlafen können. Schlaf erst mal, kleiner Mann, sagte der Arzt.
Kalle fand die Bezeichnung „kleiner Mann“ idiotisch und den Arzt blöd. Er fand in diesen Tagen alle blöd, weil sie ihm dauernd über den Kopf strichen oder ihn an sich zogen, weil sie ganz anders waren als sonst.
Nur die Oma nicht. Die war gekommen, hatte wohl auch geheult, aber dann alle angeherrscht: Es muss ja weitergehen, irgendwie geht es weiter! Und hatte in einer Runde von lauter fremden Onkels und Tanten in Kalles Anwesenheit beschlossen: Den Kalle nehme ich mit. Der bleibt bei mir.
Einer der Onkel sagte: Aber in deinem Alter, Erna!
Darauf lachte die Oma und schrie ihn an: Willst du ihn haben? Quatsch doch nicht rum!
Kalle hatte Oma vorher nur wenige Male gesehen. Gefallen hatte sie ihm immer. Sie sprach ein wenig lauter, als er es sonst gewohnt war, sagte Worte, die nicht immer anständig waren, und behandelte den Vater so, als wäre er so alt wie Kalle. Die Mutter nannte sie Heulsuse, den Vater manchmal

Waschlappen. Kalle nannte sie Kalle. Niemals kleiner Mann, Süßer oder Jüngelchen.
Sie nahm ihn ernst.
Es wunderte ihn, wie schnell man eine Wohnung aufräumen konnte und wie schnell die aufgeräumte Wohnung dann leer war. Oma verteilte die Möbel. Das brauche ich alles nicht, sagte sie. Am Schluss hatte Kalle einen Koffer mit seinen Sachen, sonst nichts. Und mit dem Koffer, den Oma schleppte, fuhr er fort aus der Stadt, in der er mit seinen Eltern gelebt hatte. Zur Oma nach München.

1 Erzählt, wie ihr euch Kalles Oma vorstellt.
2 Zunächst könnte man meinen, der kleine Kalle erzählt. Woran liegt das?
3 Wer kennt das Buch und kann berichten?

Peter Härtling

Mit Oma auf dem Amt

Nachdem Kalle gut vier Monate bei Oma war und sie ihn schon für die Schule angemeldet hatte, bekam Oma einen großen Wutanfall. Jeden Morgen hatte sie in den Briefkasten geguckt, ob nicht endlich eine Nachricht vom Amt gekommen sei. Das Amt schickte nichts. So wurde der Zorn von Oma immer größer.
Die tun nichts, schrie sie eines Tages, die fressen ihr eigenes Papier und bohren sich mit dem Bleistift in der Nase. Beamter möchte ich sein!
Kalle konnte sich Oma in einem Büro nicht gut vorstellen. Er wusste, worum es ging. Sein Vormund, der Chef seines Vaters, hatte beantragt, dass Oma mehr oder weniger Kalles Pflegemutter werden sollte, was sie gar nicht werden konnte, höchstens seine Pflegegroßmutter. Und seine Großmutter war sie schon immer gewesen. Also war das ohnehin Unsinn. Nur für das Amt nicht. So lief der Antrag, wie es hieß. Von laufen konnte aber keine Rede sein. Er schlich. Die Oma brauchte die Genehmigung, denn erst danach würde sie seine Waisenrente bekommen. Und das war wichtig. Schließlich war die Oma arm und er fraß ihr, wie

sie sagte, fast die Haare vom Kopf weg.

Oma beschloss „beim Amt vorstellig zu werden". Wenn die Rede aufs Amt kam, sprach sie immer ungeheuer gestelzt.

Du musst mit, sagte sie, die müssen dich dort sehen, du bist mein Beweisstück, Kalle.

Oma zog sich ihr schönstes Kleid an und an ihm putzte sie andauernd herum. Das ärgerte ihn. Ehe sie gingen, aß er noch Haferflocken aus der Tüte, aus Trotz, und war wieder staubig.

Du machst einem alles zuwider! Die Oma war schlecht gelaunt.

Sie fuhren mit der Straßenbahn. Oma schwieg, nein, sie schwieg eigentlich nicht, sie redete leise vor sich hin. Sätze, die sie für das Amt auswendig gelernt hatte. Auf Kalle achtete sie nicht.

Im Amt wurden sie vom Portier zum Zimmer siebzehn geschickt, vor dem sie auf einer Holzbank eine halbe Stunde warteten, wieder ohne zu sprechen. Und als sie endlich drankamen, sagte der ältere, sehr ernst aussehende Mann hinter dem großen Schreibtisch: Nein, dafür ist Zimmer zweiundzwanzig zuständig.

Vorm Zimmer zweiundzwanzig warteten sie von neuem. Kalle merkte, dass die Oma Wut tankte. Sie war kaum mehr zu halten. Gleich würde sie losbrüllen. Der Mann, der sie in Zimmer zweiundzwanzig empfing, war noch ziemlich jung, hatte aber schon graue Haare. Das kam vielleicht von den vielen Leuten, für die er sorgen musste. Er sah Kalle an und sagte dann so wie ein Pfarrer: Du bist also der Ärmste!

Kalle hatte Lust die Zunge herauszustrecken. Dann dachte er sich, um der Oma zu helfen ist es vielleicht besser, wirklich den Ärmsten zu spielen, und er zog ein trauriges Gesicht.

Die Oma setzte sich mit einem Rums auf den einzigen Stuhl vor dem Schreibtisch und sagte: Also, zerfließen Sie mal nicht vor Mitleid. Tun Sie lieber was!

Kalle hatte den Eindruck, dass der Mann gleich aus dem Zimmer fliehen würde. Doch er blieb, er musste ja bleiben, es war ja sein Beruf. Er fragte die Oma nach dem Namen, suchte in einem Schrank und zog eine ziemlich dicke Akte heraus. So viel war schon über Kalle und Oma geschrieben worden. Im Amt waren sie berühmt. Aber das half ihnen trotzdem nicht.

Der Mann setzte sich hinter den Schreibtisch, sehr würdig, feuchtete den Finger an, blätterte in den Papieren, schüttelte manchmal den Kopf, nickte manchmal und sagte schließlich: Das ist kompliziert.

Kalle wusste nicht, was das bedeutet, und fragte: Was ist kompliziert?

An Stelle des Herrn antwortete Oma: Das weiß ich in dem Fall auch nicht.

Der Mann sagte: Ihr Fall ist nicht ganz einfach. Es handelt sich nicht um eine Pflegestelle, sondern Sie sind eine Verwandte, genauer gesagt, die Großmutter.

Oma sagte: Was Sie nicht sagen!

Der Mann sagte: Machen Sie mit mir keinen Spaß!

Oma sagte: Das ist für mich überhaupt kein Spaß. Glauben Sie das bloß nicht. Wann also kriegt das Kind die Rente?

Der Mann fragte: Sie sind darauf angewiesen?

Oma stand auf, schob den Stuhl mit einem Ruck von sich weg und sagte: Na, hören Sie mal, Sie wissen doch, wie hoch meine Rente ist. Das steht doch da drinnen und Sie wissen auch, was so ein Bengel am Tag vertilgt und dass er Strümpfe und Hosen zerreißt, dass er was braucht. Bin ich ein Krösus[1]? Bin ich eine Fabrik?

Kalle fand das Amt jetzt prima. Er sagte: Ich esse wirklich eine Menge. Die Oma hat Recht. Und das mit den Hosen stimmt auch.

Oma sagte: Also bitte!

Da begann der Mann zu lachen. Er sagte: Ich werde versuchen den Vorgang zu beschleunigen.

Er drückte sich richtig geschwollen aus.

Oma sagte: Beschleunigen Sie mal, sonst stehe ich nächste Woche wieder da, das schwöre ich Ihnen!

Der Mann lachte wieder und sagte: Es wäre mir ein Vergnügen. Aber ich werde alles tun, damit die Sache in Ordnung kommt.

Er verabschiedete sich von beiden mit Handschlag. Kaum waren sie auf dem Gang, machte Oma einen kleinen Satz, einen kleinen Hüpfer (so richtig hüpfen konnte sie nicht mehr) und sagte: Wir können es fabelhaft miteinander, Kalle. So müssen wir weitermachen. Da wird jeder Beamte weich.

Das fand Kalle auch.

1 **Krösus:** steinreicher Mensch

1 Die Szene in Zimmer 22 könnt ihr in einem Stegreifspiel nachspielen. Worauf müsst ihr achten?

2 Der Besuch auf dem Amt hätte auch ganz anders verlaufen können. Sammelt Vorschläge und versucht dann die Geschichte ab Zeile 82 umzuschreiben.

Damals musste noch alles seine Ordnung haben

Ich bin Max, 12 Jahre alt

Oma und Opa – nicht bei allen in unserer Klasse leben beide noch. Sie sind die Eltern meiner Mutter und wohnen ganz in unserer Nähe. Ich bin gerne bei ihnen. Sie sind echt verständnisvoll und mit meinem Opa kann man wirklich Pferde stehlen. Besonders spannend finde ich es, wenn sie von früher erzählen. Mein Opa kommt aus dem Ruhrgebiet und hat da im Bergbau gearbeitet. Nach ein paar Jahren musste er umschulen und wurde Verwaltungsinspektor beim Jugendamt.

Die beiden kennen sich schon seit ewigen Zeiten. Geheiratet haben sie, nachdem mein Opa seine Ausbildung abgeschlossen hatte, vorher war nichts drin. „Damals musste noch alles seine Ordnung haben“, hat meine Oma mir einmal gesagt. Opa hat sechs Geschwister, Oma vier. Nicht alle leben noch, aber trotzdem haben wir bei unseren Familienfeiern volle Säle. Dann wird viel erzählt und gelacht, manchmal auch gestritten, aber so muss das wohl sein in einer großen Familie …

und das sind Oma und Opa

1 In ähnlicher Form könnt ihr eure eigenen Großeltern vorstellen. Stellt gelungene Beispiele auf der Pinnwand zusammen.

Leih-Oma Elsbeth Kreuz

Die Enkelkinder leben weit weg. Trotzdem muss Elsbeth Kreuz Kinderlachen nicht entbehren. Beim Oma-Hilfsdienst[1] in Hamburg hat sie eine Tätigkeit gefunden, die ihr viel Freude macht und gleichzeitig den Familien eine große Hilfe ist.

Von Christine Grosse

Sophie ist ungeduldig. „Komm", sagt die Zweieinhalbjährige, zerrt Elsbeth Kreuz (68) Richtung Kinderzimmer und fordert energisch: „Spielen." Sophies Mutter, Petra Geiger, kann beruhigt das Haus verlassen. Sie weiß ihre kleine Tochter gut aufgehoben.

Ein- bis zweimal im Monat kommt Elsbeth Kreuz in die Wohnung der Familie Geiger in Hamburg-Wandsbek und kümmert sich für einige Stunden um das blonde Mädchen mit den strahlend blauen Augen. Die Rentne-

Gemeinsam geht's besser

KINDER

64,8 %	finden es spannend, wenn ältere Menschen von ihren Erlebnissen sprechen
71,3 %	loben Ältere, weil sie sich Zeit nehmen und zuhören können
74,4 %	wünschen sich mit älteren Menschen in die Ferien zu fahren

SENIOREN

82,5 %	sehen Kinder als Bereicherung des Lebens
74,2 %	beschäftigen sich gerne mit Kindern, weil sie etwas von ihrer Lebenserfahrung weitergeben möchten
74,6 %	würden ihre Enkelkinder gerne in Urlaub begleiten

Kinder und Senioren wollen gerne gemeinsam etwas unternehmen: Das beweist eine Umfrage, die der Frankfurter Verein „Mehr Zeit für Kinder" zum Kindertag im vergangenen Juni durchgeführt hat. Ob miteinander in Urlaub zu fahren oder nur zusammenzusitzen und zu plauschen: Beide Seiten sind voneinander sehr angetan. Da gebe es ein noch nicht ausgeschöpftes Potenzial[2] an Beschäftigungs- und Betreuungsmöglichkeiten, mutmaßen die Initiatoren[3] der Umfrage. In einer Plakatkampagne[4] wirbt der Verein für gemeinsame Aktivitäten von Alt und Jung.

2 **Potenzial:** Leistungsfähigkeit, Möglichkeit
3 **Initiator:** Anstifter einer Handlung
4 **Plakatkampagne:** Plakataktion

1 **Oma-Hilfsdienst:** Der Verein heißt jetzt „Jung und alt in Zuwendung"

rin ist eine von 170 freiwilligen Helferinnen und Helfern, die in der Kartei des Oma-Hilfsdienstes Hamburg (OHH) verzeichnet sind. Immer wenn in einer Familie Not am Mann ist, weil ein Kind erkrankt ist, jemand ins Krankenhaus muss oder die Eltern etwas erledigen müssen, ist der OHH zur Stelle.

Herzlich willkommen: Von Mutter und Tochter wird Elsbeth Kreuz freudig begrüßt.

Im Jahr 1979 hat Beate Schmidt (45) die Aktion ins Leben gerufen. Als Mutter von zwei Kindern und mit einem Vollzeit-Beruf hat sie zur Genüge erlebt, wie viel Organisationsgenie Frauen abverlangt wird, wenn sie die Bedürfnisse der Kinder und die Anforderungen des Arbeitgebers unter einen Hut bringen müssen. Weil sie in einer Großfamilie mit mehreren Generationen[5] unter einem Dach aufgewachsen ist und selbst erfahren hat, wie hilfreich Omas und Opas sein können, beschloss sie nach diesem Vorbild eine Einrichtung zu gründen. Auf eine Anzeige in einer Zeitung erhielt sie ein enormes Echo, innerhalb von drei Wochen hatte sie 50 Helferinnen auf ihrer Liste.

5 Generation: Gesamtheit der Menschen ungefähr gleicher Altersstufe

Elsbeth Kreuz, selbst Mutter eines Sohnes und einer Tochter, ist seit sieben Jahren beim Oma-Hilfsdienst engagiert. Mit 59 Jahren war die Postbank-Angestellte in Ruhestand gegangen. 1988 erlitt ihr Mann einen Schlaganfall. Als Ausgleich zum Krankenalltag suchte sie nach einer neuen Beschäftigung, am liebsten „was mit Kindern". Vom Kinderschutzbund bekam sie den Tipp sich beim Oma-Hilfsdienst zu melden.

An ihren ersten „Zögling" kann sie sich noch gut erinnern: ein sechs Monate altes Baby namens Felix. „Ein hochintelligentes Kind", erzählt sie; über viele Jahre lang hat sie ihn betreut. Bei der Familie Geiger ist sie seit einem Dreivierteljahr im Einsatz. Die kleine Sophie ist ihr ans Herz gewachsen. „Leider wohnt mein Sohn mit den beiden Enkelkindern weit weg", bedauert sie. Und deshalb freut sie sich immer wieder auf die Nachmittage mit Sophie: „Sie ist für mich wie ein kleines Enkelkind." Die Nachmittage mit dem fröhlichen Mädchen helfen ihr auch über den Verlust ihres Mannes hinwegzukommen, der im November gestorben ist.

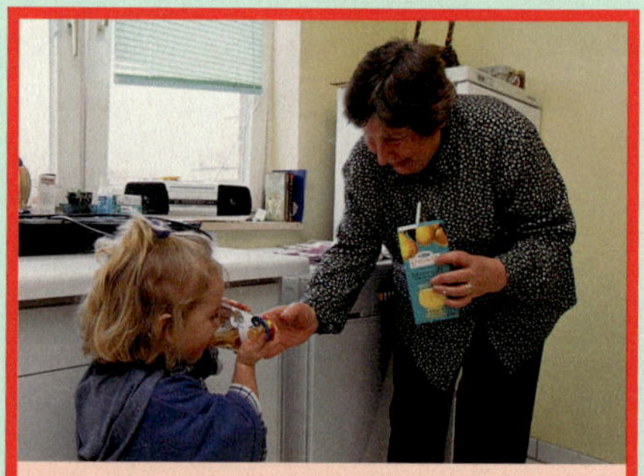
Nach einer kleinen Stärkung ...

... geht's auf den Spielplatz.

Auch Petra Geiger ist froh, dass sich ihre Tochter so gut mit Frau Kreuz versteht. „Sie ist so eine Art Ersatzoma für Sophie." Schon während ihrer Schwangerschaft hat die 25-Jährige bei einem Informationsabend vom Oma-Hilfsdienst erfahren. Für die berufstätige Mutter – sie hat sich mit einem ambulanten[6] Krankenpflegedienst selbstständig gemacht – ist es eine große Erleichterung, wenn sie dank des OHH einen Nachmittag frei hat um Besorgungen zu erledigen. Auch in Notfällen ist das Büro am Wandsbeker Stieg eine wichtige Anlaufstelle. „Neulich, als Sophie krank wurde, habe ich gleich Hilfe bekommen."

„Unsere Helfer sind aktive Menschen, die vielseitig interessiert sind", erzählt Beate Schmidt. „Die Tätigkeit bei uns ist auch ein Stück soziales Engagement[7]." Die „Leih-Omas" und auch einige „Leih-Opas" (90 Prozent der Helfer sind Frauen) arbeiten ehrenamtlich, nur das Fahrgeld wird ersetzt. Familien, die den Hilfsdienst in Anspruch nehmen, zahlen 50 Mark Anmelde- und 30 Mark Nutzergebühr im Monat. Außerdem werden sie gebeten die Ersatz-Großeltern mit einer kleinen Aufmerksamkeit wie einem Blumenstrauß zu bedenken.

Wer beim OHH mitarbeiten will, braucht weder ein Diplom vorzuweisen, noch muss er besonders viel Erfahrung mit Kindern haben. In einem längeren Gespräch erläutert Beate Schmidt die Tätigkeiten und versucht sich auch ein Bild von ihrem Gegenüber zu machen. Wünsche, Vorlieben und Krankheiten werden notiert. Dabei warnt sie davor, sich zu überfordern. „Die Leute müssen auch Nein sagen können", betont sie. Und sie legt Wert darauf, dass jeder einen Einsatz ablehnen kann, wenn er keine Zeit oder Lust hat. Neunmal im Jahr gibt es

Die Einsätze der OHH-Helfer werden von Beate Schmidt koordiniert[8].

einen Kegel- und Informationsabend für die freiwilligen Helfer, bei dem nicht nur gekegelt, sondern auch „geklönt[9]" wird. Dazu kommen einmal im Jahr ein Tagesausflug, eine Weihnachtsfeier und ab und zu kleine Aufmerksamkeiten: mal eine Rose, mal

6 **ambulant:** nicht ortsgebunden
7 **soziales Engagement:** Verantwortung und Verbundenheit der Gesellschaft gegenüber
8 **koordinieren:** aufeinander abstimmen
9 **klönen:** norddt. für gemütlich plaudern

ein rotes Herzchen. Beate Schmidt weiß, wie solche Gesten motivieren[10] können.

Mit ihrer Aktion will die gelernte Kinderpflegerin auch einen Anstoß dazu geben, dass der Dialog[11] zwischen den Generationen neu belebt wird und auf beiden Seiten Berührungsängste[12] abgebaut werden. Gerade in der anonymen[13] Großstadt sieht sie ein großes Betätigungsfeld. „Hier gibt es viele Familien, die einsam sind, und umgekehrt ältere Menschen, deren Kinder weit weg wohnen."

Neue Impulse[14] für den Austausch zwischen den Generationen soll auch ein zweites Projekt vermitteln, das vor drei Jahren im Rahmen des Oma-Hilfsdienstes ins Leben gerufen wurde. Statt „Senioren helfen jungen Familien" heißt es hier umgekehrt: „Junge Familien helfen Senioren." Schließlich, so erläutert Beate Schmidt, geraten auch ältere Menschen oft in eine Situation, in der sie kurzfristig Unterstützung brauchen. Zum Beispiel, weil sie krank werden, nicht mehr allein einkaufen können oder sich abends nicht trauen ohne Begleitung mit der U-Bahn zu fahren. Deshalb werden jetzt nicht nur Senioren als „Omas und Opas auf Zeit" vermittelt, sondern auch Familienhelfer, die Älteren unter die Arme greifen.

Das Projekt „Junge Familien helfen Senioren" läuft jedoch zäher an als gedacht. Eigentlich hatte Beate Schmidt erwartet, dass sie von Anfragen interessierter Senioren überrollt werden würde, doch die Resonanz[15] hat sich bisher in Grenzen gehalten. Dabei haben sich auf der anderen Seite rund 30 Familienhelfer (von der 25-jährigen berufstätigen Mutter bis zur 50-jährigen Hausfrau) gefunden, die gerne bereit sind ältere Leute im Bedarfsfall zu unterstützen.

„Es gibt da bei älteren Leuten ein sehr großes Misstrauen", bedauert die Initiatorin[16]. „Sie fragen zuerst: Was kostet das? Und wenn ich sage, nichts oder nur mal eine kleine Aufmerksamkeit, dann befürchten sie dennoch, dass hinterrücks nur jemand an ihr Geld will. Diese Vorbehalte abzubauen ist wahnsinnig schwierig. Da bedarf es noch großer Überzeugungs- und Aufklärungsarbeit."

10 **motivieren:** Beweggründe erzeugen
11 **Dialog:** Gespräch zwischen zweien oder mehreren
12 **Berührungsangst:** Angst vor Kontakt zwischen zwei Gruppen
13 **anonym:** namenlos, hier eher: unpersönlich
14 **Impuls:** Anstoß, Anregung
15 **Resonanz:** Anklang, Zustimmung
16 **Initiator:** jemand, der etwas in Bewegung setzt

1 Petra Geiger, Elsbeth Kreuz und Beate Schmidt – was erfährt man in diesem Zeitungsbericht über die drei Frauen?

2 Wie denkt ihr über einen solchen „Oma-Hilfsdienst"? Was findet ihr daran gut, was nicht?

Fremde wie wir

Birgül – ein türkisches Mädchen berichtet

Merhaba – guten Tag!

Merhaba, ich heiße Birgül und bin zehn Jahre alt. Ich wohne mit meinen Eltern und Geschwistern in Frankfurt. Die Straße, in der wir leben, ist in Bockenheim. Sie heißt Friesengasse. In dieser Straße wohnen mehr Ausländer als Deutsche, jedenfalls sieht man nur Ausländer, wenn man aus dem Fenster guckt. In unserem Haus wohnt nur noch eine alte deutsche Oma. Früher haben in unserem Haus mehrere deutsche Familien gewohnt. Sie hatten auch Kinder, mit denen ich ab und zu gespielt habe. Die sind alle weggezogen, wo die großen, neuen Häuser stehen. Übrig geblieben sind langhaarige Studenten und alte deutsche Omas und Opas, die immer meckern, wenn wir auf der Straße spielen.

Mein Vater war schon mal verheiratet, aber seine erste Frau ist gestorben. Dann hat er meine Mutter geheiratet. Das war aber noch in Çorum[1]. Meine beiden älteren Schwestern Fergül und Sergül sind dort geboren. Die Fergül ist jetzt 16 Jahre alt, die Sergül 14 Jahre alt. Als meine Eltern nach Deutschland kamen, sind die beiden bei der Oma in der Türkei geblieben. Als meine Eltern schon drei Jahre hier waren, eine Wohnung und Arbeit hatten, haben sie die beiden nachgeholt. Ich, meine jüngere Schwester Songül und mein kleiner Bruder Murat sind alle in der Uniklinik hier in Frankfurt geboren. Die Songül ist acht Jahre alt, der Murat ist erst fünf. Als Murat geboren wurde, haben mein Vater und meine Mutter sich sehr gefreut. Aber besonders mein Vater, dass er endlich einen Sohn hatte.

Meine Eltern und Geschwister

Mein Vater ist seit 13 Jahren hier. Meine Mutter ist sogar etwas länger hier. Sie hat hier zuerst eine Arbeit bekommen; dann ist mein Vater nachgekommen. Meine Mutter hat mir mal erzählt, wie sie nach Deutschland gekommen ist. Erst war sie mit meinen Vater in einem Büro in Çorum und hat sich mit vielen Leuten zusammen in eine Liste eingetragen um nach Deutschland zu kommen. Da wurden sie gemessen, vom Doktor untersucht.

1 **Çorum,** sprich: Tschorum. Ort in der Türkei

Der Doktor untersuchte das Pipi meiner Eltern. Dann sagten die Leute zu meiner Mutter: „Du bist jung und gesund und du kannst in Deutschland arbeiten. Aber dein Mann ist zu alt; er darf nicht nach Deutschland.“ Dann ist meine Mutter mit vielen anderen Frauen nach Deutschland gefahren. Sie arbeitete zunächst in einer Fabrik in der Nähe von Frankfurt. Da hat sie Rasierapparate zusammengesetzt. Sie wohnte im Wohnheim der Fabrik. Um sie herum arbeiteten nur Türkinnen. Der Meister war ein Deutscher. Sie mussten die ganze Woche arbeiten, nur am Wochenende ist sie mit den anderen Frauen zusammen spazieren gegangen. Sie brauchte gar kein Deutsch zu lernen, weil sie immer mit Türken zusammen war. Wenn sie bei der Arbeit was nicht verstanden hatte, kam der Dolmetscher[2]. Sie hat erzählt, dass sie viel Heimweh nach der Familie und der Türkei hatte und oft geweint hat. Besonders die Fergül und die Sergül, meine älteren Schwestern, haben ihr sehr gefehlt. Sie hat erzählt, dass sie sich abends immer die Bilder von denen angesehen hat. Das ging den anderen Frauen auch so. Zum Glück kam bald Vater nach. Er kam als Tourist. Dann hat er eine Stelle bei einer Kohlenhandlung gefunden. Er musste die Säcke mit den Kohlen austragen. Als mein Vater hier war, ist meine Mutter aus dem Heim ausgezogen und sie haben sich ein Zimmer gesucht und auch eins in einem Türkenhaus gefunden. Ganz in der Nähe, wo wir jetzt wohnen.

2 **Dolmetscher:** Fremdsprachenübersetzer

Alev Tekinay

Das Kind am Anlegeplatz

„Erol!“, rief Emine aus dem Fenster und spielte nervös mit den Fransen ihres Kopftuches. „Erol, wo bist du denn schon wieder?“ Dann ging sie hinaus auf die Straße, wo viele Kinder spielten und laut und fröhlich schrien.

„Habt ihr Erol gesehen?“, fragte Emine.

Die Kinder schüttelten die Köpfe.

Es war ein schöner Sommertag. Vom Meer wehte eine leichte Brise. Die Oleander[1] waren aufgeblüht und tauchten alles, die engen Gassen und die Holzhäuser mit Gitterfenstern, in ihre rosarote Farbe. Ihr Duft erfüllte die ganze Insel, die Uferpromenade[2], die felsigen Strände und den Marktplatz. Die Straßenhändler schoben ihre Karren vor sich her und priesen schreiend ihre Waren an. Die frischen Feigen in den Körben leuchteten dunkelrot und violett.

Eine Nachbarin, die vor ihrer Haustür auf einem Schemel saß und Auberginen[3] schälte, rief: „Emine, suchst du wieder den Buben? Der macht dir aber viel zu schaffen, was?“

Emine nickte: „Ja, ja, ich gehe ihn suchen. Seine Eltern haben ihn mir anvertraut. Es darf ihm nichts passieren. Ich bin für ihn verantwortlich.“

Die Nachbarin grinste schadenfroh. „So ist es, Emine. Deine Tochter und dein Schwiegersohn haben ein schönes Leben in Deutschland und du musst hier für ihren Sprössling sorgen. In deinem Alter hättest du Ruhe verdient, statt die ganze Zeit hinter dem Bengel herzulaufen.“

Emine machte ein unzufriedenes Gesicht. Solche Sprüche gefielen ihr gar nicht. […]

Emine rannte durch die Gassen der Insel und fragte jeden, ob er Erol gesehen habe. Da begegnete sie dem Honigmelonenverkäufer. Ihn kannte Emine aus ihrem ostanatolischen[4] Heimatdorf. Damals war er mit der Familie des Schusters zusammen nach Westanatolien ausgewandert. Sie fuhren im selben Zug, der von Erzurun nach Istanbul zwei Wochen gebraucht hatte. Durch Steppen und Städte. Sie waren alle bis auf die Knochen nass geworden von dem schwarzen, feuchten Dampf des Zuges.

„Landsmann!“, rief Emine. „Sag mir im Namen Allahs, hast du mein Enkelkind Erol gesehen?“

„Aber ja, Schwester“, antwortete der Honigmelonenverkäufer. „Dein Erol ist am Anlegeplatz.“

„Am Anlegeplatz?“, wiederholte Emine erstaunt. „Was tut er dort?“

Emine eilte mit raschen Schritten durch die engen Gassen der Insel zum Anlegeplatz.

Der Sonnenuntergang. Im Kelch der Oleanderblüten, in den Geranientöpfen an den Gitterfenstern, im tinten-

1 **Oleander:** Zierpflanze aus dem Mittelmeerraum
2 **Uferpromenade:** Spazierweg am Ufer
3 **Aubergine:** eierförmige Frucht

4 **Anatolien:** asiatischer Teil der Türkei

farbenen, durchsichtigen Meer, über perlmuttern schimmernden Kuppeln, überall der Sonnenuntergang.

Tatsächlich. Erol stand am Anlegeplatz. Ein kleiner, schlanker Junge mit schmalen Schultern, mit einem bleichen Gesicht. Ein in Deutschland geborenes Kind, fast ein deutsches Kind. In der Fremde geboren und als Fremder in die Heimat geschickt, ein fremdes Kind.

„Erol!", rief Emine außer Atem. „Was machst du denn hier?"

„Ich?", stotterte Erol. In solchen Augenblicken vergaß er sein Türkisch. Er kannte sich im deutschen Kindergartenwortschatz viel besser aus. Er vermisste Fräulein Hildes gütig lächelndes Gesicht, seinen Malkasten und seine Spielkameraden, Stefan und Dieter, auch Andrea mit den hellblonden Zöpfen.

„Also, Kinder, jetzt hört mir mal richtig zu und singt mir nach!"

Fräulein Hilde am Klavier. Knusper, knusper, knäuschen …

Nein, trotz seiner jetzigen Sehnsucht danach war das keine schöne Zeit gewesen. In Deutschland geboren und doch kein deutsches Kind.

„Erol ist kein deutscher Name, haben meine Eltern gesagt. Erol, bist du tatsächlich kein Deutscher?"

Wer hatte das gefragt? Stefan oder Dieter? Oder beide gleichzeitig?

Abends holte Ali ihn vom Kindergarten ab. Ein Ali, der immer schlecht gelaunt war. Er saß am Steuer eines großen Autos und kommandierte herum: „Sei artig, Erol. Versteh doch, deine Mutter ist krank. Sie hat Kopfschmerzen."

Eine Gülten, die ständig Kopfschmerzen hatte …

„Lies mir ein Märchen vor, Mutter."

„Was soll ich dir vorlesen?"

„Hänsel und Gretel."

„Aus dem Bilderbuch da?"

„Ja."

„Ich kann doch nicht Deutsch lesen, Kind."

„Dann erzähl mir was."

„Ja. Ich erzähl dir von einer Insel. Vom Meer. Von der Brandung. Von den Seemöwen. Und von einem alten Mann, der Schuhmacher war und arm. Arm wie eine Kirchenmaus. Der hatte viele Kinder. Er überlegte sich, ob er einige seiner Kinder in die Fremde schicken sollte, damit sie nicht so arm blieben wie er."

„Aber das ist es ja, Mutter!"

„Was denn, Kind?"

„Das Märchen von Hänsel und Gretel. Du erzählst es aber etwas anders. Der Vater war kein Schuhmacher, sondern Holzfäller. Soll ich dir das Lied zu dem Märchen singen? Ja? Okay. … Wer knuspert an meinem Häuschen …"

„Hör auf, Kind, sei still. Du weisst, dass deine Mama Kopfschmerzen hat. Nun schlaf schön, Erol. Morgen müssen wir alle früh aufstehen."

Sie kamen an ein Häuschen, von Pfefferkuchen fein …

Ein stumm gesungenes Lied.

Gülten und Ali sind im Pfefferkuchenhäuschen geblieben und haben Erol für eine bessere Zukunft in eine andere Fremde geschickt.

Knusper, knusper, knäuschen …

„Was machst du denn hier?", rief Emine wieder und Erol zuckte zusammen.

„Ich warte auf sie", flüsterte er dann in seinem gebrochenen Türkisch.
„Auf wen?"
„Auf meine Eltern. Es ist Urlaubszeit. Alle Deutschländer sind da. Nur meine Eltern nicht. Vielleicht kommen sie mit dem letzten Schiff. Und ich möchte am Anlegeplatz sein, wenn sie kommen."
Wenn sie kommen ... Fräulein Hildes Finger auf den Tasten des kleinen Klaviers. „Warum singst du nicht mit, Erol?"
Und Stefan: „Vielleicht kann er den Text nicht."
„Hör zu", begann Emine mit sanfter Stimme, als die orangefarbene Sonne im dunklen Wasser verschwand. „Deine Eltern können in diesem Sommer nicht kommen, Kind, weil sie sparen. Für ein großes Haus. Für uns alle. In der Stadt. Ein feines und größeres Haus als unser jetziges am Marktplatz, verstehst du, Erol?"
Fräulein Hilde sang am Klavier weiter: „Sie kamen an ein Häuschen, von Pfefferkuchen fein ..."
Hier gibt es aber keinen Pfefferkuchen, sondern nur süßes Gebäck. Den rautenförmig geschnittenen Baklava zum Beispiel mit dem Geschmack von flüssigem Honig.
„Ein Haus aus Baklava[5]?", fragte Erol mit heiterer Stimme.
„Ja, ja, meinetwegen", murmelte Emine.
Erol ging brav und nachdenklich an der Seite seiner Großmutter durch die engen, steilen Gassen der Insel und sagte zu sich:
„Und morgen gehe ich doch wieder zum Anlegeplatz, wenn Oma Emine in der Küche beschäftigt ist oder einkaufen geht, und ich warte, bis das letzte Schiff kommt. Vielleicht haben meine Eltern genug gespart und kommen für immer zurück. Vielleicht steigen sie aus dem letzten Schiff aus. Und ich will am Anlegeplatz sein, wenn sie kommen. Und wenn meine Mutter keine Kopfschmerzen hat, singe ich dann: ‚Wer mag der Herr wohl von diesem Häuschen sein ...'"

5 **Baklava:** türkisches Blätterteiggebäck

1 Welche Hinweise und Informationen über den kleinen Erol lassen sich dieser Geschichte entnehmen? Stellt sie zusammen.

2 Wie wird die Geschichte erzählt? Vergleicht die Ausgangssituation und die Situation am Anlegeplatz. Was fällt euch auf?

3 Die Großmutter schreibt am Abend einen Brief an ihre Tochter Gülten nach Deutschland ...

Metin und Martin

Aufsatz eines türkischen Schülers (aufgezeichnet von Alev Tekinay)

Ich bin nicht hier geboren, aber ich bin als kleines Kind hierher gekommen. Mit sechs Jahren. Ich kann mich noch dunkel an die lange Zugfahrt von Uschak[1] nach München erinnern. Ich weinte die ganze Zeit, weil ich mich von den Großeltern nicht trennen wollte. Meine Eltern hatten hier schon Wohnung und Arbeit und holten mich jetzt nach Deutschland.

Ich bin in der Türkei nicht in die Schule gegangen. Ich bin hier in die Schule gekommen. Zuerst in eine deutsche Klasse. Es war eine schöne und traurige Zeit. Nur wenige türkische Kinder waren in der Klasse. Wir haben Lesen und Schreiben gelernt. Und deutsche Kinderlieder gesungen. Es tanzt ein Bibabutzemann und so. Das Lied habe ich besonders gemocht. (Meine Mutter könnte im Haushalt auch einen Bibabutzemann gebrauchen.)

In der deutschen Klasse haben wir auch Rechnen gelernt. Ich war gut im Rechnen, aber Deutsch war mein Albtraum. Und deutsche Mitschüler haben immer über meine Fehler gelacht und auch über meinen langen Familiennamen. „Wie kann man Uzunoglu heißen", hat Gerhard immer gesagt und Klaus wollte sich vor Lachen ausschütten. Aber die Lehrerin war nett. Sie hat mich immer verteidigt.

Später bin ich in eine türkische Klasse gekommen. Da haben wir alle Fächer auf Türkisch gehabt, Deutsch nur dreimal in der Woche. Dann habe ich mein Deutsch etwas verlernt.

In der türkischen Klasse habe ich meine deutschen Klassenkameraden sogar vermisst, obwohl sie mich immer gehänselt hatten. Dann ist aber Tülin gekommen, ein türkisches Mädchen. Sie hatte schwarze Augen und lange schwarze Haare. Sie war immer fröhlich. Und dann hat es mir plötzlich auch in der türkischen Klasse gut gefallen. Ich wollte, Tülin wäre meine Freundin. Sie war aber so, wie sagt man, mit viel Distanz und so. Sie war ein gut erzogenes türkisches Mädchen. Ich habe nie den Mut gehabt mich mit ihr zu befreunden.

Nach der Hauptschule hoffte ich aufs Gymnasium zu gehen. Ich wusste, dass meine Eltern das nicht so sehr wünschten. Denn Vater sagt immer: „Metin, du musst Arbeiter werden wie dein Vater. Das ist ein ehrlicher Beruf. Und du musst so schnell wie möglich Geld verdienen und uns beim Sparen helfen für das Haus in Eschme." (Eschme ist unser Dorf bei Uschak.)

Ich war in fast allen Fächern gut, nur Deutsch war mein Problem. Ist ja kein Wunder, wenn man in einer türkischen Klasse war. Ich kann schon sehr gut Deutsch sprechen, aber schreiben kann ich nur schlecht. Ich mache Rechtschreibfehler und die Großschreibung macht mir Schwierigkeiten.

Aber ich kann so gut Deutsch sprechen, dass die anderen nicht merken,

1 **Uschak:** Stadt in der Türkei

dass ich Türke bin. Ich habe mich auch umgetauft. Eigentlich heiße ich Metin, aber ich lasse mich nun Martin nennen. Und alle fallen drauf rein, wenn ich sage, ich heiße Martin. Sogar deutsche Mädchen. Wenn mir aber eine besonders gut gefällt, sage ich ihr die Wahrheit. Meistens ziehen sich die Mädchen sofort zurück. Sie wollen von mir nichts mehr wissen, wenn sie erfahren, dass ich nicht Martin, sondern Metin heiße. Nur einige bleiben dann weiter als Freundin, aber auch nicht mehr lange. Ich hatte mal eine Claudia kennen gelernt, im Freizeitheim beim türkischen Volkstanz. Wir waren dann so gut befreundet, dass sie mich ihrem Vater vorstellen wollte. Aber als ihr Vater erfahren hatte, dass ich Türke bin, wollte er mich nicht mehr kennen lernen und hat Claudia verboten mich zu sehen. Das hat mich so verletzt. [...]

Na ja. Als es mit dem Gymnasium nicht geklappt hatte, hab ich mir eine Lehrstelle gesucht. Ich fand aber keine. Nun lerne ich Fernsehmechaniker bei einer Berufsschule für Jungarbeiter. [...]

„Fernsehmechaniker, ein guter Beruf", meint mein Vater, „bringt viel Geld. Hier und auch später in der Türkei."

Später in der Türkei ... Das ist ja so ein Problem. Die Eltern wollen zurück, wenn sie genug Geld gespart haben. Ich will aber nicht zurück. Was soll ich dort? Ich kann nicht einmal gescheit Türkisch.

Als wir letztes Jahr dort im Urlaub waren, habe ich beim Türkischreden richtig Schwierigkeiten gehabt. Und ich kenne wenige Leute dort und die Leute kennen mich nicht. Wenn ich in unserem Dorf spazieren gehe, höre ich die anderen fragen: Wer ist dieser fremde Junge? Mein Onkel, der die ganze Zeit im Dorfcafé sitzt und seine Wasserpfeife raucht, antwortet stolz: Kennt ihr den nicht? Das ist mein Neffe, der Sohn meines Bruders, Durans Sohn. Duran heißt mein Vater. Und da ich nicht so gut Türkisch kann, lachen die Leute über mich im Dorf und machen meinem Vater Vorwürfe: Duran, wie hast du denn deinen Sohn erzogen?

Dann wird Vater böse. Nicht auf die Leute im Dorf, sondern auf mich. Überhaupt verstehen wir uns schlecht, Vater und ich. Er kritisiert alles, was ich mache, was ich anziehe. Er schimpft, wenn ich zum Spielsalon gehe, wenn ich deutsche Schlager höre ... Er ist eben ein Ausländer.

Ich fühle mich nicht wie ein Ausländer, solange ich Martin bin, draußen auf der Straße, früher in der Schule, jetzt in der Berufsschule. Aber zu Hause bei meinen Eltern bin ich Metin, da ist eine ganz andere Welt. Und ich muss mich ständig anpassen an die Welt draußen und an die Welt der Eltern. Ich muss zwei Gesichter tragen: Metin und Martin.

1 Ein türkischer Junge berichtet über sich. Was ist ihm wichtig?

2 Verfasst eine Antwort auf diesen Bericht als Brief an Metin.

3 Vergleicht Metins Bericht mit der Geschichte vom kleinen Erol.

Wie ein Vogel im Käfig

Das Mädchen Meral berichtet:

Ich bin 15 Jahre alt. Meine Eltern sind schon seit 10 Jahren in der BRD[1]. Vor sechs Monaten bin ich erst nach Deutschland gekommen. Bis dahin war ich bei meiner Großmutter in der Türkei.

Ich kann noch nicht gut Deutsch sprechen. Mein Bruder hat mir deshalb beim Aufschreiben dieser Geschichte geholfen.

Weil ich nicht so gut die Sprache kann, habe ich eine Menge Probleme. Ich kann mit niemandem so richtig sprechen oder irgendwo hingehen. Ich schäme mich, wenn mich jemand anspricht und ich kann nicht antworten.

Wir wohnen in einem kleinen Dorf. Meine Eltern arbeiten und ich bin zu Hause. Aber ich möchte sehr gerne zur Schule gehen. Doch meine Eltern schicken mich nicht dahin, weil sie religiös sind und auf Traditionen achten.

Ich mache täglich nur die Hausarbeit und koche das Essen und mache, was zu Hause zu machen ist.

Mit meinen Eltern kann ich wenig zusammen sein, weil sie schon sehr früh zur Arbeit gehen und erst nach 5 Uhr am Nachmittag nach Hause kommen, weil sie ja noch Überstunden machen. Dann sind sie auch so müde, dass sie sich nicht mehr mit mir unterhalten wollen, und so bin ich wieder allein.

Nach dem Essen gehen sie schlafen, gerade dann, wenn ich mit ihnen zusammen sein will. Ich möchte ihre Zuneigung haben, die ich so lange vermisst habe, als meine Eltern hier und ich in der Türkei war.

Aber sie arbeiten nur. Das macht mich traurig.

Seitdem ich in Deutschland bin, kenne ich nur mein Dorf. Ich möchte so gerne Städte sehen.

Auf einem Dorf lebte ich vor kurzem noch. In der Türkei. Und da konnte ich verstehen, was meine Freunde sagten. Hier bin ich ein Vogel. Der alleine in einem Käfig sitzt.

1 **BRD:** kurz für Bundesrepublik Deutschland

1 Meral und Metin – vergleicht die beiden Berichte.

2 Wie fühlen sich Meral und Metin in Deutschland?

Was tust du in deiner Freizeit besonders gern?

Kreuze zunächst 10 Freizeitaktivitäten an.

Entscheide dich dann, welche Aktivität dir am wichtigsten ist.

So wurden 1996 sechs sechste Klassen (insgesamt 164 Schülerinnen und Schüler) befragt. Hier das Ergebnis:

Freunde/Freundinnen treffen	☒	137	50
Draußen spielen	☒	93	7
Sport treiben (Verein)	☒	103	39
Fernsehen	☒	86	6
Kassetten/Platten hören	☒	115	10
Haustiere betreuen	☒	84	10
Kinobesuch	☒	84	3
Familienzusammensein zu Hause	☐	27	2
Familienausflug	☐	55	6
Gruppenaktivitäten	☐	33	1
Video schauen	☐	51	–
Drinnen spielen	☐	41	–
Video-/Computerspiele	☐	74	6
Comics, Heftchen lesen	☐	35	–
Computerarbeit	☐	35	2
Musizieren	☐	47	3
Bücher lesen	☒	103	13
Faulenzen, Träumen	☒	86	4
Malen, Zeichnen	☐	58	1
Radio hören	☐	54	–
Basteln	☐	28	–
Einkaufen gehen	☐	50	3
Zeitschriften lesen	☒	89	–
Schulaufgaben, Lernen	☐	8	–
Zeitung lesen	☐	16	–
Aufräumen, Mithelfen	☐	11	–
		kreuzten von 164 Befragten als die 10 beliebtesten Freizeitaktivitäten an	entfielen auf Rang 1

Ihr könnt diese Befragung ebenfalls durchführen. Den Fragebogen könnt ihr übernehmen und in eurer Schule ausfüllen lassen. Vergleicht dann eure Ergebnisse mit den hier wiedergegebenen.

2 Schulstunden

Irmela Brender

Eine

Eine drehte sich um nach ihm, als alle anderen die Köpfe schon wieder über die Bücher beugten. Er nahm das den anderen nicht übel, er wusste, ein Neuer in der Klasse ist nicht so interessant, dass man ihn die ganze Stunde hindurch anstarren könnte, schließlich ging der Unterricht weiter und er musste eben dasitzen und sich eingewöhnen.

Aber die eine im blauen Kleid sah immer wieder hin zu ihm, nicht neugierig, noch nicht einmal lächelnd. Das Profil, das sie ihm zeigte, manchmal auch noch ein bisschen Wangenfläche dazu, war ernst und aufmerksam, als habe sie über ihn nachzudenken. Das halbe Klassenzimmer lag zwischen ihnen und er konnte ihre Augenfarbe nicht erkennen. Braun, schätzte er, und ein paar Sommersprossen auf der Nase, und das ganze Gesicht ein bisschen zu mager. Die gehört nicht zu den Niedlichen, dachte er, die sich um einen Neuen kümmern, weil das so gut passt zu ihrer Niedlichkeit und weil sie dann noch einen haben, der sie nett findet. Die gehört vielleicht noch nicht mal zu den Netten.

Eine Struppige ist das, überlegte er, eine, die kicken kann, fast wie ein Junge, und plötzlich wegläuft, wenn man glaubt, sie sei ein Kumpel. Eine, die nicht mit Freundinnen kichert und tuschelt, sondern viel allein herumläuft, nicht spazieren geht, sondern eben herumläuft, und die allerhand kennt in der Stadt. Eine, von der man manches erfahren kann, aber nicht unbedingt das, was zählt.

Es fiel ihm ein, dass er sich irren könnte, aber er glaubte es nicht. Ich werde ihr ein Zeichen geben, sagte er sich, und wenn sie reagiert, dann habe ich mich nicht geirrt. Dann ist sie eine, die ich mögen könnte, zumindest mögen.

Als sie sich wieder umsah, lächelte er.

[...]

1 Was gefällt dem Erzähler an der „Einen"?

2 Überlegt euch, wie sich der Neue und das Mädchen im blauen Kleid bekannt machen, vielleicht sogar anfreunden könnten.

Irina Korschunow

Ich bin so gemein gewesen

Ich heiße Anne. Ich sitze in der Schule neben Carola. Früher war sie meine Freundin. Wir haben uns fast jeden Nachmittag getroffen; bei ihr zu Hause oder bei mir. Am liebsten haben wir Theater gespielt. Wir hatten einen großen Karton mit Kram zum Verkleiden und manchmal waren unsere Mütter zum Zugucken da. Aber das ist jetzt alles vorbei, bloß wegen der blöden Brille. Und weil ich so gemein war.

Die Brille hat Carola vor zwei Wochen bekommen. Sie wollte sie nicht aufsetzen. Sie hat geweint und ich habe gesagt, dass sie sich nicht anstellen soll. „So viele Menschen tragen eine Brille", habe ich gesagt. „Sogar der Rudi Carrell! Das ist doch wirklich nichts Besonderes."

Aber als Carola mit der Brille in die Schule kam, hat Udo Hoffmann „Brillenschlange" hinter ihr hergerufen.

Dieser eklige Kerl! Carola hat gleich wieder geheult und seitdem war sie in der Schule ganz anders als früher. Sie redete kaum noch. Sie hat sich auch nicht mehr gemeldet. Sie saß da und guckte auf den Tisch, sonst nichts. Nur nachmittags beim Theaterspielen war sie manchmal so lustig wie früher. Bis zum vorigen Dienstag. Am Dienstag wollten wir bei mir zu Hause „Die Prinzessin und der Schweinehirt" spielen. Ich hatte ein altes Nachthemd von meiner Mutter bekommen, oben und an den Ärmeln mit Spitzen.

„Das ziehe ich als Prinzessin an", sagte ich.

„Nein, ich", sagte Carola. „Du warst schon so oft Prinzessin."

„Nicht öfter als du", sagte ich, und plötzlich wurde Carola wütend. Das war noch nie passiert.

„Du willst immer Recht haben", schrie sie mich an.

Da fing ich auch an zu schreien.

„Das Nachthemd gehört mir!", schrie ich.

„Dann spiel doch allein mit deinem blöden Nachthemd. Du denkst wohl, mit mir kannst du alles machen!", schrie Carola, und weil ich das so ungerecht fand und weil ich Carola eins auswischen wollte, schrie ich: „Hau doch ab, du Brillenschlange."

Ich weiß noch, was für einen Schreck ich bekam, als mir das Wort herausrutschte. Am liebsten hätte ich es gleich zurückgeholt. Aber gesagt ist gesagt.

Carola starrte mich an. Sie war ganz still. Sie nahm ihre Sachen und ging. Und nun redet sie nicht mehr mit mir. Sie guckt an mir vorbei, als ob ich nicht da bin.

Ich möchte ihr gern etwas sagen. „Es tut mir Leid", möchte ich sagen. „Ich war so gemein. Ich will es nie mehr tun. Vertrag dich wieder mit mir."

Doch wenn ich mit Carola reden will, dreht sie sich um und geht.

1 Wie ist es zum Streit gekommen?
2 Wie hätte der Streit vermieden werden können?
3 „Aber gesagt ist gesagt." Was meint ihr dazu?
4 Was hat diese Geschichte mit der von Irmela Brender gemeinsam?

Klassenordnung

1. Für Jungen und Mädchen gilt das Gleiche, was sie tun sollen und was nicht.
2. Jeder hilft seinem Nachbarn, wenn er etwas braucht oder etwas nicht kann.
3. Wenn wir diskutieren, soll jeder warten, bis er dran ist, und den anderen ausreden lassen.
4. Wenn die Klasse mit Mehrheit etwas beschlossen hat, muss es befolgt werden; aber wer anderer Meinung ist, muss vorher angehört werden.
5. Jeder soll sich so ruhig benehmen und so langsam gehen, dass es keinen Unfall (gemeint ist in der engen Klasse) gibt.
6. Schlagen und Beleidigen ist verboten.
7. Jeder soll an seinem Platz Ordnung halten und mithelfen die Klasse gut aufzuräumen.
8. Alle sollen ihre Schreibarbeiten ruhig bis zu Ende machen dürfen.
9. Es sollen öfter Mal- oder Spielstunden stattfinden.
10. Wir dürfen uns unseren Sitzplatz selbst aussuchen.
11. Die Klasse muss beschließen, was geschehen soll, wenn einer gegen die Klassenordnung verstößt (täglich 10 Minuten).

Aufgestellt von einer Schulklasse, mitgeteilt von Konrad Wünsche

1 Meint ihr, dass eine solche Ordnung auch für eure Klasse nützlich ist?
2 Würdet ihr sie verändern?
3 Das hängt fein säuberlich geschrieben in der Klasse 6d an der Wand:

Klassenvereinbarung

„Zuspätkommen, Vergessen des Materials und Stören des Unterrichts werden in Gesellschaftslehre und Mathematik mit einem Strich vermerkt. Wer am Freitag mehr als drei Striche hat, erhält eine Aufgabe.
Kommt die Lehrerin zu spät, hat ihr Material nicht oder stört den Unterricht, so werden jeder Schülerin und jedem Schüler zwei Striche entfernt bzw. zwei Gutschriften gegeben."

Und was meint ihr zu dieser Klassenvereinbarung?

Ottokar Domma

Unser Heidenröslein

Wichtig ist auch, dass ein Lehrer nicht dauernd wechselt, sonst geht es durcheinander.

In unserer Schule ist es manchmal ganz verkehrt, weil wir einmal diesen Lehrer in Deutsch haben, im nächsten Jahr wieder jemand anders und zwischendurch vielleicht öfter wieder einen anderen Lehrer und man muss sich immer umstellen und aufpassen, dass wir seine Lieblingseigenschaften erkennen. Wie die Schule anfing, haben wir zum Beispiel erst Herrn Burschelmann in Mathematik und Erdkunde gehabt und er sagte immer, das ist sein Revier, wo er sich auskennt. Jetzt ist der Herr Burschelmann unser Herr Deutschlehrer, auch gibt er Gesang. Wenn wir beim Herrn Burschelmann singen, dann prüft er meist nur unsere Stimmen, weil Herr Burschelmann selbst nicht singen kann und es ist ein Geburtsfehler bei ihm. Wogegen zum Beispiel Fräulein Uta Kraut schon frühmorgens, wenn sie aufsteht, trällert wie eine Heidenlerche. Und Frau Hermine Bruns, welche ihre Mietsmutter[1] ist, spricht dazu: Sie hat eine vergoldete Kehle. Fräulein Uta Kraut gibt aber in unserer Schule nicht Musik, sondern Mathematik. Und unser Herr Burschelmann nennt diesen Zustand Wilddieberei. Und es wird Zeit, dass die Wechseljahre bald vorbei sind.

1 Mietsmutter: hier humorvoll für Vermieterin

Eines schönen Tages kam der Herr Burschelmann wieder in unsere Klasse geächzt und sprach mit kräftiger Stimme, wir müssen uns jetzt vorstellen, dass wir nicht in der Schule sitzen, sondern auf der Heide. Wer sich das nicht denken kann, soll wenigstens seinen Schnabel halten und nicht mit den Bänken knarren, sonst zerstört er die Poesie. Diejenigen, welche Fantasie haben, sollen sich umschauen und sagen, was sie sehen.

Mein Freund Harald sprach, er sieht eine verschlammte Tafel und man muss dem Klassendienst gleich noch eine Woche draufbrummen. Unser Herr Burschelmann antwortete, das stimmt, aber der Harald taugt nicht für die Poesie. Und der Herr Burschelmann wollte wissen, ob vielleicht auf einer Heide verschlammte Schultafeln stehen. Einige von uns riefen Nein! Wie Herrn Burschelmann die Zeit zu lang geworden ist und wir immer noch nicht gesehen haben, was Herr Burschelmann hat sehen wollen, sprach er deutlich: Er sieht ein Heidenröslein. Jetzt haben einige von uns das auch gesehen und riefen Aah! Unser Herr Burschelmann hat sich aber nicht so gewundert wie wir. Er schlug das Lesebuch auf und rief Ruhe! Denn jetzt wird er das Gedicht vom Heidenröslein vorlesen.

Als Herr Burschelmann das Heidenröslein hinter sich hatte, fragte er, ob einer den Inhalt nacherzählen kann. Ich habe mich als Erster gemeldet und sprach: Ein Knabe, welcher jung und am Morgen schön war, hat auf einer Heide ein Röslein gesehen und ist schnell darauf zugerannt. Der Knabe hat erst mit dem Röslein diskutiert, ob es sich brechen lässt. Das Röslein entgegnete, dass es sticht, und der Knabe kriegt einen Denkzettel ab. Aber der Knabe, welcher ein wilder war, machte knacks und ab war das Röslein. Dieses hat sich mächtig gewehrt und um sich gestochen und Auweia und Ach geschrien, aber es hat alles nichts geholfen. Denn das Röslein war rot.

Unser Herr Burschelmann sagte, es war fast richtig, aber aus mir wird niemals ein Dichter und wir sollen unsere Ohren aufsperren und ein Gefühl für das Schöne mitbringen. Er wird es gleich noch einmal vorlesen. Herr Burschelmann hat es jetzt mächtig betont und ist manchmal mit der Stimme nach oben oder nach unten geklettert, je nachdem. Als er sprach, ich steche dich, schnellte sein Zeigefinger wie ein Dolch auf den Schweinesigi, welcher gleich zusammenzuckte.

Danach meldete sich Elvira Munk und sagte, sie hat schon ein solches Heidenröslein gesehen, es war in der Scharfheide. Wo, fragte unser Herr Burschelmann und schlich wie ein Panther zu Elvira Munk. Wie sie wieder dasselbe sagte, ließ Herr Burschelmann gleich die Atlanten aufschlagen und er war plötzlich wieder in seinem alten Revier. Und wir mussten alle im Chor Schooorfheide brüllen. Wir haben noch sämtliche Heiden vorwärts und rückwärts aufsagen müssen, da war die Stunde um. Und wer zum nächsten Mal das Heidenröslein nicht kann, schreibt es zehnmal ab.

Wie der Tag heran war, wo wir es aufsagen mussten, war Herr Burschelmann zu einem Lehrgang für Rettungsschwimmer und wir waren sehr froh. Auf einmal ging die Tür auf und Fräulein Uta Kraut kam als ein Ersatz hereinspaziert. Mit ihrer Gitarre. Sie hat sich gleich beim Schweinesigi auf die Bank gesetzt und immer ein bisschen gezupft und geklimpert und dazwischen geplaudert. Von einem Spaziergang auf der Heide. Auch hat sie sehr schön die Landschaft beschrieben, und sie liebt sie sehr. Mit einem Male fing sie ganz leise an zu singen, sah ein Knab ein Röslein stehen. Wir lauschten alle dem schönen Gesang, und sogar die wilden Knaben.

Seitdem nennen wir Fräulein Uta Kraut unser Heidenröslein und Herrn Burschelmann unser Heidenross. Aber er weiß es nicht, weil man höflich sein muss.

1 Wie stellt ihr euch den Erzähler vor?

2 Sucht zu Hause oder in einer Bibliothek nach dem Text des Gedichts vom Heidenröslein und überprüft, ob der Erzähler seine Inhaltsangabe tatsächlich „fast richtig" vorgetragen hat.

3 Besorgt euch die Vertonung des Heidenrösleins. Könnt ihr erklären, warum die Klasse in der Stunde von Fräulein Kraut so still und aufmerksam war?

Kurt Kusenberg

Eine Schulstunde

Der Lehrer für Zoologie[1] legte großen Wert auf anschaulichen Unterricht. Aus diesem Grunde brachte er Tiere, deren Merkmale und Lebensweise erläutert werden sollten, stets in die Schule mit. Ein anderer Schulleiter hätte vielleicht Einspruch erhoben, denn von Rechts wegen gehören lebende Tiere, vor allem Raubtiere, nicht ins Klassenzimmer, ganz davon zu schweigen, daß sie unter Umständen den Schülern gefährlich werden können. Der Mann jedoch, dem die Schule unterstand, war ebenfalls der Meinung, Unterricht könne nicht anschaulich genug sein. Bevor er sich anschickte Geschichtsstunde zu erteilen, pflegte er die Tracht der jeweils behandelten Zeit anzulegen, und solange man die Dramen des großen Shakespeare[2] durchnahm, sahen ihn seine Schüler nie anders als glatzköpfig und spitzbärtig. Es versteht sich demnach, daß er der Letzte gewesen wäre, der dem Lehrer für Zoologie sein Tun verwiesen hätte.

Wir haben wenig Ursache, aus zahllosen Unterrichtsstunden, die der Tierkunde gewidmet waren, gerade die folgende herauszugreifen, denn sie alle spielten sich mehr oder weniger in gleicher Weise ab. Will man aber anschaulich werden, so muß man sich schon entschließen, ein Exempel[3] zu geben, und das geschehe hiermit. Die Stunde, von der wir berichten, war dem Bären gewidmet. Die Schüler wußten das bereits, denn der Unterricht ließ sich vom Lehrbuch leiten, und das Lehrbuch verhieß ihnen eben dieses Tier. Sie waren daher nicht erstaunt, als der Lehrer, indem er eintrat, einen großen braunen Bären an der Kette hinter sich herzog. Einige freilich traf das hart, weil sie mit einem Eisbären gerechnet und kleine Geldbeträge darauf gewettet hatten; den schlimmsten Verlust erlitt ein Schüler namens Artur, der alles, was er besaß, auf einen Malaienbären gesetzt hatte, in der Meinung, ein solcher sei besonders handlich und für die Schulstube wie geschaffen. Da die Gewinner in der Überzahl waren, erhielt das Tier freundlichen Beifall. Unbekümmert darum kauerte der Bär sich nieder und blinzelte die Klasse listig an. Die gute Aufnahme, welche sein Begleiter gefunden, tat dem Lehrer sichtlich wohl. Er, der von den heimlichen Wetten nichts wußte, konnte sich nie erklären, warum gewisse Tiere beifällig begrüßt und andere mürrisch hingenommen wurden. Er schrieb es einer seltsamen, aus Urzeiten herrührenden Wechselbeziehung zwischen Mensch und Tier zu und arbeitete in den Mußestunden an einem großen Werk, dem er die Erfahrungen, die er mit seinen Schülern machte, vertrauensvoll zugrunde legte. Beglückt über die Tatsache, daß gerade der Bär, den er aufs höchste schätzte, den Schülern wohl-

1 **Zoologie:** Tierkunde
2 **Shakespeare:** engl. Dichter des 17. Jahrhunderts
3 **Exempel:** Beispiel

gefiel, setzte er sich ans Katheder[4] und eröffnete die Stunde.

„Ehe man sich“, sprach er, „über einen Gegenstand neues Wissen aneignet, soll man besinnlich herzählen, was man über diesen Gegenstand bereits weiß oder über ihn zu wissen vermeint. Was weißt du, Artur, über Bären?“

Der Aufgerufene befand sich nicht in der besten Laune, denn er rechnete eben seine Verluste nach. Unwillig stand er auf und antwortete: „Es gibt vielerlei Bären: Himbeeren, Erdbeeren, Stachelbeeren, Brombeeren, Johannisbeeren – “

„Schluß!“ rief der Lehrer. „Das ist weder ergiebig noch geistreich, und ich verbitte mir solche Abschweifungen in die Botanik[5]. Wir treiben hier Zoologie, dumme Witze sind uns ein Greuel, und wer nichts weiß, möge lieber schweigen – mit einem Wort: Es geht nicht an, daß man in Anschauung eines lebendigen Tieres von Früchten spricht, die ihm allenfalls als Nahrung dienen könnten, jedoch nichts mit ihm selbst zu schaffen haben. Setze dich, Artur, und danke es meiner Langmut, wenn ich dich nicht strafe. Du hingegen, Paul, wirst mir gewiß über den Bären zu erzählen wissen. Ist dir irgendeine Eigenschaft bekannt, die den Bären von anderen Tieren unterscheidet?“

Paul, der bei den Wetten nicht übel abgeschnitten hatte, war durchaus erbötig dem Lehrer Auskunft zu geben.

4 **Katheder:** Pult, Tisch für den Lehrer

5 **Botanik:** Pflanzenkunde

Daß es ihm nicht geriet, hing mit einem Mangel an Klugheit zusammen, der angeboren war.
„Der Bär", erklärte Paul frohgelaunt, „ist eßbar."
Das war nun wirklich eine alberne Antwort, die selbst der Lehrer belächelte, indes das Schulzimmer vor Lachen widerhallte. Paul lachte auf alle Fälle mit, nicht wissend, wie er die große Wirkung zustande gebracht hatte. Als der Lärm sich legte, nahm der Lehrer die Führung wieder auf. „Deine Antwort, Paul, befriedigt nicht, denn fast alle Kreaturen[6] sind eßbar. Auch du bist eßbar."
Bei diesen Worten hob der Bär, der bis dahin träge vor sich hingedämmert hatte, den Kopf und sah Paul aufmerksam an. Verstand er, wovon die Rede war? Wie dem auch sei: Paul hielt es für geraten, sich niederzusetzen, und richtete es so ein, daß sein Vordermann ihn dem Blick des Bären entzog. Die Klasse, die schon zu neuem Gelächter bereit gewesen war, blieb plötzlich seltsam still. Nur der unzufriedene Artur murmelte verstockt: „Preiselbeeren, Vogelbeeren, Blaubeeren ...", erhielt jedoch von seinem Nachbarn einen Stoß, der auch ihn zum Schweigen brachte. Beglückt über die ungewohnte Stille, fuhr der Lehrer fort: „Wenn ihr schon keine Eigenart unseres Gastes zu nennen vermögt, so ist euch vielleicht dieser oder jener Anverwandte des braunen oder gemeinen Bären – um einen solchen handelt es sich hier – bekannt. Na, Josef, wie steht es damit?" Der Schüler wand sich aus der Bank, schickte einen vorsichtigen Blick nach dem Tier, das ihn aber nicht beachtete, und sprach: „Eißer dem gemeinen Bir gibt es den Eisbir, den Grizzli-Bir, den schwirzen Bir und indere Biren, die gleichfills im Lehrbuch stehen."
Der Lehrer erstarrte: „Josef, du bist des Teufels! Wie kommst du dazu, mutwillig unsere Sprache zu verunstalten?"
Josef schwieg eine ganze Weile, ehe er sich zu einer Erklärung bequemte. „Die Siche ist die, Herr Lehrer, diß ich ein Gelöbnis ibgelegt hibe, vier Wochen ling den ersten Vokil des Ilphibets nicht eiszusprechen. Ilso helfe ich mir mit dem Vokil i. Wis kinn ich tun? Schwur ist Schwur und muß gehilten werden."
„Setzen!" donnerte der Lehrer. „Dein törichtes Gelöbnis wird dich teuer zu stehen kommen." Josef tat, wie ihm geheißen, und machte dazu die Miene eines Ritters, der eine harte Probe übersteht. Wider alles Erwarten lachte niemand; die Klasse ehrte Josefs standhaften Mut. Und es war wie eine Erlösung, als plötzlich ein Schüler den Arm in die Höhe reckte. Alle blickten zu ihm hin, sogar der Bär, und der Lehrer fragte freundlich: „Na, Kurt, was hast du uns zu sagen?"
Kurt sprang auf: „Der Bär, Herr Lehrer, hat Bärenkräfte."
„Gut", lobte der Lehrer. „Das ist eine treffliche Bemerkung."
Der Bär schien der gleichen Ansicht zu sein, denn er zerschlug mit einem einzigen Tatzenhieb das Stühlchen, welches neben ihm stand. Dann kauerte er sich wieder zusammen und schaute den Knaben gespannt an.

6 **Kreatur:** Lebewesen

Kurt stockte, doch ein Kopfnicken des Lehrers ermutigte ihn fortzufahren. „Wenn der Bär angegriffen wird, stellt er sich auf die Hinterbeine."

„Ausgezeichnet", murmelte der Lehrer und wandte sich blitzschnell nach dem Bären um, der jedoch liegenblieb, offenbar deshalb, weil ihn niemand angriff. Statt dessen ließ das gewaltige Tier ein Brummen vernehmen, welches sich recht beifällig anhörte. Von Stolz geschwellt, spielte der Schüler seinen letzten Trumpf aus. „Der Bär", sagte er und betonte jedes Wort, „ist ein Leckermaul. Am liebsten frißt er Honig."

„Aber nicht meinen!" Artur schnellte empor und blickte ängstlich nach dem Schrank, auf dem ein goldgelbes Glas stand. „Wenn ich ihn nicht nach Hause bringe, setzt es Schläge."

Kaum waren die Worte gesprochen, so erhob sich der Bär mit allen Anzeichen lüsterner Gier und ging daran, den Schrank zu ersteigen, wobei ihm ein kleiner Waschtisch, der eigentlich den Lehrern vorbehalten war, gute Dienste leistete. Artur rannte vor, der Lehrer stellte sich ihm in den Weg, andere Schüler sprangen herbei, um den Unbesonnenen zu zügeln – kurzum, es herrschte ein unbeschreiblicher Tumult, den der Bär weidlich ausnutzte, indem er sich, nunmehr auf dem Schranke sitzend, über den Honig hermachte.

Der Lärm war wohl weithin hörbar geworden; jedenfalls ging die Tür auf und der Leiter der Schule trat ein. Er war in die Tracht Ludwigs des Vierzehnten gekleidet, mit Rücksicht darauf, daß er seine Klasse über die Kriege des Sonnenkönigs unterrichtete. Seine Haltung war derart majestätisch, daß alle ringsum reglos wurden. Selbst der Bär ließ von dem Honig ab und starrte unruhig auf den Ankömmling.

„Was geht hier vor?" sprach eine mächtige Stimme.

Der Lehrer ermannte sich und trat einen Schritt vor: „Wir obliegen, Herr Direktor, in diesem Augenblick einem besonders anschaulichen Unterricht. Der Schüler Kurt machte die zutreffende Bemerkung, der braune oder gemeine Bär sei ein Leckermaul und fresse am liebsten Honig. Um solches zu bewahrheiten stellte der Schüler Artur ein eigens zu diesem Zwecke mitgebrachtes Honigglas zur Verfügung. Was Wunder, daß Meister Petz sogleich die Gelegenheit beim Schopfe ergriff und uns bewies, wie sehr er es verdient, ein Leckermaul genannt zu werden? Dort oben hockt er, Herr Direktor, und ließe es sich auch weiterhin wohl sein, wenn Ihre unverhoffte

Dazwischenkunft ihn nicht aufgestört hätte."

Als habe er auf das erlösende Wort gewartet, fuhr der Bär fort, das Glas auszuschlecken. Der Schulleiter sah ihm wohlwollend zu, nickte dann kurz und wandte sich an den Lehrer. „Ich schätze die Art Ihres Unterrichts sehr, denn sie ist der meinen nicht unähnlich. Will man den Schülern etwas einprägen, so muß man es ihnen anschaulich machen. Das verstehen Sie meisterlich."

Während er zur Tür ging, schrillte die Glocke und kündigte das Ende der Schulstunde an. Der Lehrer lockte den Bären vom Schrank herunter, nahm ihn wieder an die Kette und verließ mit dem Tier das Klassenzimmer. In dieser Weise, je nach den Tieren ein wenig verschieden, nahm für gewöhnlich der Zoologieunterricht seinen Fortgang. R

1 Wie denkt ihr über diesen Lehrer?

2 „Was sich sonst noch im Zoologieunterricht ereignete ...": Erfindet Berichte von weiteren „Schulstunden" und stellt sie in einem eigenen „Klassenbuch" zusammen. Malt schöne Bilder.

3 „Wenn ich selber eine Unterrichtsstunde geben dürfte ...": Beschreibe, wie du dir eine solche Stunde vorstellst.

Heinz J. Zechner

Sehr geehrter Herr Lehrer! – Gedichte

Nicht genügend

Vierhundertachtundvierzig
Wörter
hat mein Aufsatz –
zwölf
hab ich falsch geschrieben.
Das macht
vierhundertsechsunddreißig
richtige.
Dem Lehrer
waren's
nicht genügend.

Briefwechsel

Sehr geehrte Frau Meier!
Ihr Sohn Markus
isst während des Unterrichts
und arbeitet nicht mit.

Sehr geehrter Herr Lehrer!
Ihr Schüler Markus Meier
hält sein Zimmer nicht in Ordnung
und bröselt während des Fernsehens
Kartoffelchips auf den Teppich.

Fragen

Ich hätte so viele Fragen
an meinen Lehrer.
Doch
mein Lehrer meint,
als Lehrer sei er dazu da,
Fragen an mich zu richten.
Dabei weiß ich oft
gar keine Antwort!

Schulfantasien

Sibylle Durian

Wenn ich ein Vöglein wär …

Beschreibe den Bau des Großen Leberegels!
Wie unterscheiden sich Platt- und Rundwürmer? Was weißt du über den Nutzen des Regenwurmes? Berichte über das Leben der Honigbienen und anderer Staaten bildender Insekten …

Mike Kulicke saß auf dem Balkon und blätterte lustlos in seinem Biologiebuch. Die Farbaufnahmen der widerlichsten Würmer und Insekten waren auf blauem oder grünem Untergrund richtig schön anzusehen.

Biologie gehörte zu den Fächern, von denen Mike glaubte, sie seien Nebensache und das Wissen fließe einem da ganz von selbst zu.

Jedenfalls hatte er das bis zum letzten Mittwoch geglaubt, als Frau Schimalla, die Bio-Lehrerin, ihn an die Tafel rief und den Querschnitt des Spulwurmes von ihm angemalt haben wollte. Welcher der lustig bunten, im Buch abgebildeten Querschnitte gehörte nun zum Spulwurm?

Mike entschied sich für ein Fantasieprodukt, ein Mitteldding zwischen Regenwurm, Blindschleiche und Weinbergschnecke, was ihm prompt eine Fünf einbrachte. Bisher hatte er nur eine schöne glatte Zwei im Klassenbuch stehen. Zwei plus fünf sind sieben, durch zwei sind genau drei Komma fünf.

Die nächste Klassenarbeit würde also darüber entscheiden, ob noch eine Drei oder schon eine Vier auf dem Halbjahreszeugnis erscheinen wird.

Die nächste Klassenarbeit ließ nicht lange auf sich warten. Deshalb saß Mike auf dem Balkon und versuchte in drei Nachmittagsstunden nachzuholen, was er in einem halben Jahr versäumt hatte.

Wenn er bloß wüsste, wofür sich Frau Schimalla entscheiden würde. Für die Würmer, für die Insekten oder gar für die Wirbellosen? Alles auf einmal zu lernen war unmöglich.

Mike starrte unverwandt auf das Haus gegenüber. Im dritten Stock wohnte seine Bio-Lehrerin.

In diesem Moment wurde das Fenster gegenüber geöffnet. Mike sah, wie Frau Schimalla die Gardinen zur Seite zog. Er rannte ins Wohnzimmer und wühlte im Schrank herum. Dann guckte er durch das Fernglas ins Zimmer der Frau Schimalla. Er sah eine kugelige Hängelampe, einen Stuhl und einen Schreibtisch. Auf dem Schreibtisch la-

gen Bücher und Hefte. Eben kam Frau Schimalla mit einer Tasse herein und setzte sich an den Schreibtisch. Sie trank einen Schluck, blätterte in Büchern und schrieb.

Aber was schrieb sie? Das konnte Mike nicht erkennen, dazu reichte das stärkste Fernglas nicht aus. Sicher bereitete sie die morgige Klassenarbeit vor.

Könnte man nur einen einzigen kurzen Blick auf ihre Notizen werfen. Dann wüsste man, was zu lernen war.

Mike ließ seufzend das Fernglas sinken und dachte nach.

Wenn er jetzt einfach hinüberginge, klingelte und unter irgendeinem Vorwand ins Zimmer käme und auf die Notizen sähe? Unter welchem Vorwand?

„Entschuldigen Sie bitte, mir ist da eben mein Ball in Ihr Fenster gefallen!" Drei Stock hoch? Nein, das ging nicht.

Ein Spatz setzte sich auf den Balkonkasten und guckte Mike fragend an, dann flog er weiter, genau auf die gegenüberliegende Seite. So ein Spatz hat's gut. Der kann einfach hinfliegen, wohin er will. Neidvoll sah Mike ihm nach.

„Wenn ich ein Vöglein wär und auch zwei Flügel hätt ..." Ein albernes Lied! Natürlich haben Vögel Flügel, sonst wären sie keine Vögel, sondern Kängurus oder Nilpferde.

Mike breitete die Arme aus und bewegte sie im Takt auf und ab, einfach so, zum Spaß.

Das Erste, was ihm auffiel, waren die Geranien. Sie schienen riesengroß zu sein. Und dann hatte er plötzlich Appetit auf Blattläuse. Auch fiel ihm das Gehen schwer. Er konnte nur hüpfen, und als er sich ein Stück zu weit vorwagte, stürzte er vom Balkon ...

Als er die Augen wieder öffnete, bemerkte er, dass er nicht fiel, sondern flog.

An einem Fenster machte er Halt und besah sich in der blanken Scheibe. Was für ein seltsamer Vogel schaute ihm da entgegen. Vorn Wellensittich, rechts Zeisig, links Distelfink und hinten Gimpel. Vor Schreck machte Mike einen kalkweißen Klecks auf das frisch geputzte Fensterblech.

Was nun? Jetzt hatte er sich so sehr gewünscht ein Vogel zu sein, dass sein Wunsch in Erfüllung gegangen war.

Mike flatterte probehalber hinüber zum großen Kastanienbaum. Nun war er seinem Ziel schon ein ganzes Stück näher gekommen. Er hüpfte auf die äußerste Astspitze um besser sehen zu können. Das Fenster stand noch offen. Die Gelegenheit war günstig. Mike breitete die Flügel aus und landete unbeholfen auf der Fernsehantenne. Der Fernseher war eingeschaltet, Mike spürte ein leises Kribbeln in den Füßen. Da erschien der vierjährige Paul Schimalla im Zimmer.

„Mammi, was ist denn mit dem Fernseher? Das Bild hopst." Er schaute aus dem Fenster.

„Da sitzt ein Vogel auf der Antenne", sagte er rückwärts zu seiner Mutter. „Hau ab, du dummer Vogel!"

„Lass das, Paulchen", sagte die Mutter. „Mach den Fernseher aus und guck dir ein Buch an."

Paulchen gehorchte brabbelnd.

Mike rückte näher.

Frau Schimalla trank ihre Tasse aus und ging hinaus.

Das war Mikes Chance.

Er flatterte durchs Fenster, landete auf dem Schreibtisch und hüpfte zu dem aufgeschlagenen Notizblock.

Tatsächlich, da stand:

Klassenarbeit der Klasse 6 c.

Thema: Das Leben unserer Honigbienen.

Hurra!, hätte Mike am liebsten laut gebrüllt.

In diesem Augenblick der Erleuchtung wurde es plötzlich dunkel um ihn.

„Ich hab ihn!“, rief Frau Schimalla. Sie hatte blitzschnell ihr gehäkeltes Umhängetuch über ihn geworfen, das ihn wie ein großes Netz gefangen hielt.

„Schnell, Paulchen, hol den alten Vogelkäfig!“

Paulchen schoss begeistert in die Küche.

Inzwischen nahm Frau Schimalla Mike in die Hand und betrachtete ihn von allen Seiten.

Hoffentlich erkennt sie mich nicht, schoss es ihm durch den Kopf.

„Was für ein schönes Exemplar“, sagte Frau Schimalla.

Sie setzte Mike in den Vogelkäfig und schloss die Tür.

Paulchen presste sein Gesicht ans Gitter.

„Na du? Wie heißt du denn? Kannst du auch singen? Mach doch mal piiiep!“

„Lass ihn in Ruhe“, sagte Frau Schimalla. „Er hat noch Angst vor uns. Lass um Himmels willen die Tür zu. Das ist ein sehr seltener Vogel, den muss ich meinen Schülern zeigen.“

„Gib ihn mir in die Hand“, verlangte Paulchen.

Mike bekam einen Schreck.

„Nein, Paulchen, Vögel wollen nicht, dass man sie in die Hand nimmt. Und nun geh dich waschen, es ist gleich sieben.“

Schon sieben. Vater und Mutter würden jetzt ungeduldig auf die Uhr sehen. Mike fühlte sich sehr elend. Da kannte er das Thema der morgigen Klassenarbeit – aber saß gefangen in einem Käfig. Eine verteufelte Lage!

Gegen acht deckte Frau Schimalla ein dunkles Tuch über den Käfig. Paulchen guckte noch einmal darunter und sagte:

„Gute Nacht, Piepmatz, schlaf schön und träum was Schönes.“

Von wegen träumen! Mike hockte auf seiner Stange und war todunglücklich. Wenn er sich doch bloß zurückverwandeln könnte.

Schnell dachte Mike an etwas anderes. Wenn er sich seine Rückverwandlung zu sehr wünschte, würde sein Wunsch sicher in Erfüllung gehen. Was aber sollte er Frau Schimalla sagen, wenn morgen früh statt eines kleinen Vogels der Schüler Kulicke aus der 6 c in ihrem Vogelkäfig hockte?

Die Nacht verging sehr langsam. Endlich wurde es Morgen. Frau Schimalla zog die Decke vom Käfig und stellte ihm eine Schüssel mit Körnern herein. Dann verließ sie mit Paulchen die Wohnung.

Mike hockte in seinem Käfig und döste vor sich hin. Es freute ihn nicht mal, dass die Klasse nun ohne ihn die Bio-Arbeit schrieb. Das Leben der Honigbienen, eine Kleinigkeit! Er hätte sich das Kapitel zwei- oder dreimal durchgelesen und gewiss eine Zwei, wenn nicht gar eine Eins geschrieben.

Am Nachmittag kamen Frau Schimalla und Paulchen wieder nach Hause. Während sich die Mutter den Mantel auszog, rannte Paulchen zum Vogelkäfig.

„Na? Geht's gut?", fragte er.

Der hatte eine Ahnung!

Frau Schimalla öffnete das Fenster zum Lüften. Sehnsüchtig hörte Mike das Gezwitscher der Vögel vom Kastanienbaum.

Paulchen wartete, bis seine Mutter das Zimmer verließ, dann öffnete er die Käfigtür und grapschte mit seiner kleinen dicken Hand nach Mike.

„Komm doch mal her, Vögelchen, ich will dich nur streicheln." Blitzschnell wich Mike den greiflustigen Fingern aus, hopste auf Paulchens Handgelenk, und schwupp! war er aufs Fensterbrett geflogen.

„Mammi!", rief Paulchen kläglich.

Aber Mike wartete nicht, bis Frau Schimalla ins Zimmer kam. Er schwang sich in die Luft, flog zum Kastanienbaum und von dort direkt in seinen Balkon. Da hockte er zwischen den Geranien und schloss die Augen. Er wünschte sich mit aller Kraft wieder das zu werden, was er vorher war …

„Junge, bist du übergeschnappt?", rief seine Mutter erschrocken. „Was machst du denn auf dem Balkonkasten! Und überhaupt, wo warst du denn?" Es folgte eine lange Strafpredigt, die Mike gesenkten Hauptes über sich ergehen ließ. Er versuchte eine Erklärung zu stammeln, aber die Mutter gab sich erst zufrieden, als der Vater kam und sagte: „Schluss jetzt. So was kommt nie wieder vor!"

Mike sagte im Brustton tiefster Überzeugung: „Ganz bestimmt nicht."

Am nächsten Tag wurde er nach Schulschluss zu Frau Schimalla gerufen.

„Mike", sagte sie, „du hast gestern unentschuldigt gefehlt. Ist dir klar, dass du die Arbeit nachschreiben musst?"

Das kam Mike sehr gelegen. Durch die Honigbienen würde er endlich zu einer glatten Drei im Zeugnis gelangen.

„Schlag dein Heft auf", sagte Frau Schimalla. „Schreib: Wie stelle ich mir das Leben der Roten Waldameisen vor …"

1 Verfolgt Mikes Weg von der Wirklichkeit in die Wunschwelt und wieder zurück.

2 Denkt euch selbst eine „Schulfantasie" nach dem Vorbild von Mike Kulicke aus.

Jacques Prévert

Rechenstunde

Zwei und zwei sind vier
Vier und vier sind acht
Acht und acht sind sechzehn
Wiederholen!, sagt der Lehrer
Zwei und zwei sind vier
Vier und vier sind acht
Acht und acht sind sechzehn
Aber da fliegt der Wundervogel
Am Himmel vorbei
Das Kind sieht ihn
Das Kind hört ihn
Das Kind ruft ihn
Rette mich
Spiel mit mir
Vogel!
Da schwebt der Vogel nieder
Und spielt mit dem Kind
Zwei und zwei sind vier …
Wiederholen!, sagt der Lehrer
Und das Kind spielt
Der Vogel spielt mit ihm
Vier und vier sind acht
Acht und acht sind sechzehn
Und wie viel sind sechzehn und sechzehn?
Sechzehn und sechzehn sind nichts
Und erst recht nicht zweiunddreißig
Denn das gibt ja keinen Sinn
Also schwinden sie dahin
Und das Kind hat den Vogel
In seinem Pult versteckt
Und alle Kinder
Hören sein Lied
Und alle Kinder
Hören die Musik
Und nun verschwinden auch die Acht und Acht
Und die Vier und Vier und die Zwei und Zwei
Trollen sich
Und eins und eins sind weder eins noch zwei

Eins ums andre ziehn sie ab
Und der Wundervogel spielt
Und das Kind singt
Und der Lehrer schreit:
Wann hört ihr endlich mit dem Unsinn auf?
Aber alle Kinder
Horchen auf die Musik
Und die Wände des Klassenzimmers
Sinken friedlich ein
Und die Fensterscheiben werden wieder Sand
Die Tinte wird wieder Wasser
Die Pulte werden wieder Bäume
Die Kreide wird wieder Felsen
Der Federhalter wird wieder Vogel.

1 Verteilt diese Verse auf verschiedene Sprecher und Sprecherinnen und probiert aus, wie man das Gedicht aufführen kann.

2 Vergleicht das Gedicht mit der Geschichte von Sibylle Durian auf S. 52 ff.

Christian Schälicke

Gedrängel

1 Die auf den Bildern dargestellten Szenen könnt ihr als Pantomime spielen. Ihr braucht dazu zwei Vierergruppen und (für die Szenen 1–6) eine unsichtbare Wand in der Mitte.

2 Ihr könnt die Szenen aber auch dialogisieren. Worüber streiten die beiden Gruppen? Wie verläuft der Streit?

3 Und wie stellt ihr euch das letzte Bild vor?

4 Versucht zum Thema „Gedrängel“ auch eine Geschichte zu erzählen, die in der Schule oder auf einem anderen Schauplatz spielt.

Ein neues Mitglied der Klasse kann seine Mitschülerinnen und Mitschüler „spielend“ kennen lernen:

Namenballon

Die Kinder stellen sich im Kreis auf. Ein Spieler geht in die Mitte, stößt einen Ballon möglichst senkrecht hoch und ruft den Namen eines Mitspielers/einer Mitspielerin auf. Das genannte Kind läuft zum Luftballon und verfährt anschließend wie sein Vorgänger.
Man kann das Spiel erschweren, indem sich alle hocken oder setzen, auf den Bauch oder Rücken legen und vielleicht auf einem Bein hüpfen müssen.

LÜGENDETEKTOR

Jedes Kind schreibt drei oder vier Behauptungen über sich selbst auf einen Zettel. Eine Behauptung davon ist falsch. Die anderen müssen nun raten, welche Behauptung die falsche ist.
Die Anzahl der Falschmeldungen ergibt die Punktzahl für das Kind, das die Behauptungen aufgestellt hat.

Kofferpacken

Die Mitspielenden setzen sich am besten im Kreis zusammen. Jemand (nennen wir das Kind z. B. Tim) fängt an einen Gegenstand in seinen Koffer zu packen, ein weiteres Kind als Reisebegleitung zu wählen und in eine Stadt zu fahren.
Das hört sich etwa so an:
„Ich packe in meinen Koffer eine Zahnbürste und fahre mit Mareike nach Berlin.“ Das nun mitfahrende Kind (im Beispiel also Mareike) packt einen weiteren Gegenstand in den Koffer, nimmt ein weiteres Kind mit und fährt in eine weitere Stadt. Mareike darf aber nichts vergessen – weder die schon eingepackten Gegenstände noch die schon mitfahrenden Kinder. Sie müsste also Folgendes sagen:
„Ich packe in meinen Koffer eine Zahnbürste, einen Waschlappen und fahre mit Tim und Karin über Berlin nach München.“
Jetzt wäre Karin an der Reihe …

3 Sport macht Spaß!?

Herbert Heckmann

Tor!

Eine Stehaufgeschichte für Träumer, Schlafpelze und andere

„Es hat alles keinen Zweck." Diesen Satz führte Erwin immer im Munde. Er fing damit schon am frühen Morgen an, wenn seine Mutter ihn weckte. Erwin – der Erwin hieß, weil er dem Beispiel seines erfolgreichen Onkels folgen sollte, der immer das Richtige in seinem Leben tat und auch gern darüber redete – war kein Freund des Aufstehens. Das brachte nämlich die ersten Schwierigkeiten: Er war meist noch so verschlafen, dass er gar nicht wusste, was er tat. Einmal versuchte er allen Ernstes sich mit der Zahnbürste die Haare zu kämmen.

„Wo bist du nur mit deinen Gedanken?", fragte die Mutter.

„Unterwegs", murmelte Erwin und wischte sich die Zahnpasta aus den Haaren.

Er hatte zwei linke Hände, zwei linke Füße und überhaupt wenig Lust etwas zu tun. Was er anfasste, ging meist in die Brüche.

„Ehrlich, das wollte ich nicht", stammelte Erwin jedes Mal.

Er selbst fiel, wo und wann er nur immer konnte, von Leitern, Mauern, Stühlen und über seine eigenen Beine. Sein Fahrrad war ein gerade noch fahrender Schrotthaufen.

„Am besten, ich bleibe im Bett", verkündete Erwin, aber seine Eltern erfüllten ihm diesen Wunsch nicht.

In der Schule war es nicht viel besser. Er brachte alles durcheinander. Er verlegte Italien in die Nordsee und war der Meinung, dass Kolumbus das Ei entdeckt habe. Seine Antworten riefen in der Klasse fast immer Gelächter hervor und Lehrer Knoll machte ein entsetztes Gesicht.

„Es hat alles keinen Sinn", murmelte Erwin und setzte sich hin.

Da er es in der Wirklichkeit zu nichts brachte, verlegte er seine großen Taten in die Träume. Sein Lieblingsaufenthalt wurde das Bett. Dort fühlte er sich als Held, besiegte Ungeheuer, flog durch die Lüfte, ritt auf einem mächtigen Löwen, kämpfte unter Wasser mit Haien, erfand ein neues Puddingpulver und landete auf dem Mars. Während er träumte, strahlte sein Gesicht vor Glück; war er wach, drohte die Milch von seinem Anblick sauer zu werden. Seine Schulkameraden nannten ihn ‚Erwin, die Flasche'. Das war nun wirklich keine Bezeichnung, auf die man stolz sein konnte.

„Muss ich eigentlich überhaupt in die Schule?", fragte Erwin seine Mutter. „Ich könnte doch alles für mich allein lernen."

„Hast du denn gar keinen Ehrgeiz?"

„Was soll schon dieser verdammte Ehrgeiz. Man strengt sich an, damit einen die anderen umso mehr auslachen können.“

Erwin entwickelte mit der Zeit ein ungewöhnliches Schlaftalent. Er schlief selbst mit offenen Augen. Einmal wäre er beinahe von einem Auto überfahren worden.

„Hast du denn keine Augen im Kopf?“, schrie der Fahrer, der beim Bremsen mit dem Kopf gegen die Scheibe gestoßen war.

Erwin sah erschrocken auf und stotterte: „Ich bin ein Tiefseetaucher.“

Der Fahrer vergaß vor Staunen, seinen Mund zuzumachen.

Am liebsten träumte Erwin von Fußballspielen, in denen er eine überragende Rolle spielte. Er schoss aus allen Lagen und kein Tormann der Welt konnte seine Bombenschüsse halten. Das ganze Stadion stand Kopf und die Mitspieler umarmten Erwin. Eine ermunternde Wärme wuchs ihm bis in die Fingerspitzen, während die Fotografen die Kameras zückten. Das waren Augenblicke, in denen Erwin seine sauertöpfische Miene aufgab und von einem Ohr bis zum anderen grinste.

In Wirklichkeit war er jedoch nur ein Ersatzkicker, den keine Mannschaft haben wollte, weil man einfach nicht glauben konnte, Erwin, die Flasche, würde überhaupt einen Ball treffen.

„Mann, der kickt ja Löcher in die Luft.“

So schaute Erwin nur zu und träumte, er wäre Torschützenkönig. Seine Beine zuckten und es konnte durchaus geschehen, dass er vor Begeisterung um sich trat. War er allein, übte er mit allem, was ihm vor die Füße kam: mit Konservenbüchsen, Zigarettenschachteln, Kartons, Bierdosen und Papierknäueln. Er machte der Stadtreinigung Konkurrenz und zerdrosch drei Paar Schuhe im Jahr.

„Pass ein bisschen auf, wo du hintrittst!“, ermahnte ihn seine Mutter, die nichts von der Fußballleidenschaft ihres Sohnes wusste. Erwin redete nicht viel. Er hatte einfach Angst sich doch nur lächerlich zu machen. Dabei wusste Erwin im Fußball Bescheid wie kaum ein anderer in seiner Klasse. Er kannte sogar die Schuhgröße von Beckenbauer.

Erwin wohnte in der Meisenstraße. Von einem Ende bis zum anderen nur Hochhäuser, die nachts wie vieläugige Ungeheuer aussahen.

Tagsüber waren die Augen Fenster: acht in jedem Stock. Aus einem dieser Fenster beobachtete Frau Gernegut mit einer standbildhaften Ausdauer alles, was in der Meisenstraße geschah. Sie hörte die Flöhe husten, das Gras wachsen und machte aus jeder Mücke einen Elefanten. Sonst hatte sie nichts zu tun. Sie nahm ihre Aufgabe sehr ernst und ihre Nase war schon ganz platt, weil sie immer an der Scheibe klebte.

Wieder einmal kickte Erwin eine Bierdose vor sich her. Plötzlich überkam es ihn. Er war im Stadion, die Zuschauer reckten die Hälse. Erwin stürmte los, blieb stehen, nahm Maß und ballerte die Büchse gegen ein Fenster. Frau Gernegut hatte natürlich alles gesehen und noch ein bisschen mehr. Sie riss ihr Fenster auf und schrie. Andere Fenster öffneten sich und sehr bald wusste so ziemlich jeder in der Meisenstraße, dass Erwin eine Fensterscheibe zertrümmert hatte, eine Fensterscheibe im 4. Stock.

Erwin fürchtete ins Gefängnis gesteckt zu werden. Mit zitternden Knien schlich er nach Hause und erklärte seiner Mutter:

„Ich geh jetzt für immer ins Bett."

Daraus wurde jedoch nichts, denn kaum hatte sich Erwin in sein Zimmer zurückgezogen, dessen Wände mit Postkarten aus Bayern, Sylt, Venedig und Mallorca überklebt waren, klingelte es. Frau Gernegut stürmte in die Wohnung und legte los.

„Stellen Sie sich vor!"

Erwin konnte sich nur zu gut vorstellen, welche Folgen sein Treffer haben würde. „Noch nicht einmal im Bett ist man sicher", sagte er sich und bereitete sich auf das ernste Wort vor, das seine Mutter mit ihm zu reden hatte.

Etwas Gutes jedoch brachte die Sache mit sich. Olle, der sich für den größten Fußballer der Meisenstraße und darüber hinaus hielt und mit Erwin in dieselbe Klasse ging, konnte sich nicht beruhigen, dass Erwin eine Bierdose in den 4. Stock befördert hatte.

„Das ist direkt eine Leistung", sagte er.

Erwin war so an sein Pech gewöhnt, dass er das Lob überhörte. Er träumte nur noch: im Sitzen, beim Gehen, in der Schule und sogar beim Essen. Am liebsten wäre er unsichtbar geworden.

Als Olle ihn ein paar Wochen später aufforderte beim Schulsportfest in der Fußballmannschaft seiner Klasse mitzuspielen, glaubte er erst, man wolle ihn wie üblich auf den Arm nehmen. Aber Olle meinte es tatsächlich ernst. Knilch fiel wegen einer Blinddarmentzündung aus und Erwin, der immerhin Fenster im 4. Stock einzuschießen imstande war, schien Olle der beste Ersatz zu sein.

„Die Ehre der Klasse steht auf dem Spiel. Tritt nur nicht zu hoch!"

Am Morgen des großen Spiels gegen die Mannschaft der Parallelklasse konnte Erwin kaum einen Bissen herunterkriegen und vor Aufregung vergaß er zu träumen. Eine halbe Stunde vor den anderen stand er schon auf dem Sportplatz und betrachtete versonnen den mattgrünen Rasen. Er fror. Als die anderen kamen, hatte er eine bläuliche Gänsehaut. Olle schlug ihm die Hand auf die Schulter.

„Du bist linker Läufer und mach nur keinen Quatsch!"

In der ersten Spielhälfte lief Erwin wie ein aufgescheuchtes Huhn herum und die Zuschauer lachten ihn aus, als er einmal an Stelle des Balls ein Stück Rasen in die Luft kickte. Olle schrie: „Flasche!", und Erwin sehnte sich in sein Bett zurück. Da lag plötzlich der Ball vor seinen Füßen. Erwin stürmte los, umdribbelte zwei Gegner, sah den Tormann in die Hocke gehen, die Arme ausgestreckt, zögerte einen Augenblick, schloss die Augen und drosch dann mit der ganzen Kraft seines linken Beines den Ball in Richtung Tor.

Erst als die Zuschauer „Tor" brüllten, öffnete er die Augen wieder und sah, wie Olle vor Freude einen Handstand machte. Erwin wuchs um genau einen Zentimeter. Seine Mannschaftskameraden liefen auf ihn zu und umarmten ihn. Wie im Fernsehen. Einer schrie: „Mensch, Flasche, du bist ja eine Wucht! Wie hast du das nur gemacht?"

„Ich habe immer davon geträumt", antwortete Erwin.

„Eine komische Art Training", bemerkte Olle. Erwin ging auf seinen Platz zurück und wartete auf den Pfiff des Schiedsrichters. Er fror nicht mehr.

1 Wie versteht ihr den Untertitel der Geschichte?

2 „Ich habe immer davon geträumt." – Was sagt ihr zu diesem Satz Erwins?

3 Ein traumhafter Erfolg … Erzählt eine eigene Geschichte zu diesem Thema.

Hans Georg Lenzen

Die Reportage

Wir melden uns aus Oberwyl
mit unserem großen Fußballspiel.
Der Anpfiff kommt, wie wir vermuten,
bereits in wenigen Minuten.

Der Kurt mit dem Verband am Bein
wird Torwart sein.
Der Ferdinand ist flink und leicht,
sodass er jeden Ball erreicht.
Der Peter mit den Bombenschüssen,
der wird Rechtsaußen spielen müssen,
da ist er nämlich ganz famos –
das war der Anpfiff! –
Los!

Der Anstoß geht zu Ferdinand,
der ist ganz weit nach rechts gerannt,
er legt den Ball dem Peter vor –
und Tor!!
Der Peter stellt dem Hans ein Bein,
der Joachim fängt an zu schrein,
der Christoph boxt den Peter –
Elfmeter!!
Zwei-null! Der Ferdinand steht frei,
er läuft nach links, an Hans vorbei,
die Flanke kommt zur Mitte –
na bitte!
Da hat er sich umsonst gequält,
denn dieses Tor wird nicht gezählt,
weil Peter – das ist klar erkannt –
im Abseits stand.
Im Gegenstoß kommt Hugo vor.
Der Christoph lauert vor dem Tor,
doch seine Flanke schießt der Klaus
ins Aus!!

Jetzt steht der Joachim allein –
der schiebt den Ball ins Tor hinein!!
Ganz einfach mit der Hacke –
au Backe!
Das Anschlusstor, das damit fiel,
bringt neue Farbe in das Spiel:

Der Ferdinand hat einen Großen
der anderen Mannschaft umgestoßen.
Der Hugo kneift den Ferdinand,
der zieht den Christoph an der Hand,
der Hugo fällt in eine Pfütze,
der Christoph klaut dem Kurt
die Mütze,
der Peter prügelt, schreit und schwitzt,
der Hans ist ganz mit Dreck bespritzt –
die anderen stoßen,
rufen,
rennen
und wehren sich, so gut sie können –
und Tore – eine Masse!
Klasse!!

Das Spiel – beim Stand
von acht zu zehn –
ist nicht mehr ganz zu übersehn,
weil Franz, der den Elfmeter pfiff,
gleich hinterher die Flucht ergriff.
Da kam es denn auf beiden Seiten
verschiedentlich zu Streitigkeiten.
So wurde heute nicht ganz klar,
wer eigentlich der Sieger war. –

So weit der Kurzbericht vom Spiel,
das uns im Ganzen gut gefiel.
Wir grüßen Fans und Fußballstars!
Das war's.

1 Tragt diese Fußballreportage wirkungsvoll vor.

2 Wie hört sich eine echte Radioreportage an? Spielt einmal eine solche Situation: Der Radioreporter meldet sich vor Spielbeginn aus einem Bundesligastadion …

Und noch 'ne Reportage[1] ...

Dreizehntausend Zuschauer sahen im Müngersdorfer Stadion heute Hansa Rostock – zu bestaunen muss man sagen – denn die Gäste, die Sie in den blauen Trikots sehen, zeigten sich sehr selbstbewusst mit forschem Angriffsspiel – das ist Verteidiger Schneider – und der erste Warnschuss nach vier Minuten von Baumgart – der heute gegen Baumann anzutreten hatte – Torwart Illgner also gleich in den ersten Minuten wieder sicherer Rückhalt seiner Elf – Hofschneider, der häufig mit nach vorne ging in den ersten Minuten – und schnelles gekonntes Direktspiel der Rostocker – Beinlich – und erneut muss Torwart Bodo Illgner sein ganzes Können unter Beweis stellen – Hauptmann – die Kölner mussten auch heute wieder Janßen und Kohn ersetzen – dafür auf Rostocker Seite wieder Baumgart wieder dabei – dann Oliseh – und Polster trifft nur die Querlatte, als er den Ball mit vollem Risiko nahm – Pech für den Kölner in der vierzehnten Spielminute – nach einer guten Viertelstunde merkte man den Spielern an, dass sie das Spiel besser in den Griff bekommen – der erste Angriffsschwung der Rostocker war gebremst – Beinlich – dann Hofschneider, der gegen Polster antrat und dennoch Zeit hat mit nach vorn zu gehen – und Sie sehen wieder einmal – akrobatische Rettungstat von Illgner – dann der Kölner Hauptmann, der nun auch mit nach vorne marschiert und auf dem tückischen Boden das einzig Richtige macht, mal abzieht aus fünfzehn Metern – Thiam – Braun – dann Oliseh – heute bester Spieler auf Kölner Seite – er rackerte über 90 Minuten – da das Geschoss von Polster, der in Hofschneider einen harten und energischen Bewacher fand – kein Problem für Torwart Bräutigam – dann die 26. Minute – Oliseh – Gaißmayer – der hier von Schneider von den Beinen geholt wird – klare Sache – Freistoß für Köln – Schiedsrichter Krug aus Gelsenkirchen, übrigens ein souveräner Leiter – Oliseh – und dann ist Polster da und es steht nach 27 Minuten 1:0 für den Ersten FC Köln – schulmäßiger Kopfstoß nach dem Freistoß von Oliseh – und Hofschneider, der kopfballstarke Rostocker, war hier einmal kurz unaufmerksam – Köln führt also überraschend mit 1:0 – und so lautete auch das Ergebnis nach 90 Minuten.

1 **Reportage:** Berichterstattung (oder:) Schilderung eines Ereignisses in Zeitung, Rundfunk und Fernsehen

1 Erklärt, um welche Art von Reportage es sich hier handelt und warum dieser Text so merkwürdig aussieht.

2 Wie unterscheidet sich die Situation dieses Sprechers von der eines Radioreporters?

Ein kopfloser Zauberer

Die in der ersten Halbzeit träge Partie zwischen Karlsruhe und Schalke wurde erst in der zweiten Spielhälfte sehenswert. Die Schalker wachten plötzlich auf, als Müller im Mittelfeld zu zaubern begann und seinem Gegenspieler Reich immer wieder die Hacken zeigte. In der 78. Minute machte Müller im Karlsruher Strafraum eine Schwalbe, aber der Schiedsrichter gab Elfmeter. Reitmaier hielt die Bombe von Scherr, ließ aber den Ball abtropfen; Müller staubte ab und seine Granate zappelte im Netz. Eine heiße Angriffsschlacht begann. Doch die Karlsruher rannten zu kopflos gegen die Schalker Mauer an, sodass es beim 1:0 für Schalke blieb.

1 In diesem Zeitungsartikel werden einige Wörter und Wendungen ganz ungewöhnlich verwendet. Stellt sie in einer Tabelle zusammen:

Wort	eigentliche Bedeutung	übertragene Bedeutung
Bombe zaubern ...	?	?

2 Sammelt aus eurer Tageszeitung weitere Sportberichte, ergänzt die Tabelle.

Das ist nicht zu fassen!

1 Was will der Zeichner zeigen?

Gina Ruck-Pauquèt

Ist ja auch nichts für ein Mädchen

Eigentlich hatte es ganz friedlich angefangen. Jürgen war über den Zaun gesprungen und Anke ihm nach.

„Prima!", sagte er. „Aber jetzt kommst du nicht mehr drüber." Und er hatte einen Stock oben über die Pfähle gelegt. „Das ist zu hoch für dich." Anke schaffte es aber doch. „Na ja", sagte Jürgen.

Dann rannten sie los. Anke war schneller. Sie standen da, keuchten und schnappten nach Luft und Jürgen war sauer. Anke lachte.

„Ruh dich aus", sagte sie und setzte sich ins Gras.

Jürgen kaute auf einem Holzspan herum und spuckte ihn aus. Starrte in die Ferne.

„Für 'n Mädchen bist du ganz gut", sagte er. „Aber wenn wir 'n Ringkampf machen, verlierst du."

Anke zuckte die Achseln.

„Traust dich ja auch nicht."

„Schon", sagte Anke.

„Überhaupt nicht", sagte Jürgen, „ist ja auch nichts für 'n Mädchen."

Anke stand auf.

„Gehn wir?", sagte Jürgen.

„Wenn du unbedingt willst ..."

„Was?", fragte Jürgen.

„Na, den Ringkampf", sagte Anke.

„Nachher tu ich dir weh und dann heulste", sagte Jürgen.

„Du?", sagte Anke. „Du Plüschtier."

Und dann packten sie sich.

„Wer mit beiden Schulterblättern auf die Erde kommt, hat verloren", rief Jürgen. Er versuchte sie seitlich runterzudrücken. Anke wand sich aus seinen Händen. Beim zweiten Mal stieß er ihr von hinten sein Bein in die Kniekehlen. „Das ist gemein!", schrie Anke.

Er hatte einen Arm um ihren Hals gelegt und wollte sie aus dem Stand ziehen. Aber das schaffte er nicht. Er ließ los und fing an sie zu kitzeln. Da kriegte Anke Wut. Sie schmiss sich voll auf ihn. Als sie unter seinem Arm durchgriff, spürte sie, dass sie stärker war.

Sie duckte sich leicht und auf einmal hatte sie Jürgen über ihre Schultern geworfen, er lag da und sie kniete auf ihm. Ganz schnell war das gegangen. Sein Gesicht war vor Wut verzerrt.

„Beide Schulterblätter auf der Erde!", schrie Anke.

„Lass mich los", sagte Jürgen. „Hörst du – du sollst mich loslassen!"

„Ich hab aber gewonnen“, sagte Anke. „Gibst du's zu?“

Sie sprang zur Seite. Jürgen kam hoch und klopfte sich die Kleider ab. „Gar nichts geb ich zu“, sagte er. „Du bist gemein!“, schrie Anke. „Ich hab gesiegt! Ich bin stärker als du.“ „Ich würd den Mund halten“, sagte Jürgen. „Oder findest du das toll für 'n Mädchen?“ „Wieso?“, sagte Anke. „Na ja“, sagte Jürgen. „Du willst doch wohl nicht Boxer werden oder Preisringer.“ Er saß auf einem Stein und zupfte an seinem Strumpf herum. Grinste. „Das Mädchen, das jeden schlägt“, sagte er. „Die Frau mit den eisernen Fäusten. Glaubst du, dass sich für so eine jemals ein Junge interessiert?“ Anke blickte ihn an. Schwieg. „Du kannst natürlich auf dem Jahrmarkt Geld verdienen. Als Muskeltante“, sagte Jürgen. „'n Mann kriegst du sowieso nicht. So was mag doch keiner.“ „Rutsch mir doch den Buckel runter!“, sagte Anke. Sie drehte sich um und ging weg. Tränen schossen ihr in die Augen. Es war mehr als Wut. „He!“, rief Jürgen und sprang auf. „Wohin willst du denn? Bleib doch!“, rief er. „Ich hab's doch nicht so gemeint. Ich mag dich doch“, sagte er. Aber das hörte sie schon nicht mehr.

1 Warum weint Anke?

2 Am nächsten Tag sprechen Anke und Jürgen über den Vorfall. Wie könnte das Gespräch verlaufen?

3 Schreibt eine kleine Geschichte mit der Überschrift „Ist ja auch nichts für einen Jungen“.

Karin Bolte

Ein Versager

Kurz vor dem Sportfest hatten wir jeden Tag Training. Jeden lieben langen Tag. Es fing echt an uns anzuöden. Natürlich wollten wir gewinnen. Klar doch. Aber auch nicht wieder so gerne, dass wir uns nun zu Tode schinden wollten. Aber immer wieder: Stabübergabe üben für den Staffellauf. Immer wieder: Starts üben für die Sprints. Immer wieder: Absprung vom Brett üben für den Weitsprung. „Los! Dalli! Bewegt euch!", brüllte Jacobsen.

Jacobsen ist der Trainer von unserem Verein. Er ist echt gut, aber er brüllt. Ich kann nun mal nicht leiden angebrüllt zu werden. Und überhaupt: Der Jacobsen brüllt einfach zu viel. Echt. Da hört keiner mehr hin. Geht hier rein und da wieder raus und das müsste ein guter Trainer eigentlich wissen.

Ich versuchte gerade mich in der Menge unsichtbar zu machen, aber da hatte er mich auch schon gesehen. „Renate, los, komm her!" Diese Stimme!

Widerwillig ging ich rüber zu ihm. Ich wusste schon, was jetzt kommen würde. Ich bin am Start nicht schnell genug. Bevor ich mitkriege, dass der Startschuss losgegangen ist, sind die anderen schon halb angekommen. Und auf der kurzen Distanz ist das nicht wieder einzuholen.

Richtig: „Na, los, an den Start", sagte Jacobsen.

Ich hockte mich an die Startblöcke. Und prompt brüllte Jacobsen: „Hintern hoch! Oder willst du Eier legen?"

Ich hörte Doris kichern und hatte plötzlich eine irre Wut. Ich nahm den Kopf hoch und den Hintern auch und als der Startschuss kam, rannte ich wie besessen die volle Distanz.

Als ich zu den anderen zurückkam, war Jacobsen echt erschlagen. Er stotterte was von tadelloser Zeit und Raketenstart und wenn-ich-wollte-könnte-ich-ja und so 'n Zeug. Ich fror wie ein Schneider und zitterte und irgendjemand legte mir eine Trainingsjacke über. „Danke", sagte ich leise und zog die Jacke enger. Hundert-

prozentig würde ich mir hier 'ne Lungenentzündung holen.
„Erkälte dich nicht“, sagte eine Stimme neben mir.
Ich sah auf. Da stand ein Junge, den ich noch nie hier gesehen hatte, mager, blond, groß. Er grinste mich an. Später fragte ich Doris. Doris weiß immer alles, bevor es passiert, denn hinterher sagt sie meistens, sie hätte das schon vorhergesehen. Also frag ich Doris, wer denn der Blonde ist, weil ich den noch nie hier gesehen hab und immer noch seine Jacke anhatte.
Natürlich weiß sie es, wie immer. Es ist ein Neuer, einer vom Gymnasium. Er ist neu hierher gezogen und hat früher schon im Verein mitgemacht. Paul heißt er. Ausgerechnet. Ich frag Doris, was er denn macht, und sie sagt: Zehnkampf. Das haut mich nun glatt um. So ein mageres Hemd wie der. Aber manchmal sind das die Zähesten.

Ich hab Doris mit seiner Jacke zu ihm rübergeschickt. Ich hätte sie ihm ja auch alleine bringen können, aber ich wusste nicht, was ich sagen sollte.
Und dann war das Sportfest.
Zehn Vereine waren insgesamt da, ein Riesentrubel! Und wir kamen ganz groß raus: Unser Verein holte den Ersten in der 4 x 100-m-Staffel und auch in der 4 x 400 m. Klaus-Dieter war Sieger beim Kugelstoßen und wir hatten auch noch 'ne Menge anderer Plätze. Ich übrigens auch: Ich war Erste im Fünfkampf der Mädchen geworden. In meiner Altersgruppe muss man sich da schon ziemlich plagen. Jacobsen ließ es sich nicht nehmen, mich mitten auf dem Platz abzuküssen, obwohl ich das nicht leiden kann. Und das Fernsehen war dabei und ich war zu Hause auf dem Fernseher in Großaufnahme zu sehen.
Kommentar: Das junge Talent, sehr viel verspre-

chend, berechtigt zu größten Hoffnungen.

Mein Bruder hat später erzählt, dass meine Mutter geheult hat. Gerade sie. Sonst meckert sie immer, wenn ich zum Training gehe, weil sie findet, dass Leistungssport Mädchen männlich macht. Was Quatsch ist. Na, wie gesagt, unser Verein war Spitze und alle waren halbtot vor Freude. Bloß Paul nicht. Er hatte keinen Platz gemacht. Nicht, dass er nicht gut war. Im Gegenteil, wenn er loslegte, dann wackelte es. Aber er hat keine Nerven. Er bleibt nicht ruhig und verpatzt dann alles. Da kann man nichts machen. Solche Leute gibt es, haben Talent, aber sie sind doch Versager. Er hat's ziemlich schwer genommen. Ganz weiß war er im Gesicht und hat immer so beiseite gestanden, wenn die anderen brüllten und sich auf die Schultern hauten. Zu mir ist er gekommen und hat gesagt: „Na, herzlichen Glückwunsch. Du bist wohl ein As, was? Im Gegensatz zu mir."

Ehrlich, was sollte man darauf sagen? Ich bin sowieso nicht so gut mit Reden, mir fällt nie was Passendes ein. Da hab ich dann genuschelt: „Mach dir nix draus. Alles Training und viel Glück. Du schaffst es noch."

Von da an hatte ich ihn an den Hacken. Abends war nämlich noch ein Fest für alle. [...]

Ich war richtig zehn Zentimeter über dem Fußboden und war überhaupt die Größte.

Und dann war da Paul mit seiner Bitterleidensmiene. Sagte dauernd so idiotisches Zeug wie: Dem Sieger Eichenlaub und dem Verlierer die Schmach und so. Dauernd. Sogar ich kriegte mit, dass er getröstet werden wollte. Aber ich wollte feiern und hatte gute Laune. Da hab ich ihm eben gesagt, dass es Versager gibt wie ihn. Und dass man dabei nichts machen kann, auch nicht viel mit Training. Er sollte bloß aufhören darüber zu jammern, es wär doch nichts dran zu ändern. Weg war er. Ehrlich. Ich war richtig verblüfft, so schnell war er weg. Erst wollte ich noch hinter ihm her und das ein bisschen abschwächen, aber dann hatte ich doch keine Lust dazu. Ich finde, es muss jeder wissen, was er tut. Oder?

Na, wir haben noch ganz dufte gefeiert, bis frühmorgens.

Jetzt trainiere ich weiter. Wenn man nicht am Ball bleibt, wird es nichts, das ist nun mal so beim Leistungssport. Ich träum mal von einer deutschen Meisterschaft. Vielleicht auch mal mehr.

Paul haben wir übrigens nie wieder gesehen. Er ist auch nicht mehr zum Training gekommen, ist ganz aus dem Verein raus. Er hat eben keine Nerven, der Junge. Eigentlich schade, denn sogar Jacobsen sagt, dass er Talent hat.

1 Paul – ein Versager? Renate – eine Heldin?

2 Renates Mutter findet, „dass Leistungssport männlich macht". Was meint ihr?

3 Nach Jahren schreibt Paul einem Freund, warum er mit dem Leistungssport aufgehört hat. Entwerft Pauls Brief.

4 Zum Thema „Siegerinnen und Besiegte" äußerte sich die erfolgreiche Schweizer Skifahrerin Vreni Schneider in einem Interview:

[...] *Sie sind berühmt für Ihr Mitleid mit Konkurrentinnen, die Sie besiegt haben. War das eigentlich echt?*
Ja, ehrlich. Denn ich habe oft genug gesehen, wie brutal das sein kann zu verlieren.

Zum Beispiel für Katja Seizinger, die beim letzten Saisonfinale in Bormio nur um sechs Punkte schlechter war als die Gewinnerin des Gesamtweltcups, als Vreni Schneider.
Unglaublich war das, bis zum letzten Meter mussten wir kämpfen, die Katja und ich. Zwischendurch, als es nach dem Superriesenslalom schlechter für mich stand, da habe ich gedacht: Es ist schon richtig so, die Katja hat's verdient. Aber es ging mit meinen Gefühlen hin und her. Ich sagte mir: So nah kommst du nicht wieder dran an den Gesamtweltcup. Ich war wirklich so nervös, ich habe es fast nicht ausgehalten. Unter dem Nervendruck habe ich einiges Gewicht verloren.

Aber gewonnen haben Sie das Duell und als glückliche Siegerin gesagt, eigentlich müsse man die große Kristallkugel teilen. War das auch ernst gemeint?
Ja, einfach als Dank dafür, was Katja geboten hat, was sie und ich unter diesem Druck gemeinsam geleistet haben. Das war ein fairer, unvergesslicher Kampf.

Auf dem Gipfel Ihrer Popularität sind Sie in der Schweiz zur „Sportlerin des Jahrhunderts" gewählt und in Deutschland als „Sportlerin mit Herz" ausgezeichnet worden. Kann man sich als ehrgeizige Hochleistungssportlerin überhaupt leisten ein Herz für die Konkurrentinnen zu haben?
Auf jeden Fall. Ehrgeizig muss man mit sich selber sein, nicht gegen andere. Das wäre eine ungesunde Rivalität, eine falsche Konkurrenz. Ich war nie missgünstig. Missgunst kommt immer auf einen zurück.

Die Fragen stellte Hans-Joachim Waldbröl.

Diskutiert Vreni Schneiders Ansichten.

5 Was würde die Sportlerin über Paul und Renate sagen? Und über Trainer Jacobsen?

Vorschläge für sportliche Spiele

Kettenfangen

Schweißtreibend

Ein Spieler versucht einen zweiten Spieler zu berühren; wenn er das geschafft hat, fassen sich die beiden Spieler an und versuchen einen dritten Spieler zu berühren usw.; die Fänger bilden so allmählich eine immer länger werdende Kette.

Veränderungsmöglichkeiten:
Die Fänger bilden immer neue Zweierpaare; der zuletzt berührte Spieler hat gewonnen.

Bonbonklau

Erholsam

Spielgerät:
Ein bzw. mehrere Bonbons oder vergleichbare kleine Gegenstände. Die Spieler sitzen im Kreis, ein Spieler sitzt mit geschlossenen Augen in der Kreismitte; neben ihm liegt ein Bonbon (oder ein kleiner Gegenstand), den er bewacht.
Nach gesprächsloser Verständigung muss einer der Kreisspieler versuchen sich möglichst lautlos an den Bonbon heranzuschleichen und ihn dem Bewacher wegzunehmen; gelingt das, darf er ihn selbstverständlich essen.

Tassen-Ping-Pong

Anstrengend

Geräte: Pro Spieler eine Tasse; ferner ein Tischtennisball (bzw. Haselnuss, Walnuss, Würfelzucker usw.).
Zwei Spieler spielen sich mit der Tasse als Fang- und Wurfinstrument einen Tischtennisball (bzw. eine Nuss) zu; der Ball soll nicht auf den Boden fallen.

Toter Mann

Erholsam

Die Spieler stehen Schulter an Schulter und bilden einen Kreis, ein Spieler steht in der Mitte; er schließt die Augen, legt die Arme an den Körper, macht sich steif wie ein Brett und lässt sich fallen; die Spieler im Kreis fangen ihn auf und stoßen ihn vorsichtig von sich weg zum nächsten Mitspieler hin.

4 Katze, Pferd und Hochseekuh:
Tiergedichte

Tierbilder

Gina Ruck-Pauquèt

Pferd am Baum

Man fährt im Zug vorbei
an Häusern, Bach und Steg,
an einem hellen Weg,
an mancherlei.

Ein Pferd steht still am Baum,
schaut sich die Gräser an.
Denkt es an Löwenzahn?
Steht wie im Traum.

Ein Pferd zur Mittagszeit.
Was hat es früh gemacht?
Was tut es in der Nacht?
Und wenn es schneit?

Die Welt verändert sich.
Die Bilder zählen kaum.
Das stille Pferd am Baum
bleibt so für mich.

Christine Koller

Das Fohlen

Es sind noch nicht ganz seine
Glieder. Eher ist es umgekehrt:
Das zerbrechliche Quartett der Beine
hat ein winzig kleines Pferd.

Mit fest aufgestemmten Hufen
kann man eine Weile stehn:
Zusehn, wie die Wolken gehn,
nach des Windes Wehn und Rufen
lauschend seine Ohren drehn.

Einmal werdet ihr es sehen:
pfeilschnell, in gestrecktem Lauf
hügelab und hügelauf,
leichten Hufes wie beim Tanze.
Heute übt es noch das Gehen.
Denn das Schwerste ist Balance.

1 Wodurch unterscheiden sich diese Gedichte von gemalten Pferdebildern?
2 Vergleicht den Bau der Strophen in beiden Gedichten. Achtet darauf, ob er gleich bleibt oder ob er sich verändert. Wie erklärt ihr den Unterschied?
3 Untersucht den Gebrauch des Pronomens „man" in beiden Gedichten. Wer ist jeweils damit gemeint?

◀ *Franz Marc:* Der Turm der blauen Pferde (1912/1913) – Postkarte Franz Marcs an die Dichterin Else Lasker-Schüler (Ausschnitt)

Georg Britting

Der Hahn

Zornkamm, Gockel, Körnerschlinger,
Federnschwinger, roter Ritter,
Blaugeschwänzter Sporenträger,
Eitles, prunkendes Gewitter
Steht er funkelnd auf dem Mist,
Der erfahrne Würmerjäger,
Sausend schneller Schnabelschläger,
Königlich noch im Vergeuden,
Wenn er lässig-stolz verschenkt
Den Wurm, den er empor geschwenkt.

Und nun spannt er seine Kehle,
Schwellt die Brust im Zorn:
Schallend tönt das Räuberhorn.
Dass er keinen Ton verfehle,
Übt er noch einmal von vorn.

[...]

Robert Reinick

Der Hahn

In der Sonne steht der Hahn,
redet seine Hennen an:
„Seht mich an! Wo ist der Mann,
der sich mit mir messen kann?
Seht dies Auge, groß und mächtig,
meine Federn, golden, prächtig,
meines Kammes Majestät,
diese rote Krone, seht!
Meine Haltung, stolz und schlank,
meines Rufs Trompetenklang
und mein königlicher Gang,
an den Füßen diese Sporen,
alles zeigt euch einen Mann,
der wahrhaftig sagen kann,
dass zum Helden er geboren!“
Also spricht der stolze Hahn,
kräht, so laut er krähen kann.
Plötzlich kommt ein kleiner Mops,
Springt und bellt mit lustigem Hops
nur zum Spaß den Helden an
und – o seht! – der kühne Mann
läuft, was er nur laufen kann.
Ach, du jämmerlicher Hahn!

Skizze von Wilhelm Busch

1 Welche der beiden Darstellungen des Hahns gefällt euch besser? Begründet eure Meinung.

2 Zwei Hennen, die die Szene mit dem Hahn in Robert Reinicks Gedicht miterlebt haben, unterhalten sich darüber. Verfasst dieses Gespräch.

Friedrich Georg Jünger

Der Specht

Auf der Holztrommel klopft
der Specht, rot beschopft.
Er hackt und hackt
hölzernen Takt.

Wie ein Schlangenhals ruckt und zuckt
der Hals, wenn er Larven schluckt.
Senkrecht presst
er den Leib ans Geäst.

Streicht er ab, streift
ruckweis fort er und pfeift.
Die Tonleiter hallt
scharf durch den Wald.

Weht der Märzwind nass,
dröhnt der Wald wie ein Fass.
Der Zweig tropft und tropft.
Die Spechtstrommel klopft.

Spechte sind ungesellige Klettervögel, die fast auf der ganzen Erde verbreitet sind. Wälder, Parkanlagen und große Obstgärten bilden ihren Lebensraum. Die Spechte haben einen langen, kräftigen, meißelförmigen Schnabel, mit dem sie an der Brutstätte von Baumschädlingen in die Rinde der Bäume schlagen. Hat der Specht seine Beute freigelegt, lässt er seine wurmförmige, spitze, sehr feste, klebrige Zunge vorschnellen. Mit ihr kann er die Insekten und ihre Brut aufspießen oder anleimen, weil sie doppelt so lang wie der Schnabel und mit Widerhaken und Tastorganen ausgerüstet ist. Seine Kletterfüße mit je zwei nach vorn und hinten stehenden Zehen und sein Schwanz, den er als Stütze gebraucht, helfen ihm sich an Baumstämmen festzuhalten und zu bewegen. Seine Höhle, in der er die Brut aufzieht und in der er übernachtet, baut er alljährlich neu in morsche Bäume. Die Bekanntesten dieser bunt gefiederten Vogelgattung sind der Große, der Mittlere und der Kleine Buntspecht, der Grün-, Schwarz-, Grau- und Dreizehenspecht.

1 Zeigt an Beispielen aus dem Gedicht von Jünger, dass Klang und Rhythmus eine wichtige Rolle spielen.

2 Vergleicht das Gedicht mit dem Foto und dem Lexikonartikel.

Mensch und Tier

Jan Bruegel d. Ä.: Einzug in die Arche Noah, Ausschnitt (1615)

1 Wer kann die Geschichte von Noah und seiner Arche erzählen? Wie setzt sie der Maler hier ins Bild?

Theodor Storm

Von Katzen

Vergangnen Maitag brachte meine Katze
Zur Welt sechs allerliebste kleine Kätzchen,
Maikätzchen, alle weiß mit schwarzen Schwänzchen.
Fürwahr, es war ein zierlich Wochenbettchen!
Die Köchin aber – Köchinnen sind grausam
Und Menschlichkeit wächst nicht in einer Küche –
Die wollte von den sechsen fünf ertränken,
Fünf weiße, schwarz geschwänzte Maienkätzchen
Ermorden wollte dies verruchte Weib.
Ich half ihr heim! – Der Himmel segne
Mir meine Menschlichkeit! Die lieben Kätzchen,
Sie wuchsen auf und schritten binnen kurzem
Erhobnen Schwanzes über Hof und Herd;
Ja, wie die Köchin auch ingrimmig dreinsah,
Sie wuchsen auf und nachts vor ihrem Fenster
Probierten sie die allerliebsten Stimmchen.
Ich aber, wie ich sie so wachsen sahe,
Ich pries mich selbst und meine Menschlichkeit. –

Ein Jahr ist um und Katzen sind die Kätzchen,
Und Maitag ist's! – Wie soll ich es beschreiben,
Das Schauspiel, das sich jetzt vor mir entfaltet!
Mein ganzes Haus, vom Keller bis zum Giebel,
Ein jeder Winkel ist ein Wochenbettchen!
Hier liegt das eine, dort das andre Kätzchen,
In Schränken, Körben, unter Tisch und Treppen,
Die Alte gar – nein, es ist unaussprechlich,
Liegt in der Köchin jungfräulichem Bette!
Und jede, jede von den sieben Katzen
Hat sieben, denkt euch! sieben junge Kätzchen,
Maikätzchen, alle weiß mit schwarzen Schwänzchen!
Die Köchin rast, ich kann der blinden Wut
Nicht Schranken setzen dieses Frauenzimmers;
Ersäufen will sie alle neunundvierzig!
Mir selber! ach, mir läuft der Kopf davon –
O Menschlichkeit, wie soll ich dich bewahren!
Was fang ich an mit sechsundfünfzig Katzen! –

Wilhelm Busch

Der Spatz

Ich bin ein armer Schreiber nur,
Hab weder Haus noch Acker,
Doch freut mich jede Kreatur,
Sogar der Spatz, der Racker.

Er baut von Federn, Haar und Stroh
Sein Nest geschwind und flüchtig,
Er denkt, die Sache geht schon so,
Die Schönheit ist nicht wichtig.

Wenn man den Hühnern Futter streut,
Gleich mengt er sich dazwischen,
Um schlau und voller Rührigkeit
Sein Körnlein zu erwischen.

Maikäfer liebt er ungemein,
Er weiß sie zu behandeln;
Er hackt die Flügel, zwackt das Bein
Und knackt sie auf wie Mandeln.

Im Kirschenbaum frisst er verschmitzt
Das Fleisch der Beeren gerne;
Dann hat, wer diesen Baum besitzt,
Nachher die schönsten Kerne.

Es fällt ein Schuss. Der Spatz entfleucht
Und ordnet sein Gefieder.
Für heute bleibt er weg vielleicht,
Doch morgen kommt er wieder.

Und ist es Winterzeit und hat's
Geschneit auf alle Dächer,
Verhungern tut kein rechter Spatz,
Er kennt im Dach die Löcher.

Ich rief: Spatz, komm, ich füttre dich!
Er fasst mich scharf ins Auge,
Er scheint zu glauben, dass auch ich
Im Grunde nicht viel tauge.

1 Sprecher und Spatz beobachten einander. Was nehmen sie wahr? Und was denken sie sich dabei?

2 „Freche Spatzen“: Beobachtet Spatzen und schreibt eure Beobachtungen auf.

3 Vergleicht Storms Gedicht „Von Katzen“ mit „Der Spatz“ von Busch. Wie stehen Mensch und Tier jeweils zueinander?

4 Woran kann man in Storms Gedicht erkennen, dass die Tiere dem Menschen „über den Kopf wachsen“?

Bertolt Brecht

Lied der Starenschwärme

Wir sind aufgebrochen im Monat Oktober
in der Provinz Suiyuan
Wir sind rasch geflogen in südlicher Richtung, ohne abzuweichen
durch vier Provinzen fünf Tage lang.
Fliegt rascher, die Ebenen warten
die Kälte nimmt zu und
dort ist Wärme.

Wir sind aufgebrochen und waren achttausend
aus der Provinz Suiyuan
Wir sind mehr geworden täglich um Tausende, je weiter wir kamen
durch vier Provinzen fünf Tage lang.
Fliegt rascher, die Ebenen warten
die Kälte nimmt zu und
dort ist Wärme.

Wir überfliegen jetzt die Ebene
in der Provinz Hunan
Wir sehen unter uns große Netze und wissen
wohin wir geflogen sind fünf Tage lang:
Die Ebenen haben gewartet
die Wärme nimmt zu und
der Tod ist uns sicher. [R]

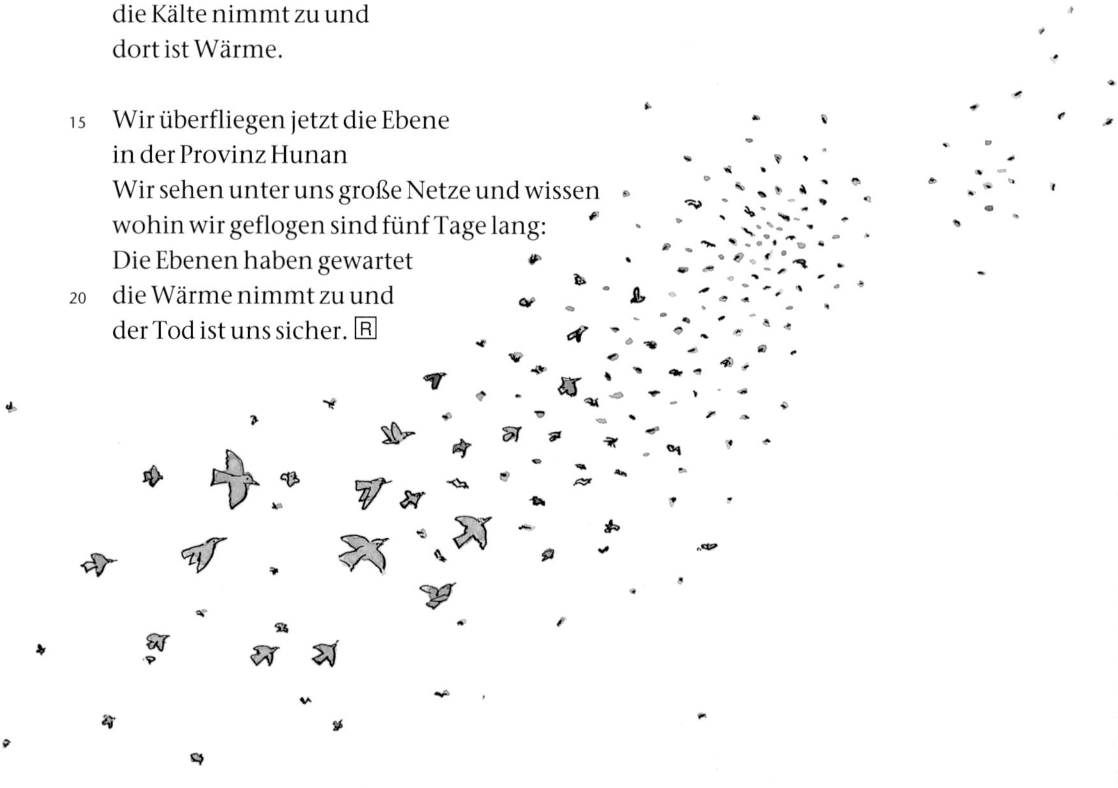

1 Vergleicht die drei Strophen miteinander. Wo finden sich Entsprechungen, Wiederholungen oder Gegensätze?

Herta Grandt

Gefangener Vogel

Manchmal spürt er wohl den Wind im Traum
und dann wiegen ihn die Käfigstangen,
wie das Zweigwerk ihn vor vielen langen
Monden wiegte im Holunderbaum.

Jäh erwachend, da die Amsel rief,
weiß er wieder: Dies ist nicht die gleiche
große Nacht, die kühle, sternenreiche,
die er unterm Blätterdach verschlief.

Doch voll süßer Körner lockt der Trog,
blankes Spielzeug hat man ihm gespendet.
Und er nippt und tändelt und verschwendet
und begreift nicht, wie man ihn betrog.

Sommers nur, wenn junger Vögel Schrei
aus fernen Wäldern widerhallt im Hofe,
gibt schluchzend Antwort seine kleine Strophe,
hoch und süß, als bräch ein Herz entzwei.

Carl Sandburg

Büffel-Dämmerung

Die Büffel sind fort.
Und die die Büffel gesehen, sind fort.
Die Tausende der Büffel gesehen und wie sie das
Gras zu Staub zermahlten mit ihren Hufen,
die großen Schädel gebeugt, stampfend im
Zwielicht. Ein großes Schauspiel!
Die die Büffel gesehen, sind fort.
Und die Büffel sind fort.

Erich Fried

Humorlos

Die Jungen
werfen
zum Spaß
mit Steinen
nach Fröschen

Die Frösche
sterben
im Ernst

1 Welches Thema ist diesen Gedichten gemeinsam?

2 Probiert aus, welches Gedicht sich am besten vortragen lässt, und begründet eure Meinung.

„Im Mondgras träumt ein schwarzer Elefant“

Christine Busta

Eine Gutenachtgeschichte

Im Mondgras träumt ein schwarzer Elefant:
Er fährt allein in einem weißen Boot aufs Meer
und an den Küsten kommen alle Kinder angerannt.

Vergnügt trompetet er wie hundert Schiffssirenen.
Die Kapitäne schaun erschrocken zu ihm her,
sogar der Haifisch klappert mit den Zähnen.

Er aber krault den Seepferdchen die Mähnen,
bis auch der kleinste Seestern strahlt.
Der große Himmelbär tanzt mit dem Mann im Mond
und allen Kirchturmhähnen.

Peter Hacks

Irrtümer

Hans Arp (Zeichnung)

Eine rosarote Katze,
Eine himmelblaue Maus
Treffen sich am Antonplatze
Und erkennen sich durchaus.

Und die Maus will sich verstecken,
Und dann sagt sie: Keine Not,
Nie sah ich das Maul sich lecken
Eine Katze rosenrot.

Und die Katze nahet leise,
Bleckt den Zahn und steilt den Bart,
Bis sie ihrer Mittagsspeise
Sonderbares Fell gewahrt.

Und sie lässt die Maus am Leben
Wiederum auf Grund des Blaus,
Und sie spricht: Das kann's nicht geben,
Eine himmelblaue Maus.

Und sie wandeln von dem Platze
Ohne Zwischenfall nach Haus,
Rechts, nach Weißensee, die Katze,
Links, nach Lichtenberg, die Maus.

Peter Hacks

Das Pflaumenhuhn

In Pleischte lebte einst ein Huhn,
Das Ärgernis erregte,
Weil es (was Hühner sonst nicht tun)
Statt Eier Pflaumen legte.

Es gackerte und legte froh
Die Pflaumen rot und dicklich.
Doch schien den Dorfbewohnern so
Ein Pflaumenhuhn nicht schicklich.

Sogar die Bäurin fand es dumm
Und briet bei großen Feiern
Verdrießlich und mit viel Gebrumm
Rührpflaumen statt Rühreiern.

Der Bauer sagte rundheraus,
Sehr unbekömmlich schmeckten
Gekochte Pflaumen, die, o Graus!
Im Eierbecher steckten.

Und kurz und gut und jedenfalls
Und ganz im Allgemeinen:
Das arme Pflaumenhuhn fand, als
Es Freunde brauchte, keinen.

Die Köchin, die in ihrem Sinn,
Was sie nicht kennt, verachtet,
Die hat mit einem Dolch aus Zinn
Das Pflaumenhuhn geschlachtet.

In Plauschte stand ein Pflaumenbaum
An einem alten Weiher,
Der trug (ich wag's zu sagen kaum),
Der trug statt Pflaumen Eier.

Die Eier waren zweifellos
Im Plauschter Land die besten.
Sie waren frisch und weiß und groß
Und hingen an den Ästen.

Doch reiften herbstlich ringsherum
Die Äpfel, Birnen, Feigen,
Dann fielen, plim, dann fielen, plum,
Die Eier von den Zweigen.

Sie fielen Mädchen auf den Kopf
Und Buben auf die Mützen.
Und oft schon trat ein dummer Tropf
In tiefe Gelbei-Pfützen.

Und kurz und gut und jedenfalls
Und ganz im Allgemeinen:
Der arme Eierbaum fand, als
Er Freunde brauchte, keinen.

Der Tischler meint, ein Eierbaum
Verderbe gute Sitten.
Er hat ihn für den Frühstücksraum
Zu Möbelholz zerschnitten.

So büßten sie und litten sie,
Weil es die Ordnung heischte:
Der Eierbaum aus Plauschte wie
Das Pflaumenhuhn aus Pleischte.

Und nie ward jemals einem kund,
Wer diese zwei vertauschte:
Das Pflaumenhuhn aus Pleischte und
Den Eierbaum aus Plauschte.

1 Wie ist es dem Pflaumenhuhn und dem Eierbaum ergangen? Welche Erklärung wird dafür gegeben?

2 Was könnten das Pflaumenhuhn und der schwarze Elefant sonst noch erlebt haben? Erzählt selbst solche Geschichten.

Joachim Ringelnatz

Das Lied von der Hochseekuh

(Chanty zum Tauziehen)

Zwölf Tonnen wiegt die Hochseekuh.
Sie lebt am Meeresgrunde.
Ohei! – – Uha!
Sie ist so dumm wie ich und du
Und läuft zehn Knoten in der Stunde.
Ohei! – – Uha!

Sie taucht auch manchmal aus dem Meer
Und wedelt mit dem Schweife.
Ohei! – – Uha!
Und dann bedeckt sich ringsumher
Das Meer mit Schaum und Seife.
Ohei! – – Uha!

Die Kuh hat einen Sonnenstich
Und riecht nach Zimt und Nelken.
Ohei! – – Uha!
Und unter Wasser kann sie sich
Mit ihren Hufen melken.
Ohei! – – Uha!

Vielleicht so:
Ihr braucht Sprecher (einen? mehrere?), die die Zeilen 1 und 2 sowie 4 und 5 jeder Strophe vortragen. Dann braucht ihr eine Gruppe, die das „Ohei – – Uha!" übernimmt. Und das sollte sich dann so anhören wie von einer zwölf Tonnen schweren Hochseekuh.

Werner Dürrson

ungeziefer-serenade[1]

läuse flöhen meine lieder
milbe durch die nacht zu dir
mücken schwärmen auf und nieder
grillen zecken heimchen bieder –
fliege biene her zu mir

made schabt am käfermieder
so zikadisch schnakt es hier
wespe raupt und hornisst schier
hummeln drohnen neben mir
spinne puppt die larve über
und verheuschreckt sink ich nieder –
sag o wann libellen wir

mich ameisen alle glieder
asseln klammern sich mit gier
unter falters faltenzier
wer bremst mein verlangen mir
flöhe lausen meine lieder
ach dass dich der glühwurm rühr –
wann o wanzen wir uns wieder

1 **Serenade:** Abendmusik, „Ständchen" für eine geliebte Person

1 Dürrson spielt in diesem Gedicht mit der Sprache. Entdeckt ihr einige seiner Spielregeln?

2 Probiert aus, wie das Gedicht wirkungsvoll vorgetragen werden kann.

Christian Morgenstern

Das ästhetische Wiesel

Ein Wiesel
saß auf einem Kiesel
inmitten Bachgeriesel.

Wisst ihr,
weshalb?

Das Mondkalb
verriet es mir
im Stillen:

Das raffinier-
te Tier
tats um des Reimes willen.

Ernst Jandl

ottos mops

ottos mops trotzt
otto: fort mops fort
ottos mops hopst fort
otto: soso

otto holt koks
otto holt obst
otto horcht
otto: mops mops
otto hofft

ottos mops klopft
otto: komm mops komm
ottos mops kommt
ottos mops kotzt
otto: ogottogott

1 Das Gedicht „ottos mops" ist eine kurze Geschichte in Versen. Ihr könnt sie zu einer richtigen Erzählung ausgestalten.

Es war einmal ein Adler

Der hatte viele Tadler
Die machten ihn herunter
Und haben ihn verdächtigt
Er könne nicht schwimmen im Teich.
Da versuchte er es sogleich
Und ging natürlich unter.
(Der Tadel war also berechtigt.)

Das ist die erste Strophe aus dem Gedicht „Tierverse" von Bertolt Brecht.
Solche Achtzeiler könnt ihr selber dichten – natürlich dürfen es auch längere Strophen sein.
Versucht es einmal mit Tieren wie Rabe, Igel, Schwein, Kamel, Maus, Aal …

Lautgedichte

„auf dem land" von Ernst Jandl beginnt so:

rininininininininDER
brüllüllüllüllüllüllüllEN

schweineineineineineineineinE
grununununununununZEN

hunununununununununDE

Dieses Gedicht könnt ihr fortsetzen.
Auf dem Land gibt es auch Gänse, Ziegen, Bienen, Grillen, Frösche …
Wenn ihr alle Strophen verteilt und abwechslungsreich sprecht, gibt das ein lustiges „Konzert".

Anthologie „Tiergedichte"

Wenn ihr Tiergedichte sammelt und nach bestimmten Gesichtspunkten zusammenstellt, ist das eine Anthologie.
Was kommt als Material in Frage? Texte, Tierfotos, eigene Wortbilder …
Gut überlegen: Gestaltung der einzelnen Seiten und des Umschlags.
Die Seiten vervielfältigen und heften – jeder bekommt ein Exemplar.

Dichten wie Morgenstern und Jandl

Aus dem Wiesel macht ihr eine Schnecke oder einen Floh:
Eine Schnecke / saß an einer Ecke …
Ein Floh / saß auf einem Po …

Und aus dem Mops wird ein Huhn:
Knuts Huhn.
Oder ihr fangt so an:
Ulfs Kuh, Annas Lama …

WORTBILDER

So haben Gerri Zotter und Mira Lobe die beiden Wörter „geschrieben".
Auch andere Tiere eignen sich für solche Wortbilder.
Wie wäre es mit Schlange, Adler, Krebs?

Tierisches Vergnügen

Eine lustige Schulstunde mit einem selbst gestalteten Programm.
Texte: Tiergedichte aus diesem Kapitel, aus anderen Büchern, selbst geschriebene Gedichte.
Wichtig: Textfolge besprechen und Vortrag einüben.

5 Das Blaue vom Himmel

Alles nur Lügen?

Der beste Lügner

Der Pascha[1] von Rhodos[2], der sich häufig langweilte, ließ eines Tages in der gleichnamigen Hauptstadt seiner Insel verkünden: „Wer von meinen Untertanen imstande ist mir eine Geschichte zu erzählen, von der ich behaupte, das ist eine Lüge, erhält als Preis eine Kugel aus reinem Golde!“

Da sich keiner der vielen Lügner, die es in der Stadt gab, den reichen Lohn entgehen lassen wollte, gab es bald vor dem Tor des Palastes ein großes Gedränge. Es wurde jedoch nur einer nach dem anderen eingelassen und jeder zog mit langem Gesicht wieder ab. Der Pascha fand wohl an all den dummen, erlogenen Geschichten sein Vergnügen, am Ende aber sagte er jedes Mal: „Das ist schon möglich!“

Die Männer, die den Palast des Sultans[3] enttäuscht verließen, berichteten den andern, die noch vor dem Tore standen und auf Einlass warteten, wie es ihnen ergangen war, und fügten erbost hinzu: „Unser Pascha glaubt alles! Ihr könnt ruhig nach Hause gehen, denn die goldene Kugel bekommt ja doch keiner!“ Trotzdem wollte es jeder versuchen, und wenn er dann vor dem Pascha stand, log er, dass sich die Balken bogen. Doch keiner hatte Glück, denn selbst, als einer fest und steif behauptete, er wäre soeben vom Himmel gefallen, und ein anderer beteuerte, das Meer wäre ausgetrocknet, erklärte der Pascha mit ernster Miene: „Warum nicht? Das ist schon möglich!“

Nun lebte in Rhodos ein uralter, verschmitzter Mann, den es ebenfalls nach dem Preis gelüstete. Er lud sich einen riesigen tönernen Topf, den die Rhodier Pithos nennen, auf die Schulter, trug ihn keuchend zum Palast des Paschas und begehrte von der Torwache vor den Herrn geführt zu werden.

Als er bald darauf vor dem Pascha stand, fragte ihn dieser erstaunt: „Weshalb bringst du denn diesen großen Pithos zu mir?“

Da sagte der listige Alte: „Ich komme zu dir, erhabener Gebieter, um eine alte Schuld einzutreiben. Mein Vater hat nämlich deinem Großvater, als der einmal in arger Bedrängnis war, eine gewaltige Summe Geldes geliehen. Er brachte sie ihm in lauter Goldstücken, die diesen Pithos bis zum Rande füllten. Dein Großvater versprach zwar die riesige Schuld so bald als möglich zu begleichen, tat es aber bis zu seinem Tode nicht. Auch dein Vater hat das Geld nicht zurückgezahlt. Ich glaube, dass es an der Zeit wäre, die Sache zu begleichen, die dein Großvater wie dein Vater zu tilgen unterließen.“ Jetzt sprang der Pascha von seinem Sitze auf und rief empört: „Das ist eine Lüge!“

Da erwiderte der Greis triumphierend: „Du hast Recht, erhabener Gebieter, es ist eine Lüge! Weil du aber von meiner Geschichte behauptet hast, dass sie er-

1 **Pascha:** hoher orientalischer Offizier oder Beamter
2 **Rhodos:** griechische Insel
3 **Sultan:** orientalischer Herrscher

◀ *René Magritte:* Die schönen Relationen (1967)

logen sei, gebührt mir nun die goldene Kugel!"
Der Pascha machte zuerst ein verblüfftes Gesicht, dann aber musste er lachen. Er befahl seinem Diener, die goldene Kugel zu bringen, und reichte sie dem listigen Alten als wohlverdienten Preis.

1 Der Pascha lässt sich alle Lügengeschichten gefallen bis auf eine. Was ist an der Lüge des alten Mannes so anders, dass der Pascha empört ruft: „Das ist eine Lüge!"?

Erich Kästner

Münchhausen

Viele Schriftsteller haben Lügengeschichten des Freiherrn von Münchhausen nacherzählt und aufgeschrieben. Einer von ihnen, Erich Kästner, stellt den „Lügenbaron" in seinem Vorwort vor:

Eines steht fest und daran ist nicht zu wackeln: Der Baron von Münchhausen, der in diesem Buch einige seiner Abenteuer erzählt, hat wirklich und richtig gelebt, und zwar vor etwa zweihundert Jahren. Er kam im Braunschweigischen zur Welt, hieß Hieronymus mit Vornamen und wurde, kaum aus der Schule, Offizier. Das war damals bei Söhnen aus dem Adel so üblich. Die Väter lebten auf ihren Gütern, gingen auf die Jagd, ritten durch die Felder, tranken roten Punsch und ließen ihre Söhne Offiziere werden. Wenn die Väter alt wurden, riefen sie die Söhne zurück. Und nun gingen diese auf die Jagd, ritten durch die Felder, tranken roten Punsch und ließen wiederum ihre Söhne Offiziere werden.

Wann war das denn nun, damals? Es war zu der Zeit, als die Kaiserin Maria Theresia in Österreich, Friedrich der Große in Preußen und Katharina II. in Russland regierten. Weil es überall Krieg gab, gab es überall Armeen, und weil es überall Armeen gab, brauchte man überall Offiziere. Und war im eignen Lande wirklich einmal kein Krieg, so ritt man in ein anderes Land und trat in dessen Armee ein. Genauso ging

Freiherr von Münchhausen

es mit Hieronymus von Münchhausen. Als es ihm daheim zu langweilig wurde, trat er in die russische Armee ein. Und im Krieg zwischen Russland und der Türkei wurde er gefangen genommen und erst nach einigen Jahren wieder freigelassen. Später rief ihn sein Vater heim nach Bodenwerder, so hieß ihr Gut und das kleine Schloss, und nun war Hieronymus der Gutsherr. Er zog die Uniform aus, ging auf die Jagd, ritt durch die Felder und trank roten Punsch. Söhne hatte er übrigens keine und so konnte er sie auch nicht Offizier werden lassen.

Davon abgesehen lebte er wie die anderen Barone auch, und wir wüssten heute nichts mehr von ihm, hätte er nicht beim Punsch ganz erstaunliche Geschichten erzählt. So erstaunliche Geschichten, dass die anderen Barone, der Pfarrer, der Doktor und der Amtmann, die mit ihm am Tische saßen, Mund und Nase aufsperrten. So erstaunliche Geschichten, dass sie von irgendwem heimlich aufgeschrieben und gedruckt wurden. Münchhausen war sehr ärgerlich und wollte den Druck verbieten lassen. Als er damit kein Glück hatte, starb er vor Wut.

Und was an den Geschichten ist denn nun so erstaunlich? Sie stecken voll der tollsten Lügen! Mitten in Berichten über Reisen, die er wirklich gemacht, und über Kriege, an denen er wirklich teilgenommen hat, tischt Münchhausen uns Lügen auf, dass sich die Balken biegen! Durch Lügen kann man also berühmt werden? Freilich! Aber nur wenn man so lustig, so fantastisch, so treuherzig und so verschmitzt zu lügen versteht wie Münchhausen, nicht etwa um die Leser zu beschwindeln, sondern um sie wie ein zwinkernder Märchenerzähler mit ihrem vollen Einverständnis lächelnd zu unterhalten.

1 Untersucht, wie Kästner den Baron von Münchhausen vorstellt.

Schließlich wendet sich Kästner mit folgender Aufforderung an seine Leser und Leserinnen:

Dass ihr mir nun also nicht nach Hause kommt und sagt: „Denk dir, Mama, ich hab eben mit einem Auto gesprochen und das Auto meinte, morgen gäbe es Regen!“ Durch solche Lügen wird man nicht berühmt. So zu lügen wie Münchhausen ist eine Kunst. Versucht es, bitte, gar nicht erst, sondern macht lieber eure Rechenaufgaben! Und dann, wenn sie fertig sind, lest Münchhausens „Wunderbare Reisen und Abenteuer zu Wasser und zu Lande“! Ich wünsch euch viel Vergnügen!

Erich Kästner

Das Pferd auf dem Kirchturm

Meine erste Reise nach Russland unternahm ich mitten im tiefsten Winter. Denn im Frühling und im Herbst sind die Straßen und Wege in Polen, Kurland und Livland vom Regen so zerweicht, dass man stecken bleibt, und im Sommer sind sie knochentrocken und so staubig, dass man vor lauter Husten nicht vorwärts kommt. Ich reiste also im Winter und, weil es am praktischsten ist, zu Pferde. Leider fror ich jeden Tag mehr, denn ich hatte einen zu dünnen Mantel angezogen und das ganze Land war so zugeschneit, dass ich oft genug weder Weg noch Steg sah, keinen Baum, keinen Wegweiser, nichts, nichts, nur Schnee.

Eines Abends kletterte ich, steif und müde, von meinem braven Gaul herunter und band ihn, damit er nicht fortliefe, an einer Baumspitze fest, die aus dem Schnee herausschaute. Dann legte ich mich, nicht weit davon, die Pistolen unterm Arm, auf meinen Mantel und nickte ein.

Als ich aufwachte, schien die Sonne. Und als ich mich umgeschaut hatte, rieb ich mir erst einmal die Augen. Wisst ihr, wo ich lag? Mitten in einem Dorf und noch dazu auf dem Kirchhof! „Donner und Doria!“, dachte ich. Denn wer liegt schon gerne kerngesund, wenn auch ziemlich verfroren, auf einem Dorfkirchhof? Außerdem war mein Pferd verschwunden! Und ich hatte es doch neben mir angepflockt!

Plötzlich hörte ich's laut wiehern. Und zwar hoch über mir! Nanu! Ich blickte hoch und sah das arme Tier am Wetterhahn des Kirchturms hängen! Es wieherte und zappelte und wollte begreiflicherweise wieder herunter. Aber wie, um alles in der Welt, war's denn auf den Kirchturm hinaufgekommen?

Allmählich begriff ich, was geschehen war. Also: Das Dorf mitsamt der Kirche war eingeschneit gewesen und was ich im Dunkeln für eine Baumspitze gehalten hatte, war der Wetterhahn der Dorfkirche gewesen! Nachts war dann das Wetter umgeschlagen. Es hatte getaut. Und ich war, während ich schlief, mit dem schmelzenden Schnee Zenti-

meter um Zentimeter hinabgesunken, bis ich zwischen den Grabsteinen aufwachte.
Was war zu tun? Da ich ein guter Schütze bin, nahm ich eine meiner Pistolen, zielte nach dem Halfter, schoss ihn entzwei und kam auf diese Weise zu meinem Pferd, das heilfroh war, als es wieder Boden unter den Hufen hatte. Ich schwang mich in den Sattel und unsre abenteuerliche Reise konnte weitergehen.

1 Münchhausen hat seine Geschichten am Kamin seinen Freunden erzählt. Stellt euch vor, ein neuer Gast tritt ein, der nichts von Münchhausens Geschichten weiß. An welcher Stelle der Geschichte wird er wohl stutzig?

2 Am Schluss seiner Geschichte löst Münchhausen mit Hilfe einer glänzenden Idee das Problem. Ihm hätte auch eine andere Lösung einfallen können. Schreibt einen eigenen Schluss für diese Lügengeschichte.

3 Welches der beiden Bilder passt eurer Meinung nach besser zu der Geschichte?

E. D. Mund

Die Rettung aus dem Sumpf

„Liebe Herren, Freunde und Jagdgenossen!“, pflegte der Freiherr von Münchhausen sich die Hände reibend zu beginnen. Dann nahm er das altertümliche Glas auf, das mit seinem Lieblingstrank, echtem, nicht zu altem Rauenthaler Wein, gefüllt war, sah nachdenklich in das Glas, nippte daran und setzte seufzend den Becher vor sich nieder. Mit prüfenden Blicken schaute er rings im Kreis umher und fuhr dann lächelnd fort: „Also, ich soll wieder einmal von der Vergangenheit erzählen! – Ja, damals war ich ein strammer, junger Bursche und voll Entschlossenheit und übersprudelnder Kraft. Um Ihnen nur ein Beispiel davon zu geben: Eines schönen Abends kehrte ich, als eben die Sonne sich dem Untergang zuneigte, ermüdet von stundenlanger Hetzjagd heim und hing halb schlafend auf meinem braven Rappen. Dabei hatte ich wohl auf den Weg nicht recht Acht gegeben und erwachte erst aus meinem Sinnen oder halbem Schlummer, als mein Ajax plötzlich vor einem ziemlich breiten sumpfigen Graben stillstand. Ich blickte auf und sah, dass der Weg hier endete, jenseits des Morastes aber weiterführte. Augenblicklich fiel mir ein, dass mir schon vor einigen Wochen die Meldung zugegangen war, während eines Wolkenbruches sei die Verbindungsbrücke fortgeschwemmt worden. Aufs Äußerste bedauerte ich ihre Wiederherstellung noch nicht angeordnet zu haben, weil ich mir vorher die Sache an Ort und Stelle selbst besehen wollte. Dazu hatte ich jetzt Gelegenheit.

Indessen, wie sollte ich nach Hause kommen? Umkehren? Zurückreiten und einen andern Weg suchen? Das tue ich nicht! Ohne weiteres Besinnen gab ich dem Pferd die nötigen Hilfen und drückte die Sporen ein. Der brave Ajax hob sich auf die Hinterbeine und eine Sekunde später schwebten wir in der Luft. Da fuhr mir der Gedanke durch das Hirn, dass Ajax, von der Arbeit des Nachmittags – wir hatten ja fünfundzwanzig oder dreißig Hasen gehetzt und gefangen (ich hatte sie zuletzt nicht mehr gezählt) – ungewöhnlich matt und müde, kaum im Stande sein würde einen so weiten Sprung ohne Anlauf zu machen. Schnell entschlossen drehte ich daher in der Luft um und wir kamen auf denselben Fleck zurück, von dem aus der Rappe abgesprungen war.

Gut, meine Herren! Ich klopfte den Hals des Tieres, ritt dann, um einen kurzen Anlauf zu gewinnen, eine kleine Strecke zurück und sprengte aufs Neue gegen den Graben; zu rechter Zeit half ich mit Sporen und Zunge nach und Ajax setzte zum Sprung an. Die Breite des Morastes hatte ich auf etwa zwanzig Schritt taxiert, als ich mich aber überzeugte, dass sie wohl noch ein halbes Dutzend Schritte mehr betrug, drückte ich nochmals beide Sporen ein; Ajax gab sich noch einen Ruck und schnellte weiter vorwärts. Allein umsonst! Wir erreichten nicht mehr das jenseitige Ufer und so fielen Ross und Reiter in den weichen Morast. Schon ging mir die nachgiebige Masse, in der wir rettungslos zu versinken drohten, bis über die Hüften und nur mein Oberkörper und des Pferdes Hals und Kopf waren noch frei. – Da, meine Freunde, galt es schnelle Hilfe!

Ich umklammerte mit beiden Schenkeln fest das edle Tier, erfasste mit der freien Rechten meinen eigenen Zopf und – zog mich samt dem Pferd glücklich in die Höhe. Wir setzten darauf in leichtem Trab unsern Heimweg fort.

Sie werden nun an meiner damaligen Kraft und Stärke nicht mehr zweifeln!"

Erich Kästner

Die Rettung

Ein anderes Mal wollte ich mit meinem Litauer[1] über einen Sumpf springen. Bevor ich sprang, fand ich ihn lange nicht so breit wie während des Sprungs. Nun, wir wendeten mitten in der Luft um und landeten mit heiler Haut auf dem Trockenen. Aber auch beim zweiten Anlauf sprangen wir zu kurz und sanken, nicht weit vom anderen Ufer, bis an den Hals in den Morast! Und wir wären rettungslos umgekommen, wenn ich mich nicht ohne mich lange zu besinnen mit der eigenen Hand am eigenen Haarzopf aus dem Sumpf herausgezogen hätte! Und nicht nur mich, sondern auch mein Pferd! Es ist manchmal ganz nützlich, kräftige Muskeln zu besitzen.

1 **Litauer:** Bezeichnung einer Pferdeart

1 Lest die beiden Geschichten möglichst spannend vor. Welche der beiden Fassungen hätte Münchhausen wohl lieber erzählt?

2 Erzählt selbst diese Lügengeschichte Münchhausens.

3 Ihr wisst jetzt schon einiges darüber, wie Lügengeschichten gemacht sein müssen um besonders wirkungsvoll zu sein. Versucht selbst einmal in kleinen Gruppen eine Lügengeschichte zu schreiben.

4 Ihr könnt auch die folgende Geschichte von Münchhausen weitererzählen:

„In einem Feldzug belagerten wir eine Stadt – ich habe vor lauter Belagerung vergessen, welche Stadt es war – und Marschall Münnich hätte gern gewusst, wie es in der Festung stünde. Aber es war unmöglich durch all die Vorposten, Gräben und spanischen Reiter hineinzugelangen …"

Gottfried August Bürger

Münchhausen erzählt von seinen Jagderlebnissen

Zufall und gutes Glück machen oft manchen Fehler wieder gut.

Davon erlebte ich bald nach diesem ein Beispiel, als ich mitten im tiefen Walde einen wilden Frischling[1] und eine Bache[2] dicht hintereinander hertraben sah. Meine Kugel hatte gefehlt. Gleichwohl lief der Frischling vorn ganz allein weg und die Bache blieb stehen ohne Bewegung, als ob sie an den Boden festgenagelt gewesen wäre. Wie ich das Ding näher untersuchte, so fand ich, dass es eine blinde Bache war, die ihres Frischlings Schwänzlein im Rachen hielt um von ihm aus kindlicher Pflicht fürbass[3] geleitet zu werden. Da nun meine Kugel zwischen beiden hindurchgefahren war, so hatte sie diesen Leitzaum zerrissen, wovon die alte Bache das eine Ende noch immer kaute. Da nun ihr Leiter sie nicht weiter vorwärts gezogen hatte, so war sie stehen geblieben. Ich ergriff daher das übrig gebliebene Endchen von des Frischlings Schwanze und leitete daran das alte hilflose Tier ganz ohne Mühe und Widerstand nach Hause.

So fürchterlich diese wilden Bachen oft sind, so sind die Keiler[4] doch weit grausamer und gefährlicher. Ich traf einst einen im Walde an, als ich un-

1 Frischling: junges Wildschwein
2 Bache: weibliches Wildschwein
3 fürbass (veraltet): weiter, vorwärts
4 Keiler: männliches Wildschwein

glücklicherweise weder auf Angriff noch Verteidigung gefasst war. Mit genauer Not konnte ich noch hinter einen Baum schlüpfen, als die wütende Bestie aus Leibeskräften einen Seitenhieb nach mir tat. Dafür fuhren aber auch seine Hauer[5] dergestalt in den Baum hinein, dass er weder imstande war sie sogleich wieder herauszuziehen, noch den Hieb zu wiederholen. – „Haha!“, dachte ich, „nun wollen wir dich bald kriegen!“ – Flugs nahm ich einen Stein, hämmerte noch vollends damit drauflos und nietete[6] seine Hauer dergestalt um, dass er ganz und gar nicht wieder loskommen konnte. So musste er sich denn nun gedulden, bis ich vom nächsten Dorfe Karren und Stricke herbeigeholet hatte um ihn lebendig und wohlbehalten nach Hause zu schaffen, welches auch ganz vortrefflich vonstatten ging.

5 **Hauer:** Eckzahn des Keilers

6 **umnieten:** hier im ursprünglichen Sinne: zur Befestigung breit schlagen

1 So wie damals kann man es auch heute noch erleben, dass Menschen maßlos übertreiben, wenn sie von ihren Erlebnissen auf Reisen, beim Sport oder in der Schule berichten. „Das ist ja Jägerlatein!“, hören sie dann oft als Vorwurf. Was könntest du auf diesen Vorwurf erwidern?

2 Könnt auch ihr ein Erlebnis so übertrieben erzählen, dass man euren Bericht als Jägerlatein bezeichnen könnte?

3 Und was hätte Münchhausen wohl zu dieser Zeichnung erzählen können?

Barbara Bartos-Höppner

Münchhausens Erzählrunde

[...]

In der geräumigen Diele seines Hauses, in der er die Gäste empfing, brannte ein mächtiges Buchenholzfeuer im Kamin, das der Hausherr selber beaufsichtigte und in Gang hielt. Im Halbkreis davor standen bequeme Sessel für die Gäste bereit, dazu Hannes, Münchhausens getreuer Diener, der jedem Ankommenden sogleich ein Glas Punsch zum Aufwärmen aus der Kanne einschenkte.

Und so hatte an diesem Frühabend eines schönen Wintertages Schlitten auf Schlitten vor dem Portal des Schlosses angehalten und von den Sesseln in der Diele war nur noch ein einziger unbesetzt. Münchhausens Blick blieb mehr als einmal an diesem roten Plüschsessel mit dem etwas eingesessenen Polster hängen. Es konnte den Gästen auch nicht entgehen, dass er den Kopf immer wieder horchend auf die Tür zu hielt oder, um es genauer zu sagen, auf die beiden Eisbärfelle zu, die vor der Tür hingen um die Kälte wirksamer abzuhalten.

Damit dieses Horchen und Warten nicht peinlich würde, sah der Baron in die Runde und sprach: „Liebe Freunde, Nachbarn und Jagdgenossen, wie Sie sehen, ist der Platz meines Freundes Anton Antonowitsch Achmatow noch immer leer. Das ist für mich im Augenblick noch kein Grund zur Besorgnis, und das Essen, zu dem ich Sie eingeladen habe, ist auch noch nicht fertig. Deshalb schlage ich vor, wir vertreiben uns die Zeit, indem ich Ihnen ein Erlebnis erzähle, das ich vor einigen –" Münchhausen unterbrach sich, „meine lieben Gäste, ich will nicht eitel sein – vor vielen Jahren gehabt habe." Dann gab er Hannes einen Wink und rief: „Zuvor sollst du uns die Gläser noch einmal füllen."

Daraufhin ging Hannes mit der großen Zinnkanne reihum, und bald zog der Duft von Rotwein, Zimt und Nelken durch die Diele und stieg zu dem Elchhaupt empor, das über dem Kamin an der Wand hing und sich mit seinen riesigen Schaufeln zu der Herrenrunde herabzubeugen schien.

1 Auch dir wurden sicherlich schon spannende Geschichten erzählt. Kannst du dich erinnern, wer erzählt hat? Wie hast du dich dabei gefühlt? Berichte davon.

Dumitru Tsepeneag

Der Lügner

Für Pitzurcà

An dem Morgen wachte er früher auf als sonst, weil die Sonne oder eine Katze aus Luft und die Strahlen der Sonne an sein Fenster klopften. Als er die Augen aufmachte, war die Katze verschwunden, aber in dem bläulichen See des Himmels schwamm ein riesiger Fisch mit Hundekopf.

Paul sprang aus dem Bett, holte die Pistole, von der er sich niemals trennte, unter dem Kissen hervor und ging seine Milch trinken. Aus der Schale stieg eine Meerfrau und rekelte sich auf den Zuckerwürfeln.

„Beeil dich", sagte Pauls Mutter und holte ein Häschen aus ihrer Schürzentasche, das die Form eines Krautkopfs hatte.

„Schon gut", brummte Paul und tat keinen Zucker mehr in die Milch. Er nahm seinen Ranzen und ging zur Schule. Es waren nur ein paar Schritte: zur Straßenecke, durch einen Park voll Rosen, Tiger, Panther und allerhand anderer wilder Tiere in allen Farben und schon stand er vor der Schule. Neben dem Schulgebäude war eine Bäckerei und gegenüber eine Apotheke, in der zwei hoch gewachsene Füchse bedienten. Am Ende der Straße sah man den hohen Rathausturm mit der Turmuhr. Als er in den Park kam, kämpfte gerade ein Tiger mit einer Schlange, die eben aus einer Rose gekrochen war. Rosenschlangen sind sehr gefährlich. Paul zog die Pistole und feuerte zweimal auf den Kopf der Schlange und die verwandelte sich augenblicklich in den Parkwächter. Der Junge sagte artig Guten Morgen und der Parkwächter zeigte ihm die Katze, die er fest im Arm hielt. Es war eine Blumentopf-Katze, eine von denen, die wie Oleander unter den Fenstern blühen. Hinter einem Baum tauchte ein Nashorn mit Bärenfell auf und Paul zog wieder die Pistole. Aber das Nashorn war die Freundlichkeit selber, eigentlich viel zu gut gelaunt

für so früh am Morgen, und Paul sah, dass es in Wirklichkeit der Mathematiklehrer war. Er grüßte und fing an zu laufen. Als er aus dem Park herauskam, steckte er die Pistole in die Tasche und sah nach der Rathausuhr. Er kam noch aufs Haar zurecht!

Die Läden der Apotheke waren noch zu, nur der Bäcker hatte auf. Ein Wecken Weißbrot nickte grüßend aus dem Schaufenster. Paul blieb stehn. Neben der Bäckerei sollte die Schule sein. So jedenfalls war es bisher jeden Morgen gewesen: Erst sah er den Bäckerladen, dann die Schule. Er sah sie auch jetzt, du lieber Schreck, war die heute klein! An diesem sonnigen Morgen war die Schule nicht größer als der Schrank in der Küche. Na gut, sagen wir ein Schrank und ein halber, sie hatte ja zwei Stockwerke. Paul musste lachen. „Das heißt also, ich hau mich in' Schrank", sagte er sich, zog die Pistole und feuerte zweimal in die Luft. Aus der Luft fielen zwei Schafe, solche von der fliegenden Sorte, die waren gerade in seine Schusslinie geraten. Es war klar, er kam gar nicht in die Schule rein. Trotzdem ging er näher ran, trat über den Zaun und drückte seine Nase an eine Fensterscheibe. Nichts Besonderes. Die Figur der Zeichenlehrerin, nicht größer als ein Bierkrug, kam gerade mit dem Klassenbuch unterm Arm aus dem Lehrerzimmer. Hinter ihr zwei däumchengroße Knirpse. Er wollte durch ein anderes Fenster in ein Klassenzimmer sehen, machte aber eine ungeschickte Bewegung und stieß eine Korbstange auf dem Basketballfeld mit der Ferse um. Am Fenster des Lehrmittelzimmers erschien ein Knopf mit Schnurrbart: der Kopf des Direktors.

„Du Strolch", schrie der Direktor, „willst du die Schule niederreißen?" Paul wollte die Schule nicht niederreißen. Er sagte, nein, er will nichts niederreißen, außerdem ist es nicht seine Schuld, wenn über Nacht alles so gekommen ist. Er geht jetzt nach Hause. Der Direktor schrie noch was und drohte mit der Faust. Paul zuckte die Achseln und ging. Er kam wieder in den Park, wo die Tiger aus den Rosensträuchern die zwei fliegenden Schafe heranschleiften und verschlangen. In einem Baum spielte eine sehr schöne Dame auf einer Nachtigall. Paul ging schnurstracks nach Hause und erzählte seinen Eltern, was mit der Schule passiert war. Er stellte sich über den Vorfall gekränkt und presste sogar zwei, drei Tränen heraus. Er fragte seine Mutter, ob sie ihn nicht in eine größere Schule geben könnte. Die Eltern sahen einander ratlos und misstrauisch an und Mama knurrte zwischen den Zähnen: „Alles Lügen."

Da erzählte Paul, wie er die Stange auf dem Basketballfeld umgeworfen hatte und wie ihm der Schuldirektor höchstpersönlich mit der Faust gedroht hatte. Sie könnten ja mit ihm gehen und sich überzeugen. „Sie ist nicht größer als der Schrank in unserer Küche", rief Paul mit Tränen in den Augen.

Pauls Vater murmelte etwas von der Regierung und sagte: „Wer weiß, vielleicht lügt der Junge nicht!"

„Ich lüge nicht, wirklich, ich lüge nicht", sagte der Junge.

„Los, gehen wir", beschloss die Mama.

Sie gingen gemeinsam zur Schule. Sie gingen durch den Park, der jetzt leer schien; nur ein Mann las Zeitung auf einer Bank.

„Das ist der Mathematiklehrer", sagte Paul.

Auf der Rathausuhr war es neun vorbei. Sie sahen die Bäckerei und daneben die Schule: ein großes Haus mit großen Fenstern, die lustig die Sonne spiegelten.

„Sie ist wieder gewachsen", flüsterte Paul. Und sein Vater, der das Gebäude einige Sekunden betrachtet hatte, trat wortlos zu dem Jungen und klebte ihm eine.

„Lügner", sagte Mama und rang die Hände.

„Seht doch die Korbstange", schrie Paul, „seht doch, sie ist umgeworfen! Ich bin drangestoßen, mit dem Fuß!"

„Na eben", sagte der Vater. „Du solltest aufpassen, wohin du trittst."

Und die Eltern gingen fort ohne sich noch einmal umzusehen. Paul blickte ihnen nach, bis sie im Park verschwanden. „Wenn bloß die Tiger sie nicht anfallen", dachte Paul und war nahe dran hinterherzulaufen. Dann überlegte er sich's. Ihre Sache! Er drehte sich auf den Absätzen um, fest entschlossen in seine Klasse zu gehen und sich für sein Zuspätkommen zu entschuldigen, zum Beispiel damit, dass er mit seiner Schwester zum Arzt musste, weil die aus Versehen einen Knopf vom Mantel eines Marineoffiziers verschluckt hatte, eigentlich ihr Onkel, der gerade aus Indien zurückgekom-

men war ... Die Schule war wieder klein geworden, vielleicht noch kleiner als vorhin. Nein, er hatte keine Chance, er passte nicht rein. „Was mach ich nun", dachte Paul verärgert. Die Eltern werden ihm auf keinen Fall glauben, auch wenn er sich die Lunge aus dem Hals schreit, sie werden ihn tüchtig verhauen und ihm trotzdem nicht glauben. Er ging in die Hocke und begann mit den Fäusten ans Tor zu schlagen. Alle Schüler und Lehrer rannten ans Fenster um den Riesen zu sehen, der sie angriff. Ein Menschenfresser, der die Schule zermalmen will! Der Direktor riss mutig das Fenster auf und begann zu schreien, als steckte er in einer Schlange. Zu seiner Stimme kamen noch die Stimmen der anderen Lehrer und aller Schüler, es war ein Heidenspektakel kleiner, schriller Stimmchen. Paul stand auf und schlug mit dem Fuß ans Tor: Das ganze Gebäude wackelte. Da griff der Direktor nach dem Hörer und rief die Polizei.

„Greift ihn an, mit den Hubschraubern", schrie er ins Telefon.

Als er die ersten Hubschrauber sah, erkannte Paul die Gefahr. Er nahm Reißaus und war mit ein paar Sätzen im Park. Alle Tiere liefen vor ihm davon. Denn Paul war wütend und entschlossen seine Haut teuer zu verkaufen. Er würde nicht einfach die Hände in den Schoß legen. Er riss ein paar größere Bäume samt Wurzeln aus und schichtete sie übereinander. Er richtete eine Barrikade[1] auf. Dann zog er die Pistole, drehte sie am Finger und lächelte. Weiter drüben saß der Mathematiklehrer und las ungerührt seine Zeitung. Paul war gut in Mathematik. Sehr gut sogar.

„Sie sollen nur kommen", murmelte er. Hoch oben in der Luft aber konnte das Hubschraubergeschwader wegen einer Schafherde nicht mehr weiter. Ein Fisch mit Hundekopf schwebte ruhig in der Luft.

1 **Barrikade:** Hindernis, Straßensperre

1 Für Paul verwandelt sich an diesem Morgen vieles. Wie sah wohl sein Schulweg wirklich aus?

2 „Paul sprang aus dem Bett und holte seine Pistole …" Wie erlebt Paul sich selber auf seinem Weg zur Schule?

3 „So zu lügen wie Münchhausen ist eine Kunst. Versucht es, bitte, gar nicht erst", rät Erich Kästner seinen jungen Lesern und Leserinnen. Gelingt es Paul, so kunstreich zu lügen, oder hätte er sich besser an Kästners Rat halten sollen?

Zbigniew Zakiewicz

Die schreckliche Geschichte von Stefan Zirperich

Dies ist die schreckliche Geschichte von Stefan Zirperich, ich bitte deshalb die Kinder, die Angst haben, wenigstens das rechte Auge zuzukneifen und das linke Ohr zuzustopfen. Die ängstlichsten Kinder-Hasenfüße dürfen jetzt sagen, sie hätten vergessen sich die Zähne zu putzen, sie können sich davonschleichen und sich im Badezimmer zehn Minuten einschließen, so lange nämlich wird diese schreckliche Geschichte dauern. Sie ist nur für Kinder bestimmt, die gute Nerven haben, gern grausame Räuber spielen und davon träumen, Generale zu werden, wenn sie erwachsen sind, für Kinder, die sich am liebsten mit Schwächeren prügeln, auf den Klosetts Zigaretten rauchen und außerdem Katzen quälen.

Ich fange also an. Denkt daran, ich habe euch gewarnt. Gleich werden in diesem Zimmer furchtbare Dinge geschehen.

Zuerst muss ich euch meinen Helden vorstellen. Er heißt Stefan Zirperich und wohnt in der Stillen Straße Nr. 13. Wie wir alle genau wissen, bedeutet die Dreizehn Unheil und Unglück.

Es ist ein ganz gewöhnliches, etwas verkratztes Haus, in dem Herr Zirperich wohnt, mit einem kleinen steinigen Hof, auf dem es ein Blumenbeet gibt. Das betreut Frau Amalia aus dem dritten Stock. Eigentlich hat noch niemand diese Blumen gesehen, weil sie ganz einfach nicht wachsen wollen. Frau Amalia begießt sie täglich, sie nörgelt über die schlechte Erde, aber im nächsten Frühling würden die Blumen bestimmt wachsen und alle Leute würden kommen, sie bewundern.

Doch wozu verdrehe ich euch den Kopf mit diesen Blumen, da jetzt gerade Herr Zirperich ohne sein grausames Schicksal zu ahnen das Haus verlässt. Er begibt sich auf seinen Nachmittagsspaziergang. An der Leine führt er den Hund Nikodem. Das ist der rassigste Hund, den ich kenne, weil er nicht eine, sondern viele Rassen hat. Kurze Dackelbeine, massiger Bulldoggenrücken und eine sehr komische Zottelschnauze, von der man nicht weiß, woher sie stammt.

Sie gehen also spazieren, Herr Zirperich und der Hund Nikodem. Nicht zu schnell, nicht zu langsam. Am Kiosk kauft Herr Zirperich seine Zeitung und sucht lange nach einer Ansichtskarte. Er will sie seinem Neffen Jurek schicken, der weit weg wohnt, in die zweite Klasse geht und das Meer liebt. Er findet eine Karte mit großem, graugrünem Wasser und bewölktem Himmel, in der Mitte ein leicht zur Seite geneigtes Segelschiff mit Segeln weiß wie Feiertagshemden.

Jetzt gehen Herr Zirperich und der Hund Nikodem in die Konditorei „Zur Farnkrautblüte“. Ich habe euch noch nicht erzählt, dass Herr Zirperich ein schreckliches Leckermaul ist, er liebt Kuchen über alles, am meisten Wiener Käsekuchen, am allermeisten Nusstorte und Apfelkuchen, am allerallermeisten Schokoladenananastorte mit Schlagsahne. Hunde haben zu einer Konditorei keinen Zutritt, aber Nikodem ist ein außergewöhnlicher Hund, alle mögen ihn gern, sogar die Kassiererin der Konditorei „Zur Farnkrautblüte“, denn Nikodem sitzt immer still unter dem Tisch und kommt gar nicht auf den Gedanken jemandem nach der Wade zu schnappen.

Herr Zirperich isst seinen Kuchen (heute gibt es Schokoladenananastorte mit Schlagsahne), trinkt seinen Tee in kleinen Schlucken und schreibt die Karte an seinen Neffen, der weit weg wohnt und das Meer liebt.

Lieber Jurek!

Lange schon habe ich nichts mehr von dir gehört. Schreib mir bitte, was du tust und wie es dir in der Schule geht. Ich habe dir ein Fernrohr gekauft, wie es die Segelschiffskapitäne benützen. Du bekommst es, wenn du zum Fest deinen alten Onkel besuchst, der dich liebt und grüßt.

Und in der Nachschrift:

Nikodem sendet dir ein freundschaftliches Schwanzwedeln.

Dann stehen sie auf und gehen hinaus, der Herr und der Hund. Zwischen ihnen gibt es eine stille Vereinbarung. Auf dem Hinweg führt Herr Zirperich Nikodem, auf dem Rückweg jedoch führt Nikodem Herrn Zirperich, denn es gibt so viele Dinge, die der Aufmerksamkeit eines Hundes würdig sind, ein Beet mit roten Salbeiblüten und eine zerschlagene Milchflasche und eine kleine Metallscheibe, aber auch die dunklen, geheimnisvollen Kellerfenster, von denen jedes anders riecht, nach Kohlen oder nach Sauerkohl oder nach alten Möbeln.

Sie müssen sich jedoch beeilen, denn Herr Zirperich hat sehr viel zu tun. Ihr fragt, was er von Beruf ist. Ein Augenblickchen Geduld. Wir steigen mit ihm hinauf in den zweiten Stock des etwas verkratzten Hauses Stille Straße Nr. 13. Sobald Herr Zirperich die Tür öffnet, wisst ihr alles.

Es ist, als ob ihr an einem heißen Sommertag eine Wiese betretet, auf der hundert Grillen zirpen, hundert Zikaden, oder einen Eichenwald, in dem hundert Spechte rhythmisch auf die Baumrinde klopfen.

Jetzt wisst ihr's also: Herr Zirperich ist Uhrmacher, das heißt, er heilt kranke Uhren. Gerade hat er einen weißen Kittel angezogen, ganz wie der Herr Doktor, der euch manchmal in den Hals guckt. Ins Auge hat er eine schwarz gerahmte Lupe eingeklemmt. Er untersucht das Innere mit den vielen Zahnrädchen und Federchen und denkt: Was fehlt diesem armen Schlucker, dass er aufgehört hat zu ticken und sein langes Pendelbein zu schaukeln?

Nikodem hat sich inzwischen in die Ecke gelegt und schläft.

Da sehe ich, dass der kleine Hans wie-

der hereinkommt, der gleich zu Anfang ins Badezimmer geschlichen ist, als ich sagte, das werde eine schreckliche Geschichte. Jetzt fragt er, ob sie schon zu Ende ist.

„Nein!", rufen die Jungen (die General werden wollen).

„Nein!", rufen die Mädchen (die Katzen quälen).

„Da war noch gar nichts Fürchterliches!", rufen sie gemeinsam.

Da war nichts und wird nichts sein.

Denn, seht nur, so ist das. Ich wollte euch wirklich eine schreckliche Geschichte erzählen. Aber als ich anfing meinen Helden, Herrn Zirperich, den Uhrmacher, zu beschreiben, habe ich ihn ganz einfach lieb gewonnen. Je mehr ich von ihm erzählte, desto lieber hatte ich ihn. Und jetzt tut es mir Leid, ihn den Wölfen, den Räubern oder Meeresstürmen auszuliefern.

So ist das nun einmal im Leben. Ihr könnt euch selbst davon überzeugen.

Ihr geht zum Beispiel in den Zoo und seht das Nashorn. Manche Kinder (besonders diejenigen, die General werden wollen und Katzen quälen) sagen: Was ist das für ein ekelhaftes Vieh. Es wäre gut, einen Batzen Lehm zu kneten und dem da in die Schnauze zu schmeißen. Aber wenn es den Kopf zu euch umwendet und mit seinem kleinen Auge blinzelt, denkt ihr gleich: Ein ganz nettes Tierchen.

Wenn ihr Herrn Zirperich auf seinem Nachmittagsspaziergang mit dem Hund Nikodem begegnet, grüßt ihn von mir. Er nimmt euch bestimmt mit in den Park.

Jetzt ist Herbst, also fallen Kastanien von den Bäumen wie kleine grüne Igel und kullern über den Boden.

Sicher geht ihr zusammen die Kastanienallee entlang, die sehr weit hinausführt bis zur Lichtung der hohen Gräser; ihr geht durch die Luft, die immer blauer wird, dunkelblau, schwarzblau, durch die Herbstluft, in der wir mit den Augen blinzeln.

1 Was hindert den Erzähler eine schreckliche Geschichte zu erfinden?

2 Der Erzähler charakterisiert seine Zuhörer. Fühlst du dich auch angesprochen? Erzähle, warum.

3 Ihr könnt die Geschichte auch weitererzählen. Vielleicht so:

Da plötzlich …
Wir können kaum noch etwas erkennen, da taucht in der Ferne ein Licht auf …
Als wir schon nichts mehr erkennen können, hören wir unmittelbar neben uns …

Peter Bichsel

Jodok lässt grüßen

Von Onkel Jodok weiß ich gar nichts, außer dass er der Onkel des Großvaters war. Ich weiß nicht, wie er aussah, ich weiß nicht, wo er wohnte und was er arbeitete.

Ich kenne nur seinen Namen: Jodok. Und ich kenne sonst niemanden, der so heißt.

Der Großvater begann seine Geschichten mit: „Als Onkel Jodok noch lebte" oder mit „Als ich den Onkel Jodok besuchte" oder „Als mir Onkel Jodok eine Maulgeige[1] schenkte".

Aber er erzählte nie von Onkel Jodok, sondern nur von der Zeit, in der Jodok noch lebte, von der Reise zu Jodok und von der Maulgeige von Jodok.

Und wenn man ihn fragte: „Wer war Onkel Jodok?", dann sagte er: „Ein gescheiter Mann."

Die Großmutter jedenfalls kannte keinen solchen Onkel und mein Vater musste lachen, wenn er den Namen hörte. Und der Großvater wurde böse, wenn der Vater lachte, und dann sagte die Großmutter: „Ja, ja, der Jodok", und der Großvater war zufrieden. Lange Zeit glaubte ich, Onkel Jodok sei Förster gewesen, denn als ich einmal zum Großvater sagte: „Ich will Förster werden", sagte er: „Das würde den Onkel Jodok freuen."

Aber als ich Lokomotivführer werden wollte, sagte er das auch und auch als ich nichts werden wollte. Der Großvater sagte immer: „Das würde den Onkel Jodok freuen."

Aber der Großvater war ein Lügner. Ich hatte ihn zwar gern, aber er war in seinem langen Leben zum Lügner geworden.

Oft ging er zum Telefon, nahm den Hörer, stellte eine Nummer ein und sagte ins Telefon: „Tag, Onkel Jodok, wie geht's denn, Onkel Jodok, nein, Onkel Jodok, ja doch, bestimmt, Onkel Jodok", und wir wussten alle, dass er beim Sprechen die Gabel runterdrückte und nur so tat.

Und die Großmutter wusste es auch, aber sie rief trotzdem: „Lass jetzt das Telefonieren, das kommt zu teuer." Und der Großvater sagte: „Ich muss Schluss machen, Onkel Jodok", und kam zurück und sagte: „Jodok lässt grüßen."

Dabei hatte er früher immer gesagt: „Als Onkel Jodok noch lebte", und jetzt sagte er schon: „Wir müssen unsern Onkel Jodok mal besuchen." Oder er sagte: „Onkel Jodok besucht uns bestimmt", und er schlug sich dabei aufs Knie, aber das sah nicht überzeugend aus und er merkte es und wurde still und ließ dann seinen Jodok für kurze Zeit sein.

Und wir atmeten auf.

Aber dann begann es wieder:

Jodok hat angerufen.

Jodok hat immer gesagt.

Jodok ist derselben Meinung.

Der trägt einen Hut wie Onkel Jodok.

Onkel Jodok geht gern spazieren.

1 **Maulgeige:** Mundharmonika

Onkel Jodok erträgt jede Kälte.
Onkel Jodok liebt die Tiere liebt Onkel Jodok geht mit ihnen spazieren bei jeder Kälte geht Onkel Jodok mit den Tieren geht Onkel Jodok verträgt jede Kälte verträgt der Onkel Jodok
d-e-r O-n-k-e-l J-o-d-o-k.

Und wenn wir, seine Enkel, zu ihm kamen, fragte er nicht: „Wie viel gibt zwei mal sieben“ oder: „Wie heißt die Hauptstadt von Island“, sondern: „Wie schreibt man Jodok?“

Jodok schreibt man mit einem langen J und ohne CK und das Schlimme an Jodok waren die beiden O. Man konnte sie nicht mehr hören, den ganzen Tag in der Stube des Großvaters die O von Joodook. Und der Großvater liebte die O von Jooodoook und sagte:

Onkel Jodok kocht große Bohnen.
Onkel Jodok lobt den Nordpol.
Onkel Jodok tobt froh.

Dann wurde es bald so schlimm, dass er alles mit O sagte:

Onkol Jodok word ons bosochon, or ost on goschotor Monn, wor roson morgon zom Onkol.

Oder so:

Onkoljodok word
onsbosochon orost
ongoschotor mon
woroson mor
gonzomonkol.

Und die Leute fürchteten sich mehr und mehr vor dem Großvater, und er begann jetzt sogar zu behaupten, er kenne keinen Jodok, habe nie einen gekannt. *Wir* hätten davon angefangen. *Wir* hätten gefragt: „Wer war Onkel Jodok?“

Es hatte keinen Sinn, mit ihm zu streiten.

Es gab für ihn nichts anderes mehr als Jodok.

Bereits sagte er zum Briefträger: „Guten Tag, Herr Jodok“, dann nannte er mich Jodok und bald alle Leute.

Jodok war sein Kosename: „Mein lieber Jodok“, sein Schimpfwort: „Vermaledeiter Jodok“ und sein Fluch: „Zum Jodok noch mal.“

Er sagte nicht mehr: „Ich habe Hunger“, er sagte: „Ich habe Jodok.“ Später sagte er auch nicht mehr „Ich“, dann hieß es „Jodok hat Jodok.“

Er nahm die Zeitung, schlug die Seite „Jodok und Jodok“ – nämlich Unglück und Verbrechen – auf und begann vorzulesen:

„Am Jodok ereignete sich auf der Jodok bei Jodok ein Jodok, der zwei Jodok forderte. Ein Jodok fuhr auf der Jodok von Jodok nach Jodok. Kurze Jodok später ereignete sich auf der Jodok von Jodok der Jodok mit einem Jodok. Der Jodok des Jodoks, Jodok Jodok, und sein Jodok, Jodok Jodok, waren auf dem Jodok tot.“

Die Großmutter stopfte sich die Finger in die Ohren und rief: „Ich kann's nicht mehr hören, ich ertrag es nicht.“

Aber mein Großvater hörte nicht auf. Er hörte sein ganzes Leben lang nicht auf und mein Großvater ist sehr alt geworden und ich habe ihn sehr gern gehabt. Und wenn er zum Schluss auch nichts anderes mehr als Jodok sagte, haben wir zwei uns doch immer sehr gut verstanden. Ich war sehr jung und der Großvater sehr alt, er nahm mich auf die Knie und jodokte Jodok die Jodok vom Jodok Jodok – das heißt: „Er erzählte mir die Geschichte von Onkel Jodok“, und ich freute mich sehr über die Geschichte, und alle, die älter waren als ich, aber jünger als mein Großvater, verstanden nichts und wollten nicht, dass er mich auf die Knie nahm, und als er starb, weinte ich sehr.

Ich habe allen Verwandten gesagt, dass man auf seinen Grabstein nicht Friedrich Glauser, sondern Jodok Jodok schreiben müsse, mein Großvater habe es so gewünscht. Man hörte nicht auf mich, sosehr ich auch weinte.

Aber leider, leider ist diese Geschichte nicht wahr und leider war mein Großvater kein Lügner und er ist leider auch nicht alt geworden.

Ich war noch sehr klein, als er starb, und ich erinnere mich nur noch daran, wie er einmal sagte: „Als Onkel Jodok noch lebte“, und meine Großmutter, die ich nicht gern gehabt habe, schrie ihn schroff an: „Hör auf mit deinem Jodok“, und der Großvater wurde ganz still und traurig und entschuldigte sich dann. Da bekam ich eine große Wut – es war die erste, an die ich mich noch erinnere – und ich rief: „Wenn ich einen Onkel Jodok hätte, ich würde von nichts anderem mehr sprechen!“ Und wenn das mein Großvater getan hätte, wäre er vielleicht älter geworden und ich hätte heute noch einen Großvater und wir würden uns gut verstehen.

1 „Aber der Großvater war ein Lügner.“ – „Leider war mein Großvater kein Lügner.“ Widerspricht sich der Erzähler?

Franz Fühmann

Es war einmal eine Au

In der folgenden Geschichte stellt Franz Fühmann Freunde vor, die auf merkwürdige Weise von unserer Sprache erzählen.

„Es war einmal eine Au“, erzählte Emmanuel, „und durch die Au floss ein Bach und auf dem Bach schwamm eine Ente, die sich bei der kleinsten Kleinigkeit ärgerte.

Einmal ärgerte sie sich so schrecklich, dass sie zerplatzte – ein Teil flog nach links, ein Teil flog nach rechts, und rechts war die Au und links war der Bach.

Als das T auf die au fiel, entstand funkelnder Tau. Das N aber fiel hinter einer Krümmung ins Wasser zurück und schwamm nun einsam den Bach hinunter. Ach, warum hab ich mich nur so schrecklich geärgert, dachte das N. Als Ene rug ich eine so bune und saliche rach, das war einfach oll! Doch seidem ich zerplaz bin, bin ich fas nichs! Es dachte so verstümmelt, weil das T auch in seinem Hirn fehlte!

Da sah es ein einsames G schwimmen. Fein, dachte das N, ganz wunderbar, da schwimm ich gleich hin und schon bin ich wieder ganz und noch dazu anders. Junge, Junge, welch herrliche Sache!

So dachte das N, denn nun dachte es alles schon ohne T.

Das N schwamm, so schnell es nur konnte, zum G, doch kaum waren die beiden zusammengekommen, begann der Bach zu schwellen und brausen und strudeln und tosen, denn nun war eine NG entstanden und das arme Wasser musste da durch.

Es drängte und schwoll und staute sich und es dauerte gar nicht lange, da war das G wieder abgerissen.

Nun strömte der Bach wieder frei und auf ihm schwamm wieder das einsame N.

Das is nich u eanen, dachte es, denn es hatte jetzt auch kein G mehr im Denken. Nein, das war kein enormes Erlebnis!

Das G aber trieb auf ein Riff, das sich in den Strudeln gebildet hatte. Seitdem ist dieser Bach ungeheuer beliebt, denn aus dem Riff wurde ein Griff und an dem können sich auch Nichtschwimmer festhalten, wenn sie ins Wasser fallen.

Das N aber trieb weiter dahin und dachte: Schlimm, schlimm, wirklich schlimm, so allein und einsam zu sein!

So trieb es dahin und der Bach floss in einen Fluss und der Fluss floss in einen Strom und der Strom floss ins Meer.

Kähne, Schiffe, Boote zogen vorbei, aber keines war darunter, das ein N brauchen konnte.

Ja, wenn ich ein Bote wäre, so sagte ein Boot, dann hätte ich schon Verwendung für dich, da könnte ich mich nämlich mit einem Mal vervielfachen! Doch als Boot – da müsstest du eben ein E sein!

Ich bin, was ich bin!, sagte das N stolz und ohne Gs und Ts und fügte hinzu: Dann lass es eben bleiben, du dummes Boo!

Über das letzte Wort ärgerte es sich wieder, aber was half das: Ein Boot hat nun einmal ein T, da nützt auch das kunstvollste Denken nichts.

Da tauchte ganz in der Ferne ein Buchstabe auf. Er war noch sehr undeutlich zu sehen – ein krummer Buckel, der aus dem Strom ragte, das war alles, doch das N schrie laut Hurra.

Hurra, hurra, da sehe ich einen schwimmen, der mir helfen wird!, rief es ganz glücklich und wieder ohne Gs und Ts, da kraule ich hin, so schnell ich nur kann!

Es ist ein D, brummte ein Schiff, gib Acht, gib Acht, diese Dinge sind tückisch! Aber das N war schon losgeflitzt und hörte die Warnung nicht mehr.

Halt ein!, brüllte das Schiff, halt ein, sonst geschieht etwas Schreckliches!

Halt ein!, schrien und schnaubten und heulten und brummten und sirenten alle Schiffe und Kähne und Boote, halt ein!

Sonst schlägt's dreizehn!

Doch da hatte das N das D schon erreicht und da war mit einem Mal alles zu

.

Als Nächste war Gabi an der Reihe und Gabi erzählte die Geschichte vom kleinen **und**:

„Es war einmal ein langer, langer Satz, darin kamen schrecklich viel „unds" vor, und weil der Satz so lang war, konnten die Wörter gar nicht richtig aufeinander aufpassen und so lief ein **und** aus dem Satz heraus und legte sich in die Sonne und ließ sich bescheinen. In dem Satz nämlich stand es zwischen lauter finsteren Wörtern, drum hatte es Sehnsucht nach der Sonne, aber als es so dalag, schlief es ein, und als es wieder aufwachte, war der Satz längst weitergegangen und das arme kleine **und** stand mutterseelenallein in der Welt. Allein, das war noch schlimmer als zwischen Dunkel und Finsternis.

Das kleine **und** begann zu weinen.

Was fang ich ganz allein auf der Welt an, ich kleines **und**, schluchzte es traurig.

Da kam ein einsames großes **H** auf seinen zwei Beinen einhergestelzt ...".

1 Erzählt in mehreren Gruppen die Geschichte vom kleinen **und** weiter.

Anton Krilla

Leider war das l unausgeschlafen

Leider war das l unausgeschlafen und zerstreut. Es setzte sich immer auf den falschen Platz in der Schulklasse.
Der Lehrer sagte: „Du lachst die Schumaufgabeln zur Slafe doppert.“ Da kachten die Schüner, knarrten die Tür zu und riefen ganz schlenn nach Lause.

Ihr könnt das Sprachspiel weiterführen: Lasst dabei von Satz zu Satz zusätzlich einen weiteren Buchstaben aus der Reihe tanzen.

Erzählt zu diesem Bild eine Lügengeschichte.

Wir erfinden Geschichten:

Eure Lieblingsfiguren aus Film und Comic begegnen sich:

- E.T. trifft Pumuckl …
- Obelix trifft Schneewittchen …
- Superman trifft Asterix …

Vorschlag

Male ein Bild, das dich als Helden oder Heldin einer fantastischen Geschichte darstellt.

Und so kannst du vorgehen:

- Lege ein „verrücktes“ Foto von dir auf ein Blatt Papier.
- Schneide aus einer Illustrierten verschiedene Abbildungen, die du mit diesem Foto zu einem neuen Bild zusammenstellst.
- Lass nun deinen Freund oder deine Freundin eine Geschichte zu dieser Collage erfinden.

6 Sagenhafte Geschichten

Die Abenteuer des Odysseus

Das Trojanische Pferd. Darstellung auf dem Hals eines großen Kruges, entstanden um 670 v. Chr.

1 Wer kennt die auf dem Krug abgebildete Geschichte und kann sie erzählen?

Wer war Odysseus?

Die Erzählgedichte „Ilias" und „Odyssee" gehören zu den ältesten Dichtungen Europas. Der griechische Dichter Homer hat sie nach alten Sagen wahrscheinlich im 8. Jahrhundert v. Chr. aufgeschrieben.

Die „Ilias" erzählt vom Kampf griechischer Helden um die berühmte Festungsstadt Troja. Dorthin hatte der Königssohn Paris die schöne Helena, Frau des Griechenkönigs Menelaos, entführt. Zehn Jahre lang wurde Troja erfolglos vom Heer der griechischen

◀ Krieger vom Zeus-Heiligtum in Dodona (alte griechische Kultstätte)

Könige belagert, bis der schlaue Odysseus die Idee zum Bau des hölzernen Pferdes bekam.

Unter den Göttern, die vom Olymp aus den Kampf beobachteten und beeinflussten, zog sich Odysseus den Hass des Meeresgottes Poseidon zu, während die Göttin Athene ihm wohlgesinnt war.

Die „Odyssee“ erzählt von der schwierigen Heimfahrt des Odysseus und seiner Gefährten. Verfolgt vom Hass Poseidons treiben Stürme und widrige Winde sie auf dem Meer umher. Sie werden zu den seltsamsten Inseln und Ländern verschlagen, geraten in Lebensgefahr, werden aber auch freundlich aufgenommen und als Gäste bewirtet.

Die Reiseroute des Odysseus

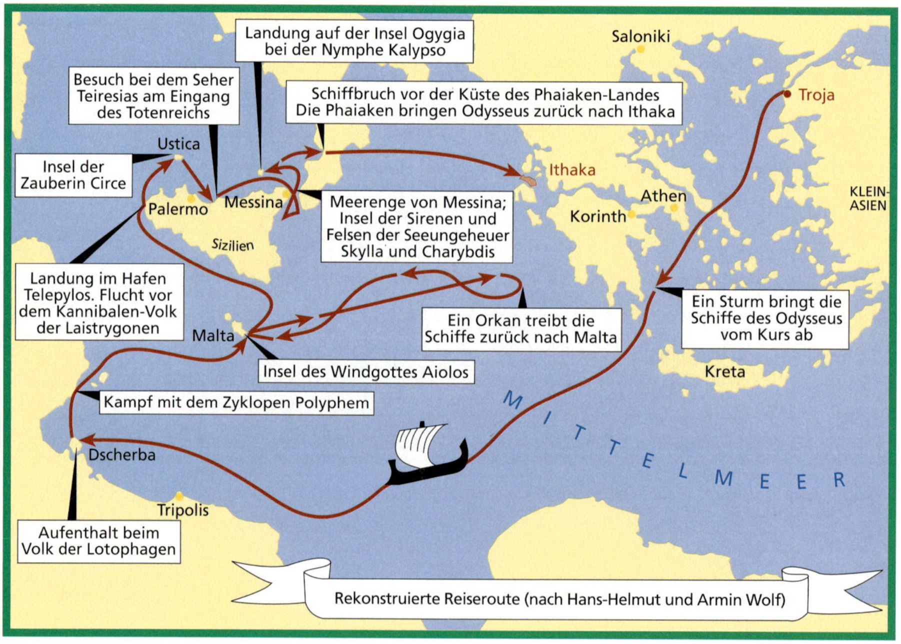

Eines der gefährlichsten Erlebnisse hat Odysseus später selbst erzählt, das Abenteuer in der Höhle des Riesen Polyphem.

Richard Carstensen

In der Höhle des Kyklopen

Nacherzählung

Auf unserer weiteren Fahrt landeten wir an einer kleinen, dicht bewaldeten Insel. Menschen fanden wir nicht, nur Ziegen durchstreiften in großen Scharen die Ebene. Wir versorgten unsere zwölf Schiffsmannschaften reichlich mit frischem Fleische. Gegenüber dieser Insel liegt ein mächtiges Eiland, auf dem das Volk der Kyklopen haust. Sie wissen nichts vom Ackerbau, denn ohne ihr Zutun lassen die Götter dort alle Nahrung, Getreide und Reben, wachsen. Sie kennen nicht Gesetze noch staatliche Ordnung, leben einsam in Felshöhlen und kümmern sich kaum um ihre Nachbarn.

Als ich am andern Morgen mit meinem Schiffe zur Kyklopeninsel hinüberfuhr, wusste ich davon noch nichts. Hart am Gestade erblickten wir eine hohe, von Gesträuch überschattete Felsenkluft. Eine Menge Ziegen und Schafe lagerte davor in einem mächtigen Gehege von Steinen und Bäumen. Da wählte ich zwölf meiner tatkräftigsten Freunde aus, hieß die Übrigen an Bord bleiben und das Schiff bewachen. Ich versäumte auch nicht einen Schlauch voll süßen Weines mitzunehmen, denn ich ahnte, er könnte mir nützlich sein als Gastgeschenk für die fremden Bewohner.

Wir fanden den Herrn nicht zu Hause, denn er war bei seinen Herden auf der Weide. Voll Verwunderung betrachteten wir das Innere der Höhle, die Körbe voll von Ziegenkäse, die Kübel, Bütten und Eimer, dazu die Menge der Schafe und Lämmer in den unterirdischen Pferchen. Hier hauste der Fürchterlichste unter den Riesen; er war ein Sohn Poseidons und hieß Polyphem. Wie alle Kyklopen hatte er ein einziges Auge mitten auf der Stirn. Er war mit unendlicher Kraft begabt, sodass er Felsen wegwälzen und Granitblöcke wie Kiesel durch die Luft schleudern konnte.

Wäre ich doch dem Rate meiner Gefährten gefolgt, von dem Käse zu nehmen, Lämmer und Ziegen auf unsere Schiffe zu treiben und zu den Gefährten zurückzukehren! Doch es reizte mich, den seltsamen Herrn der Höhle kennen zu lernen und sein Gastgeschenk abzuwarten.

So setzten wir uns in der Höhle nieder, zündeten ein Feuer an und aßen von dem Käse des Kyklopen. Endlich nahte er, auf seinen Riesenschultern einen mächtigen Haufen trockenen Feuerholzes tragend. Verängstigt krochen wir in die Winkel der Grotte, als er die Last zu Boden fallen ließ. Er trieb die Ziegen und Schafe herein, rollte einen mächtigen Felsblock, den zweiundzwanzig vierrädrige Karren nicht hätten von der Stelle schaffen können, vor den Eingang, hockte sich gemächlich nieder, melkte Ziegen und Schafe und legte die saugenden Jungtiere ans Euter.

Erst als er das Feuer entfachte, erblickte uns der mächtige Mann. „Wer seid ihr, Fremdlinge?“, fuhr er uns mit seiner rauen Stimme an; sie klang wie

Donnergrollen, dass uns das Herz im Leibe erbebte. „Woher kommt ihr über das Meer gefahren? Seid ihr Seeräuber oder was treibt ihr?“

Da nahm ich allen Mut zusammen: „Griechen sind wir, kommen von Troja her und haben uns auf dem Meere verirrt. Schutzflehend nahen wir uns dir! Erhöre unsere Bitten, denn du weißt ja, dass Zeus die Schutzflehenden beschirmt und jeden Frevel an ihnen rächt!“ Mit hässlichem Lachen erwiderte der Kyklop: „Ein rechter Tor scheinst du mir, Fremdling, wenn du meinst, uns Kyklopen kümmere die Rachedrohung der Götter. Sind wir selber nicht viel mehr als sie? Doch sag mir, wo bist du mit deinem Schiffe gelandet?“

Ich merkte die Arglist, die in seiner Frage lag, gar wohl. „Mein Schiff“, entgegnete ich, „hat der Erderschütterer Poseidon auf die Klippen geworfen und zertrümmert; ich allein bin mit zwölf Gefährten hierher entronnen!“ Statt aller Antwort streckte der Unhold seine Riesenhände aus, packte zwei meiner Gefährten und schmetterte sie wie junge Hunde zu Boden, dass Blut und Gehirn auf die Erde spritzten. Und sogleich zerriss er sie und fraß sie auf. Voll Entsetzen mussten wir der Untat zuschauen; jammernd streckten wir die Hände zu Zeus empor.

Doch ungerührt trank der Kyklop zu seinem schrecklichen Mahle einen Kübel Milch und streckte sich dann auf dem Boden zur Ruhe nieder. Sollte ich mich auf ihn stürzen und ihm das Schwert ins Herz stoßen? Schnell verwarf ich diesen Racheplan, denn was hätte er uns geholfen? Wir hätten einen elenden Tod in dem Felsengrab sterben müssen, weil niemand uns den Stein vom Eingang hätte fortwälzen können. So ließen wir das Ungeheuer schnarchen und erwarteten in dumpfer Bangigkeit den Morgen.

Wieder packte Polyphem zwei meiner Begleiter und verzehrte sie vor unseren Augen. Dann schob er den Felsblock vom Eingang der Höhle, trieb die Herde hinaus und legte den Stein wieder sorgsam vor das Loch. In bebender Todesangst blieben wir zurück.

Da ersann ich einen Plan um uns zu befreien und zugleich die toten Gefährten zu rächen. Im Stalle lag die mächtige Keule des Kyklopen, lang und dick wie ein Mastbaum. Davon hieb ich ein Stück ab, hieß die Gefährten es glätten, schärfte es oben spitz und härtete es in der Flamme. Diesen Pfahl verbarg ich sodann unter dem Mist, der den ganzen Boden bedeckte. Vier meiner Gefährten traf das Los mit mir zusammen meinen Plan zu verwirklichen. Wir wollten dem Kyklopen das Auge ausbrennen.

Am Abend kehrte der schreckliche Riese heim, führte seine Schafe in die Höhle und verrammelte den Eingang mit dem Felsen. Wieder packte er zwei unserer Gefährten und vertilgte sie. Da näherte ich mich dem Ungeheuer mit einer Kanne meines schweren Weines: „Da nimm, Kyklop, und trink! Auf Menschenfleisch schmeckt der Wein vortrefflich. Ich hatte ihn dir als Gastgeschenk mitgebracht, aber wahrlich, du treibst es zu arg. Wer wird dich künftig wieder besuchen, wenn du so mit deinen Gästen umgehst?“

Wortlos nahm der Kyklop den dargebotenen Wein; man sah, wie das Getränk ihm behagte. Zum ersten Male zeigte er sich freundlich: „Gib mir noch einen Schluck davon zu trinken, Fremdling“, bat er, „und sage mir doch, wie du heißest, damit auch ich dich mit einem Gastgeschenk erfreuen kann!“

Gern gab ich ihm von neuem zu trinken. Ja, dreimal schenkte ich den Krug voll und dreimal leerte er ihn in seiner Dummheit. Als dann der Wein ihn zu umnebeln begann, redete ich ihn listig an: „Meinen Namen willst du wissen, Kyklop? Ich habe einen seltsamen Namen, denn ich heiße Niemand[1]; alle Welt nennt mich Niemand, Mutter und Vater heißen mich so und alle meine Freunde.“

„So sollst du dein Gastgeschenk erhalten, Niemand“, entgegnete der Kyklop mit grimmigem Spott; „ich werde dich als Letzten von euch allen verspeisen. Bist du mit meiner Gabe zufrieden?“

Diese letzten Worte brachte der Un-

1 Es handelt sich um ein Wortspiel, das im Deutschen nicht wiederzugeben ist. Der Held gibt sich den Namen Utis, der eine Verkleinerungsform von Odysseus darstellt, zugleich aber „Niemand“ bedeutet.

hold nur noch lallend hervor; dann lehnte er sich in seinem Rausche hintenüber und fiel in tiefen Schlaf.
Da steckte ich eilig den Pfahl in die glimmende Asche und drehte ihn, bis die ganze Spitze glühte und sprühte. Zu viert packten wir an und stießen dem Riesen die glühende Spitze mitten in das einzige Auge! Grauenvoll heulte der Verletzte auf, so laut, dass die Höhle vom Gebrüll erzitterte. Bebend vor Angst flüchteten wir uns in den äußersten Winkel. Polyphem riss den Pfahl aus der Augenhöhle, schleuderte ihn weit von sich und tobte wie ein Besessener.
Als seine Nachbarn das Geschrei hörten, kamen sie von allen Seiten herbei. „Niemand, Niemand bringt mich um, ihr Freunde! Niemand tut es mit Arglist!“, schrie der Riese immer wieder.
Kopfschüttelnd hörten die Kyklopen seine Worte. „Wenn niemand dir etwas zu Leide tut, warum schreist du denn so? Vielleicht bist du krank, Polyphem, doch dagegen haben wir kein Mittel. Da mag dein Vater Poseidon dir helfen!“ So sprachen sie und gingen davon. Wie freute ich mich, dass meine List sie so getäuscht hatte!
Vor Schmerzen winselnd tappte der Geblendete in seiner Höhle umher. Er nahm den Felsblock vom Eingang, hockte sich vor der Höhle nieder und betastete mit seinen plumpen Händen sorgsam die hinausdrängenden Schafe, damit keiner von uns entwische. Er hielt uns für zu einfältig. Ich aber hatte längst eine List erdacht, band von den stärksten Widdern immer drei mit Weidenruten zusammen und hieß unter dem Bauche des mittleren einen der Gefährten sich an der Wolle festhal-

ten, während die beiden Tiere rechts und links die heimliche Last beschirmten. Für mich selber wählte ich den stattlichsten Bock, das Leittier der Herde, aus.

Sorgfältig tastete Polyphem über jeden Rücken, ob keiner von uns draufsitze; an den Bauch dachte er in seiner Dummheit nicht. Wohlbehalten gelangten die Gefährten hinaus. Als mein Bock mit seiner schweren Last durch das Tor der Höhle schritt, streichelte Polyphem ihn zärtlich. „Gutes Widderchen, warum trabst du so langsam hinter der übrigen Herde hinaus? Du leidest es doch sonst nie, dass andere Schafe dir vorangehen, betrübt dich das ausgebrannte Auge deines Herrn? Könntest du sprechen, du gutes Tier, sicher würdest du mir sagen, in welchem Winkel der Höhle sich die Frevler versteckt halten. Wie wollte ich mich an ihnen rächen!“

Von den zwölf Gefährten waren nur noch wir sieben am Leben, als wir uns endlich in Freiheit befanden. Wir umarmten einander herzlich und betrauerten die Toten. Heimlich trieben wir die Tiere, die uns gerettet hatten, dann zum Schiff. Doch als wir auf unsern Ruderbänken saßen und durch die Brandung steuerten, rief ich mit spottenden Worten den Kyklopen an, der eben mit seiner Herde den Hügel emporkletterte. „Heda, Polyphem, merkst du nun, dass du keines verächtlichen Mannes Gefährten in deiner Höhle gefressen hast? Endlich hast du die Strafe des Zeus für deine Freveltaten erfahren!“

Bei diesen Worten wusste sich der Kyklop vor Zorn nicht mehr zu halten. Er riss einen mächtigen Felsblock aus dem Gebirge heraus und warf ihn nach unserem Schiffe. So gut hatte er gezielt, dass er fast das Steuerruder getroffen hätte. Der entstehende Wogenschwall wollte das Schiff wieder ans Ufer zurücktragen und nur mit aller Kraft entgingen wir neuem Unglück. Wieder hob ich meine Stimme, obwohl die Freunde, die einen zweiten Wurf befürchteten, mich mit Gewalt abhalten wollten. „Höre, Kyklop“, schrie ich, „wenn dich je einmal ein Menschenkind fragt, wer dich geblendet habe, so sollst du eine bessere Antwort geben, als du sie deinen Stammesbrüdern erteilt hast. Sag nur: Der Zerstörer Trojas, Odysseus, war es, der mir das Augenlicht nahm!“

In höchstem Grimme schrie er seine Antwort zurück: „So hat sich also doch erfüllt, was einst der Wahrsager mir prophezeite. Der sprach mir von Odysseus und immer fürchtete ich, einst werde ein heldenhafter Mann von übermenschlicher Stärke mich heimsuchen. Und nun muss ich erleben, dass solch ein elender Wicht mich mit Wein überlistet und im Rausche geblendet hat!“

Dann änderte er listig den Ton seiner Worte: „Komm doch noch einmal heran, Odysseus, und lass uns Frieden schließen!“, rief er freundlich. „Ich will dich als meinen lieben Gast aufnehmen und den Meeresgott, meinen Vater, bitten dir sicheres Geleit zu geben. Gewisslich wird er mich heilen und mir die Sehkraft wiedergeben!“

Natürlich wies ich seine arglistigen Worte höhnend zurück. Da rief er seinen Vater Poseidon an und bat ihn mir die Heimkehr zu verwehren. „Und kehrt er jemals zurück, so sei es spät, unglücklich und verlassen, auf fremdem Schiffe; nichts als Elend soll er zu Hause antreffen!“ So betete Polyphem, und ich glaube, der finstere Meeresgott hat ihn erhört.

In seiner ohnmächtigen Wut ergriff der Kyklop einen zweiten Felsblock und schleuderte ihn uns nach; nur mit Mühe entgingen wir ihm. Eilig ruderten wir zur Ziegeninsel hinüber, wo unsere Gefährten uns mit Freudenrufen empfingen. Fröhlich wurde unsere Rettung gefeiert.

Am nächsten Morgen saßen wir wieder auf unseren Schiffen und ruderten weiter – der Heimat entgegen.

Es gibt auch die Vorstellung, dass sich das Kyklopen-Abenteuer des Odysseus an der Ostküste von Sizilien bei Azi Treza zugetragen haben könnte. Die gewaltigen Felsbrocken im Meer habe Polyphem dem flüchtenden Odysseus hinterhergeschleudert. Sie heißen noch heute im Volksmund „Kyklopenklippen“.

1 Welchen Eindruck vom Helden Odysseus gewinnen die Zuhörer aus seiner Erzählung des Abenteuers?

2 Polyphem beklagt sich bei seinem Vater Poseidon darüber, was ihm Odysseus angetan hat. Erzählt, wie er das Abenteuer darstellen könnte.

Nach der Flucht von der Kyklopeninsel hat Odysseus noch viele Abenteuer zu bestehen. Die Zauberin Kirke hält ihn und die Gefährten lange auf ihrer Insel fest, lässt sie dann aber wieder ziehen und warnt sie vor drohenden Gefahren auf dem weiteren Weg.

Auguste Lechner *Nacherzählung*

Sirenenklänge und eine schwierige Durchfahrt

Langsam ging er hinüber zu den schlafenden Männern. „Ich muss ihnen erzählen, was uns Kirke geweissagt hat“, überlegte er sorgenvoll. „Sonst werden die Schrecknisse plötzlich und unerwartet über sie hereinbrechen und die Ahnungslosen vernichten. Erfahren sie aber alles, was uns bedroht, so verlieren sie gewiss den Mut und weigern sich diesen Weg über das Meer zu fahren. Einen anderen aber gibt es nicht von Kirkes Eiland aus.“

So dachte er hin und her und zuletzt dünkte es ihn, am besten nichts von Skylla und Charybdis zu sagen, sondern die Gefährten nur vor den Sirenen zu warnen, die ihm selbst nicht allzu gefährlich erschienen.

Mit einem lauten Ruf weckte er die Schläfer und als sie zu Verstande gekommen waren, ergriff sie alsbald die Freude über die nahe Heimkehr. Es dauerte nicht lange, da hatten sie den Mast aufgerichtet, die Segel spannten sich hoch über dem Deck und alles Gerät befand sich ordentlich an seinem Platz. Die Ruderer setzten sich auf die Bänke und man löste die Taue, mit denen das Schiff an den Felsen befestigt war.

Dann hob Odysseus die Hand: Gleichmäßig tauchten zwanzig Ruder auf jeder Seite ins Wasser, das Ufer begann zurückzuweichen und der Steuermann drehte das Schiff dem offenen Meere zu. Allein bald merkte er, dass er sein Steuer ruhen lassen konnte, denn hinter ihnen her kam jetzt sausend der Wind geflogen, fuhr in die Segel und trieb das Schiff pfeilschnell vorwärts. Fröhlich zogen die Männer die Ruder ein: Ei, diese Reise konnte man sich wohl gefallen lassen!

So zog abermals das einsame Schiff durch die graue Wasserwüste. Kirkes Eiland verschwand, als wäre es nie da gewesen; es gab nichts mehr als Himmel und Meer und das Schiff flog vorwärts wie ein riesiger Vogel mit hellen Flügeln.

Odysseus erhob sich. Ja, nun musste es sein!

Er ging durch das Schiff und rief die Gefährten zusammen. „Hört zu, Freunde!“, sagte er, „Kirke hat mir heute Nacht den Weg gewiesen, den wir segeln müssen um heimzukommen nach Ithaka. Es ist ein gefährlicher Weg, an dem vielerlei Unheil lauert: Schon Teiresias[1] hat es uns ja verkündet. Zuerst gelangen wir zur Insel der Sirenen. Wer ihren zauberischen Gesang vernimmt, kehrt nie wieder zurück zur Heimat. Ich aber gedenke das

1 **Teiresias:** in der griechischen Sage blinder Seher

Sirenenlied zu hören und dennoch zurückzukehren. Ihr müsst jedoch genau befolgen, was ich euch jetzt befehle! Wenn wir uns der Insel nähern, werde ich eure Ohren mit Wachs verkleben. Ihr aber bindet mich mit festen Seilen aufrecht an den Mastbaum und fesselt mir Hände und Füße. Und wenn ich euch auch bitten oder drohen sollte, so löst mich ja nicht, sondern bindet mich noch fester!“ Das schien den Männern ein wunderliches Abenteuer und sie lachten und versprachen alles zu tun, was Odysseus geboten hatte.

Sie waren noch nicht lange gefahren, da tauchte vor ihnen in der Ferne ein flacher grüner Strand aus der grauen Flut, darauf trieb der Wind das Schiff zu.

Indessen hatte Odysseus mit dem Schwert kleine Stücke von einer Wachsscheibe abgeschnitten und knetete sie in der Sonnenhitze so lange, bis sie weich wurden. Damit verstopfte er den Gefährten der Reihe nach sorgfältig die Ohren. Sie aber banden ihn sogleich an den Mast, noch ehe das Schiff der Insel so nahe war, dass man die Stimmen der Sirenen hören konnte.

Jetzt schlief mit einem Male der Wind ein, das Wasser wurde glatt und ruhig, die Segel hingen schlaff herab und das Schiff lag alsbald still. Die Männer schüttelten die Köpfe und rannten zu den Ruderbänken. Aber ehe sie zu rudern begannen, spähten sie noch schnell hinüber nach dem Strande: Da war eine liebliche blumige Wiese und zwei Frauen saßen im Grase, anmutig anzusehen wie Göttinnen, so meinten die Männer und rissen die Augen auf vor lauter Verwunderung.

Ja – aber dort am Gestade … was lag denn da im Sande verstreut? Schädel, bleiche Gebeine, Gerippe, über denen die Haut schwärzlich eingeschrumpft war, verbrannt von der glühenden Sonne …

Nein, es war doch besser, hier schnell vorüberzufahren! Hastig beugten sie sich über die Ruder …

Odysseus aber stand aufrecht am Mast und vermochte kein Glied zu rühren: so fest hatten sie ihn gebunden.

Nur den Kopf hielt er vorgestreckt und lauschte nach der Insel hinüber. Unsagbar süß und lockend kam Gesang über das Wasser: das Lied der Sirenen. Er hörte es und das Herz tat ihm weh davon und Tränen schossen ihm in die Augen, ein so wilder Zauber ging von den Tönen aus.

Er musste …, ja, er musste hinüber!

Indessen waren die beiden Frauen ganz nahe ans Ufer gekommen. Er sah, wie sie ihm winkten. Und jetzt riefen sie ihn an. „Odysseus!“, sangen die süßen Stimmen, „komm, du unbesiegbarer Krieger! Du Ruhm und Stolz der Achaier, komm näher! Lenke dein Schiff ans Land und lausche unserem Gesang. Noch kein Schiff ist hier vorübergefahren ohne anzulegen! Komm, kluger Odysseus, wir wissen mehr als alle Sterblichen! Wir wissen alles, was sich vor Troja begeben hat oder auch sonst irgendwo auf der Welt! Verweile, tapferer Held, du wirst danach fröhlicher und weiser wieder von dannen fahren!“

So lockten die süßen Stimmen. Da wandte Odysseus den Kopf zurück zum Steuermann. „Lenke hinüber ans Ufer!“, befahl er. Aber der Steuermann konnte ihn nicht hören und das Schiff fuhr weiter geradeaus, in sicherer Entfernung von der Insel der Sirenen.

Vergebens winkte Odysseus mit den Brauen, umsonst wies er mit dem Kopf nach dem grünen Gestade hinüber. Sein Gesicht war rot vor Zorn, die Augen blitzten und manchmal brüllte er laut einen neuen Befehl. Aber niemand gehorchte ihm, denn niemand konnte ihn hören. Wütend wand er sich in seinen Fesseln und versuchte mit aller Gewalt loszukommen. Da erhoben sich Eurylochos und Perimedes und banden ihn gleichmütig mit noch mehr und noch stärkeren Seilen, obgleich er sie so grimmig anblickte, als wollte er sie mit bloßen Händen erwürgen.

Indessen ruderten die Übrigen, dass ihnen der Schweiß über den Rücken lief, und so ließen sie bald die Insel samt den Sirenen hinter sich. Der Gesang wurde immer leiser und erstarb endlich, und als sie weit genug entfernt waren, nahmen die Männer das Wachs aus den Ohren und banden Odysseus los. Er meinte beschämt bei sich, dass dies alles ohne Kirkes guten Rat wohl sehr übel ausgegangen wäre, da er der zauberhaften Lockung so wenig zu widerstehen vermochte. –

Wieder fuhren sie eine Weile. Es herrschte immer noch Windstille und das gefiel ihnen ganz und gar nicht, weil sie des Ruderns schon lange müde waren.

Odysseus stand auf dem Deck und spähte aufmerksam nach allen Seiten. Wenn Kirke wahr gesprochen hatte, so mussten sie bald zu den Felsen kommen, in denen Skylla und Charybdis hausten. Die Gefährten aber ahnten noch nicht, was ihnen bevorstand, und er wusste nicht, wie er es ihnen sagen sollte.

Während er noch schweren Herzens darüber nachdachte, sah er plötzlich weit vorne über dem Wasser Dampf aufsteigen wie aus einem gewaltigen Kessel, der mitten im Feuer steht. Bald fing sein Ohr auch das Getöse ferner Brandung auf und zugleich unterschied er schon die beiden Klippen, die eine hoch und steil, die andere niedriger, mit einem riesigen Feigenbaum am Rande.

Jetzt horchten auch die Gefährten auf, vergaßen zu rudern und starrten auf das weiße Schaumgewölk, das dort vorne bei den beiden Klippen zum Himmel spritzte.

„Seht hin! Was ist das? Was für ein neues Schrecknis wartet auf uns?", riefen sie unruhig durcheinander.

Da ging Odysseus schnell durch das Schiff, von einem zum anderen, und redete ihnen gütlich zu. „Freunde, wir sind ja längst gewöhnt Gefahren zu bestehen! Aber was jetzt kommt, ist nicht schlimmer als das, was wir in der Höhle des Kyklopen erlebten! Ihm sind wir durch meinen guten Rat entronnen und wir werden mit Hilfe der Götter auch diesem Unheil entgehen! Vertraut mir nur und tut, was ich euch sage! Bleibt auf den Bänken, rudert mit aller Macht und blickt euch nicht um, was auch geschehen mag! Dir aber, Steuermann, befehle ich dieses: Halte das Schiff fern von jener Brandung, deren weißen Gischt du dort zum Himmel steigen siehst! Lenke es auf den hohen Felsen gegenüber zu und gib Acht, dass es dir nicht unversehens seitwärts entgleite, sonst sind wir alle des Todes!"

Die Männer versprachen bereitwillig alles, was er verlangte, denn Furcht saß ihnen im Nacken. Sie ruderten schnell, damit das Schreckliche bald hinter ihnen läge.

Odysseus aber dachte mit Grauen an Skylla, die in der hohen Klippe hauste. Nein, davon konnte er den Gefährten nichts sagen, sonst würden sie die Ruder fahren lassen und sich in den Schiffsbauch verkriechen und das Schiff würde von den Wogen zwischen den Felsen hin und her geworfen, bis es die Charybdis verschlang!

So schwieg er. Aber er ging hinab, legte seine Rüstung an, nahm zwei lange Speere und begab sich auf das Vorderdeck. „Von hier aus werde ich Skylla zuerst erblicken", sprach er zu sich, „und, bei den Göttern, ich werde gegen das Ungeheuer kämpfen, wenn ich auch dabei zu Grunde gehen müsste!"

Aber alles kam ganz anders, als er meinte.

Sie waren indessen den Klippen so nahe gekommen, dass der Lärm der Brandung zu einem brüllenden Donnern anschwoll, das die Felsen erdröhnen ließ.

Angstvoll ruderten sie in die schreckliche Enge. Zur Rechten schlang just Charybdis mit grässlichem Gurgeln das Wasser in ihren Schlund, der wie ein Trichter hinabreichte in die grausige Tiefe. Es wirbelte und drehte sich darin mit fürchterlicher Schnelligkeit, dass die Männer Schwindel packte, während sie mit entsetzten Augen hinunterstarrten, wo zuweilen für einen Augenblick der Sand und die dunkel glänzenden Kiesel des Meeresgrundes erschienen.

Der Steuermann lenkte das Schiff gegen die Klippe zur Linken, damit der Wirbel es nicht erfasse. Als er an der hohen, glatten Felswand entlangsteuerte, schien ihm mit einem Male das Sonnenlicht trübe zu werden. Um die Klippe zog ein seltsamer schwärzlicher Dunst, der fast die Höhle droben in der Wand verbarg.

Und während die Männer noch die schreckensbleichen Gesichter der Charybdis zuwandten, zuckte es über ihnen wie schwarze Blitze aus dem Dunst hervor …

Sechs schlangenhafte Hälse fuhren herab und auf jedem saß ein grässliches Haupt mit drei Reihen von Zähnen im Rachen.

Odysseus fuhr herum, als er den Schrei der Gefährten hörte, die Skylla ergriffen hatte. Aber er vermochte ihnen nicht mehr zu helfen. Das Ungeheuer schwang die Männer hoch durch die Luft und verschlang sie sogleich am Eingang der Höhle.

Stöhnend vor Grauen und ohnmächtigem Grimm wandte sich Odysseus ab. Ja, Kirke hatte abermals Recht: Gegen Skylla gab es keine Waffe! Schnelle Flucht war die einzige Rettung! Er warf einen Blick über das Schiff. Wahrhaftig, er brauchte die Ruderer nicht erst anzutreiben: Sie hockten auf ihren Bänken, keuchend, die Gesichter von Entsetzen verzerrt, und die Ruder flogen auf und nieder, auf und nieder mit wahnwitziger Schnelligkeit. So jagte das Schiff durch die Enge, vorüber am heulenden Schlund der Charybdis und am Felsen der Skylla, und dann waren sie draußen und vor ihnen lag wieder das weite graue Meer. Allmählich wagten sie zu glauben, dass sie dem Verderben entronnen waren. Sie hoben die Köpfe, blickten mit verstörten Augen um sich und lauschten zurück nach dem Donner der Wogen, die gegen Felsen prallten. Ja, wieder einmal waren sie gerettet! Aber sie hatten sechs Gefährten verloren und sie waren unendlich müde von dem ausgestandenen Schrecken und dem mühseligen Rudern.

Und Ithaka war noch weit und der Beherrscher der Meere zürnte Odysseus.

1 Vergleicht die Erzählung dieses Abenteuers mit der Abbildung auf S. 127. Wie hat der Künstler die Begebenheit gestaltet? Hattet ihr beim Lesen ähnliche Vorstellungen?

2 Versucht das Verhältnis zwischen Odysseus und seinen Gefährten aus der Sicht eines seiner Gefährten zu beschreiben.

Bei weiteren Abenteuern verliert Odysseus alle Gefährten und Schiffe. Er wird an den Strand der Insel Ogygia getrieben. Die Göttin Kalypso, die über die Insel und ihre Nymphen[1] herrscht, nimmt ihn freundlich auf, lässt ihn aber nicht wieder ziehen, weil sie ihn als ihren Gemahl behalten will.
Odysseus aber sehnt sich nach seiner Familie.
Zu dieser Zeit beschließt der Rat der Götter Odysseus endlich heimkehren zu lassen. Mit der Hilfe von Kalypso baut er ein Floß und segelt bis zum Land der Phäaken, vor deren Strand der wütende Meeresgott Poseidon das Floß zerschmettert. Mit letzter Kraft erreicht Odysseus das rettende Ufer und sucht sich für die Nacht ein Versteck.

1 **Nymphe:** in den griech. Göttersagen weibliche Naturgottheit

Walter Jens

Odysseus bei den Phäaken

Nacherzählung

Das Land der Phäaken war reich und gesegnet: Äpfel und Birnen, Oliven und Feigen erfreuten die Menschen. Ein mildes Klima beschützte die Wiesen und Felder, der Glanz eines ewigen Sommers lag über der Stadt und nicht umsonst wurden die Phäaken allüberall die Glücklichen genannt. König Alkinoos herrschte mit Weisheit und Güte; kein Feind hatte sich je der phäakischen Küste genaht; dankbar kosteten Männer und Frauen die Geschenke des Friedens.

Während Odysseus hier im Wurzelwerk eines Olivenbaums schlief, betrat Athene Alkinoos' Haus und flog wie ein Hauch in die Kammer, die Nausikaa, des Königs liebstes Kind, mit ihren Mägden bewohnte. In der Gestalt einer vertrauten Gespielin schlich sich die Göttin ans Lager des Mädchens und sagte: „Höre, Nausikaa, deine Kleider liegen verstaubt in der Truhe und du beachtest sie nicht. Törichtes Kind! Die Hochzeit ist nah, da brauchst du schöne Gewänder. Auf nun, eile zum Meer und wasch deine Kleider, die Tücher und Decken!" Als der Morgen Nausikaa weckte, gedachte sie staunend des nächtlichen Traums und eilte zum Vater um einen Wagen, die Wäschebehälter und die Dienerschaft zu erbitten. Doch von der Hochzeit sagte sie nichts. Aber der Vater durchschaute sie gleich, gewährte ihr lächelnd den Wagen und Arete, die Mutter, gab ihr Öl und Gebäck, einen Weinschlauch und köstliches Obst. Dann kamen die Gespielen und alle fuhren gemeinsam zum Ufer. Dort lagen, am Rande des Flusses, ganz nahe am Strande, die steinernen Brunnen.

Die Mädchen wuschen, stampften die Wäsche und legten sie dann, in Reihen geordnet, ans Ufer des Meers auf die Kiesel und Steine. Später, als sie gebadet hatten, salbten sie sich, genossen das Mahl und freuten sich lärmend am Ballspiel.

Gegen Abend erwachte Odysseus und

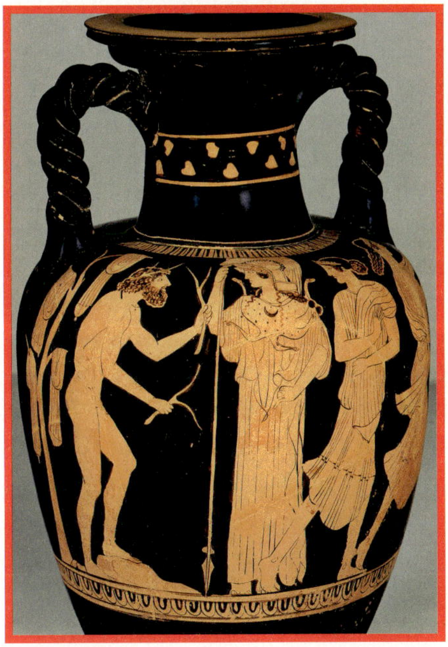

blickte sich um: Wo war er? Von ferne drang Jauchzen und Rufen bis zu ihm hin, einmal auch ein gewaltiger Schrei – da hatte ein Mädchen den Ball nicht richtig geworfen, sodass er sein Ziel verfehlte und ins Meer fiel. Aber der einsame Mann wusste von alledem nichts. Ängstlich schlug er die Zweige zurück und bahnte sich einen Weg durchs Gesträuch.

Als der Sohn des Laertes am Ufer erschien, erschraken die Mädchen und stoben wild durcheinander, denn seine blutende Nacktheit hatte sie alle verwirrt. Nur Nausikaa sah ihm furchtlos entgegen und wartete schweigend, dass er sich nahte. Aber Odysseus blieb stehen und hob ihr die Hände entgegen: Wie eine Göttin, wie Artemis selber erschien sie ihm jetzt und da wagte er nicht ihre Knie zu umfangen, sondern erbat nur mit leiser Stimme ein Stückchen linnenes Tuch um die Blöße zu decken. Nausikaa rief die Gespielen herbei; sie sollten doch ja nicht erschrecken, sondern den lieben Gastfreund hinunter zum Strande geleiten!

Die Mädchen gehorchten, legten den Rock und den Mantel ans Ufer, auch eine Flasche mit Öl. Dann gingen sie wieder zum Brunnen, und als Odysseus gesalbt und gebadet vor ihnen stand – Athene hatte ihm Bart und Haare geglättet und sein Gewand in strahlenden Schimmer gehüllt –, erstaunten die freundlichen Kinder und brachten dem Sohn des Laertes Speise und Trank. Nausikaa erzählte indessen vom Land der Phäaken, von Alkinoos' Weisheit und dem Reichtum der Erde. Dann folgte Odysseus den Mägden zur Stadt, sah den Hafen und die mächtigen Schiffe, die Rudermacher und Segeltuchflicker bei ihrer Arbeit, bemerkte den grünenden Hain der Athene, die Pappeln und silbernen Quellen, freute sich des geschäftigen Treibens und verehrte die Stille des Wäldchens, an dessen Rand ihn die Mädchen verließen um allein, von keinem Gerede verfolgt, durch die Straßen zu gehen; denn Nausikaa fürchtete sich vor dem Gespött der Schiffer und Krämer.

Doch die freundliche Göttin Athene hüllte den Sohn des Laertes in eine Wolke, verbarg ihn den Blicken und führte ihn selbst, im Gewand eines Wasser holenden Mädchens, zum Königspalast.

Welch ein herrlicher Anblick! So hell war das schimmernde Haus des gewaltigen Herrschers, dass es dem Staunenden schien, als wohnten hier Sonne und Mond. Goldene Tore bewachten die Kammern, silberne Schwellen, Balken und Pfosten sprachen von Reichtum und Pracht. Linnene Tücher bedeckten die Tische, Knaben standen mit lodernden Fackeln in den Nischen der Wände, auf hohen Thronen saß das königliche Paar: Alkinoos und seine Gemahlin Arete. Freundlich grüßten beide den Gastfreund, die Mägde brachten Wasser und silberne Becken, dann opferten alle den Göttern.

Später, schon tief in der Nacht, begann der Sänger zu singen – ein blinder Mann, der Demodokos hieß. Er sang vom Ende des heiligen Troja, vom hölzernen Pferd und den Mühen der Helden, und er sang so gewaltig, dass Odysseus die Tränen nicht mehr zurückhalten konnte, denn es jammerte ihn sein eigenes Los und er gedachte der Heimat. Obgleich er sein Antlitz im Mantel verbarg, hatte der König die Tränen gesehen. Da gebot er dem Sänger zu schweigen, wandte sich an den Gastfreund, nannte ihn Bruder und bat ihn sich nun zu erkennen zu geben. „Ich habe gesehn, wie du weintest", sagte Alkinoos leise, „als der Sänger von Troja erzählte. Starb ein Verwandter von dir oder fiel ein Freund den Pfeilen der Troer zum Opfer? Verzeih, ich konnte nicht wissen, dass dir das Lied nicht gefiel."

Als Odysseus das hörte, schüttelte er lächelnd den Kopf. „Den Sänger trifft keine Schuld: Er sang so schön, dass ich glaubte, es sängen die Götter. Doch während die Leier ertönte, habe ich mich meines eigenen Kummers erinnert, denn ich selbst bin Odysseus, der vieles erduldende Mann, weithin unter den Menschen bekannt und berühmt bis zum Himmel. Ithaka ist meine Heimat, nach der ich mich sehne. Weder Kalypso noch die Zauberin Kirke konnten mich bei sich behalten und mein Herz in Liebe verzaubern. Denn nichts ist so schön wie die Heimat, das Haus der Eltern und die Stube, in der man Kind war und deren Anmut man liebt."

Beinahe flüsternd hatte Odysseus gesprochen, alle blickten ihn an, den gewaltigen Mann, von dessen Schicksal die Sagen erzählten, und niemand wagte zu atmen.

Der Sohn des Laertes sah währenddessen unbeweglich ins Weite: Ganz nah war ihm jetzt die Geschichte der Irrfahrt. Staunend hörten die Phäaken von Abenteuern und Wundern, von Lotos-Essern und Riesen; von Polyphem, dem Kyklopen, und der Zauberin Kirke; von Aiolos, dem König der Winde, von den Sirenen, den Rindern des Sonnengotts und den schrecklichen Felsen, von Kalypso und dem Zorn des Meeresgottes Poseidon.

Die ganze Nacht hindurch erzählte Odysseus und die Phäaken glaubten zu träumen; denn Ähnliches hatten sie niemals vernommen.

1 Welchen Eindruck gewinnt man von den Phäaken und ihrer Insel?

2 Warum weint Odysseus?

3 „Die ganze Nacht hindurch erzählte Odysseus": Was hat er zu erzählen?

4 Sind seine Erlebnisse für uns heute noch interessant?

Odysseus erhält von den Phäaken ein Schiff und wird von ihnen am Strand von Ithaka abgesetzt, versehen mit reichen Gastgeschenken. Er trifft auf Pallas Athene, seine Schutzgöttin, die ihm rät sich nach Verbündeten umzusehen, damit er die vielen Freier, die sich um seine Frau Penelope bewerben, aus seinem Palast vertreiben könne. Die Göttin verwandelt ihn in einen greisen Bettler, damit er gefahrlos die Situation in seinem Hause auskundschaften kann. Nur seinem Sohn Telemachos gibt er sich zu erkennen.
Mit Hilfe seines Sohnes und zweier alter Freunde greift Odysseus schließlich die Freier an und tötet sie. Odysseus ist nun wieder Herr in seinem eigenen Haus – aber wird seine Frau Penelope ihn nach so langer Zeit wiedererkennen? Werden ihn die Familien der getöteten Freier mit ihrer Rache bedrohen?

Walter Jens

Odysseus und Penelope

Nacherzählung

Als die Sterne verblassten und die Sonne über Ithaka aufging, schritt Eurykleia hinauf in die Frauengemächer um die Herrin zu wecken. „Du musst dich beeilen, Penelope", sagte sie zärtlich, „denn der erwartete Tag ist gekommen. Odysseus kehrte zurück und die Freier sind tot."
„Närrisch bist du, Liebe", erwiderte darauf Penelope traurig, „manchmal verwirren die Götter auch die Herzen der Klügsten. Doch verspotte mich nicht, sondern gönne mir Ruhe. Niemals, seitdem uns Odysseus verließ, war mir der Schlummer so süß wie in der vergangenen Nacht. Ich bitte dich, lass mich allein."
Aber die Alte wich nicht von Penelopes Seite. Sie rückte noch näher heran und begann zu erzählen: „Gestern Abend kam Eumaios zu mir, der Sauhirt, und bat mich, ich möchte die Türen verschließen und sorgen, dass die Mädchen bei ihrer Arbeit verharrten. Da er sehr ernst war, folgte ich ohne zu fragen. Heute Nacht aber – du lagst schon lange in seligem Schlummer, mein Kind – hörten wir Stöhnen und Seufzen, auch Waffengeklirr und jammerndes Klagen … als ob Menschen in Todesangst schrien. Da kauerten wir uns entsetzt in die dunkelsten Winkel der fest verschlossenen Kammern und rührten uns nicht, bis mich Telemach rief und ich Odysseus, noch immer im Bettlergewand, zu Häupten der Toten erblickte. – Nun aber komm und freue dich, Kind, denn deine Gebete wurden erhört und der Herr kehrte lebend nach Hause."
Eilig erhob sich die kluge Penelope von ihrem Lager, wählte ein kostbares Kleid und schritt die Treppen hinunter. Aber den Bettler erkannte sie nicht, sondern schwankte noch immer, ob sie ihn nun durch listige Fragen erproben oder sein Haupt mit zärtlichem Streicheln berühren sollte. Endlich setzte sie sich in weiter Entfernung an die andere Wand und beschaute Odys-

seus beim Scheine des Feuers. Er aber senkte die Augen zu Boden und wartete schweigend, dass ihn ein Wort Penelopes träfe. Doch sie saß wie versteinert, denn ihr Herz war verwirrt und verwundert: Bald glaubte sie den Gemahl zu erkennen, bald schien er ihr fremd, ein Bettler in Fetzen und Lumpen.

Telemachos aber ertrug das Schweigen nicht länger, sondern schalt seine Mutter gefühllos und roh: „Setze dich zu ihm und sprich endlich ein Wort! Keine andere Frau vermöchte es ja, mit steinernem Herzen ihrem Mann gegenüberzusitzen, der nach zwanzig Jahren zurückkehrt!“

Doch Penelope verwies ihrem Sohne den Tadel: „Schilt mich nicht kalt und herzlos, mein Kind. Ich bin nur verwundert; mein Sinn ist betäubt und ich wage weder zu sprechen noch ihm ins Antlitz zu schauen. Doch ist er es wirklich – Odysseus, mein Mann –, dann werden wir auch einander erkennen, denn wir haben ja Zeichen, um die kein anderer weiß.“

Als Odysseus Penelopes Worte vernahm, musste er lächeln: „Ganz Recht hat sie, Telemachos“, sagte er sanft, „wenn wir allein sind, mag sie mich prüfen. Du aber gehe hinaus und verkündige allen, wir hielten hier Hochzeit; denn niemand soll wissen, dass ich die Freier erschlug, bevor wir nicht in Sicherheit auf unserm Landgut sind – hoch in den Bergen, wo Laertes wohnt. Dort allein können wir dem Ansturm der Rächer in Ruhe begegnen.“

So sprach der König und sandte den Sohn in die Stadt. Er selbst aber ließ

sich salben und baden, seine Haut wurde jung und an Wuchs und Gestalt glich er nun den Göttern im Himmel. Penelope senkte ihr Haupt; denn der Glanz aus Silber und Gold hatte ihr Auge geblendet. „Bereitet dem Mann ein stattliches Lager", sagte sie schnell, um den Gatten zu prüfen, und winkte Eurykleia herbei, „tragt das Bett aus der Kammer und bedeckt es mit Tüchern und Fellen!"

Zornerfüllt sprang da Odysseus empor: „Weib", rief er wütend, „wer hat es gewagt, mir das Bett von der Stelle zu rücken? War es ein Gott? Denn ein Mensch vermöchte wohl nicht an meinem Lager zu rütteln. Ich selber habe es ja aus einem mächtigen Stamme gezimmert, dem Holz eines Ölbaums, um den herum ich vor Jahren mein Wohnhaus erbaute. Erst als das Dach schon fertig war, hieb ich dem Baum die Krone herunter, glättete seinen Stamm mit kunstreichem Hobel und schnitzte daraus die Pfosten und Leisten des Betts. So baute ich unser gemeinsames Lager, verzierte es noch mit Elfenbein, Silber und Gold und spannte die purpurnen Gurte aus biegsamer Rindshaut darüber. Wenn aber einer mein Bett jetzt verstellte, hat er zuvor den Baum von der Wurzel getrennt!"

So sprach er, da erkannte Penelope endlich das Zeichen. Weinend stürzte sie ihrem Manne entgegen, umarmte ihn zärtlich und sagte: „Zürne mir nicht, sondern verzeih meiner Torheit. Ich hatte nur Angst, es könnte mich einmal ein Fremder mit listigen Worten betrügen; die Menschen kennen ja mancherlei Ränke und die Einsamkeit hat mich hilflos gemacht: Woran soll ich die Lüge bemerken? Seitdem du davongingst, ist alle Freude dahin. Ach, die Götter ließen nicht zu, dass wir uns gemeinsam der Jugend erfreuten um dann auch gemeinsam zu altern."

Wieder und wieder umarmte die Fürstin den heimgekehrten Odysseus, küsste ihm Hände und Stirn, schaute ihn an mit verlangenden Blicken und freute sich, wie sich der Schiffbrüchige freut, wenn er das Ufer erreicht.

Weinend standen sie beide und hielten einander umschlungen ... Der Tag verging und die Nacht kam herauf, die Sterne verblassten und die Morgenröte wäre erschienen, hätte nicht Athene die rosige Eos[1] an den Meergrund gebunden und den Sonnengott gehindert seine geflügelten Rosse zu schirren!

Die Zeit stand still und die Liebenden plauderten weiter, Penelope sprach von den Freiern und Odysseus erzählte von Troja und den Abenteuern der Irrfahrt. Dann endlich schliefen sie ein und die unsterblichen Götter bewachten den Schlaf.

1 **Eos:** in den griech. Göttersagen Göttin der Morgenröte

1 Könnt ihr ähnliche Eigenschaften an den beiden Ehepartnern entdecken?

2 Viele Monate später bittet Odysseus einen Sänger, ein Loblied auf seine Frau und auf ihr Wiedersehen zu verfassen.

Schau dir das Bild auf Seite 122 an.

Nebenstehend siehst du in einer Umrisszeichnung das vollständige Gefäß, von dem der Bildausschnitt stammt.
Vergrößere den Umriss der abgebildeten Vase auf ein DIN-A4-Blatt. Zeichne auf deine Vase zunächst mit Bleistift und dann mit schwarzem Filzstift eine andere Begebenheit aus den Abenteuern des Odysseus.

PROJEKT: DIE WELT DES ODYSSEUS

SAMMELT INFORMATIONEN ÜBER GRIECHENLANDS
- LANDSCHAFT
- KLIMA
- BAUWERKE UND KUNSTGEGENSTÄNDE AUS DEM ALTERTUM

ERSTELLT EINE WANDZEITUNG UND ILLUSTRIERT DIESE MIT FOTOS AUS ZEITSCHRIFTEN, REISEPROSPEKTEN UND VIELLEICHT DEM EIGENEN URLAUB.

FÜGT AUCH WISSENSWERTES AUS UNSEREN ABENTEUEREPISODEN EIN.

WER DENKT SICH ANHAND DER KARTE AUF SEITE 118 EIN WEITERES ABENTEUER AUS?

Bittet eure Fachlehrer und -lehrerinnen für Geschichte und Erdkunde um Mitarbeit.

Lies den Schluss der Odyssee.

Du kannst verschiedene Buchausgaben in der Bücherei ausleihen.
Fasse die Ereignisse mit eigenen Worten zusammen und trage sie in der Klasse vor.

Von Frauen und Männern und merkwürdigen Orten

In den folgenden Geschichten wird etwas erzählt, was „der Sage nach“ vor langer, langer Zeit an einem bestimmten Ort geschehen sein soll …

Brüder Grimm

Die Kinder zu Hameln

Im Jahr 1284 ließ sich zu Hameln ein wunderlicher Mann sehen. Er hatte einen Rock von vielfarbigem, buntem Tuch an, weshalben er Bundting soll geheißen haben, und gab sich für einen Rattenfänger aus, indem er versprach gegen ein gewisses Geld die Stadt von allen Mäusen und Ratten zu befreien. Die Bürger wurden mit ihm einig und versicherten ihm einen bestimmten Lohn. Der Rattenfänger zog demnach ein Pfeifchen heraus und pfiff, da kamen alsobald die Ratten und Mäuse aus allen Häusern hervorgekrochen und sammelten sich um ihn herum. Als er nun meinte, es wäre keine zurück, ging er hinaus und der ganze Haufen folgte ihm und so führte er sie an die Weser; dort schürzte er seine Kleider und trat in das Wasser, worauf ihm alle die Tiere folgten und hineinstürzend ertranken.

Nachdem die Bürger aber von ihrer Plage befreit waren, reute sie der versprochene Lohn und sie verweigerten ihn dem Manne unter allerlei Ausflüchten, sodass er zornig und erbittert wegging. Am 26. Juni auf Johannis- und Paulitag, morgens früh sieben Uhr, nach andern zu Mittag, erschien er wieder, jetzt in Gestalt eines Jägers, erschrecklichen Angesichts, mit einem roten wunderlichen Hut, und ließ seine Pfeife in den Gassen hören. Alsbald kamen diesmal nicht Ratten und Mäuse, sondern Kinder, Knaben und Mägdlein vom vierten Jahr an, in großer Anzahl gelaufen, worunter auch die schon erwachsene Tochter des Bürgermeisters war. Der ganze Schwarm folgte ihm nach und er führte sie hinaus in einen Berg, wo er mit ihnen verschwand. Dies hatte ein Kindermädchen gesehen, welches mit einem Kind auf dem Arm von fern nachgezogen war, danach umkehrte und das Gerücht in die Stadt brachte. Die Eltern liefen haufenweis vor alle Tore und suchten mit betrübtem Herzen ihre Kinder; die Mütter erhoben ein jämmerliches Schreien und Weinen. Von Stund an wurden Boten zu Wasser und Land an alle Orte herumgeschickt zu erkundigen, ob man die Kinder oder auch nur etliche gesehen, aber alles vergeblich. Es waren im Ganzen hundertunddreißig verloren. Zwei sollen, wie einige sagten, sich verspätet und zurückgekommen sein, wovon aber das eine blind, das andere stumm gewesen, also dass das blinde den Ort nicht hat zeigen können, aber wohl erzählen, wie sie dem Spielmann gefolgt wären; das stumme aber den Ort gewiesen, ob es gleich nichts gehört. Ein Knäblein war im Hemd mitgelaufen und kehrte um, seinen Rock zu holen, wodurch es dem Unglück entgangen; denn als es zurückkam, waren die andern schon in der Grube eines Hügels, die noch gezeigt wird, verschwunden. Die Straße, wodurch die Kinder zum Tor hinausgegangen, hieß noch in der Mitte des 18. Jahrhunderts (wohl noch heute) die bunge lose (trommel-, tonlose, stille), weil kein Tanz darin geschehen noch Saitenspiel durfte gerührt werden. Ja, wenn eine Braut mit Musik zur Kirche gebracht ward, mussten die Spielleute über die Gasse hin stillschweigen. Der Berg bei Hameln, wo die Kinder verschwanden, heißt der Poppenberg, wo links und rechts zwei Steine in Kreuzform sind aufgerichtet worden. Einige sagen, die Kinder wären in eine Höhle geführt worden und in Siebenbürgen[1] wieder herausgekommen. Die Bürger von Hameln haben die Begebenheit in ihr Stadtbuch einzeichnen lassen. […] An dem Rathaus standen folgende Zeilen:

IM JAHR 1284 NA CHRISTI GEBORT
TO HAMEL WORDEN UTHGEVORT
HUNDERT UND DREISSIG KINDER DASÜLVEST GEBORN
DORCH EINEN PIPER UNDER DEN KÖPPEN VERLORN.[2]

1 **Siebenbürgen:** Landschaft in Rumänien
2 Übertragung der Inschrift: Im Jahr 1284 nach Christi Geburt wurden zu Hameln 130 Kinder, die dort geboren waren, durch einen Pfeifer weggeführt und blieben der Stadt verloren.

1 Die Bürger von Hameln diskutieren, ob sie die Geschichte vom Rattenfänger in ihr Stadtbuch einschreiben lassen sollen. Viele sind dafür, andere dagegen. Spielt eine solche Bürgerversammlung.

Rudolf Riege: Rattenfänger (20. Jh.)

Friedrich Rückert

Barbarossa

Der alte Barbarossa,
Der Kaiser Friederich,
Im unterirdschen Schlosse
Hält er verzaubert sich.

Er ist niemals gestorben,
Er lebt darin noch jetzt;
Er hat im Schloss verborgen
Zum Schlaf sich hingesetzt.

Er hat hinabgenommen
Des Reiches Herrlichkeit
Und wird einst wiederkommen
Mit ihr, zu seiner Zeit.

Der Stuhl ist elfenbeinern,
Darauf der Kaiser sitzt;
Der Tisch ist marmelsteinern,
Worauf sein Haupt er stützt.

Sein Bart ist nicht von Flachse,
Er ist von Feuersglut,
Ist durch den Tisch gewachsen,
Worauf sein Kinn ausruht.

Er nickt als wie im Traume,
Sein Aug halb offen zwinkt,
Und je nach langem Raume
Er einem Knaben winkt.

Er spricht im Schlaf zum Knaben:
Geh hin vors Schloss, o Zwerg,
Und sieh, ob noch die Raben
Herfliegen um den Berg.

Und wenn die alten Raben
Noch fliegen immerdar,
So muss ich auch noch schlafen
Verzaubert hundert Jahr.

1 Welches „Reiches Herrlichkeit" hat Barbarossa mit „hinabgenommen"? Wer überprüft in einem Geschichtsbuch, wer Kaiser Barbarossa war und wie das Reich aussah, das Friedrich Barbarossa bei seinem Tod hinterließ?

2 Friedrich Rückert verfasst seine Ballade in den Jahren 1814 und 1815, in einer Zeit, als Deutschland als ein einheitliches Reich noch nicht existiert. Vielleicht beauftragt ihr eine Arbeitsgruppe damit, die Klasse zu informieren: Wie sah es damals in Deutschland aus? Welche Rolle spielte der französische Kaiser Napoleon in diesem Zusammenhang?

3 Rückerts Ballade wurde rasch bekannt und populär. Wie erklärt ihr das?

Brüder Grimm

Die Weiber zu Weinsperg

Als König Konrad III. den Herzog Welf geschlagen hatte (im Jahr 1140) und Weinsperg belagerte, so bedingten die Weiber der Belagerten die Übergabe damit, dass eine jede auf ihren Schultern nehmen dürfte, was sie tragen könne. Der König gönnte das den Weibern. Da ließen sie alle Dinge fahren und nahm eine jegliche ihren Mann auf die Schulter und trugen den aus. Und da des Königs Leute das sahen, sprachen ihrer viele, das wäre die Meinung nicht gewesen, und wollten das nicht gestatten. Der König aber schmutzlachte[1] und tät Gnade dem listigen Anschlag der Frauen. „Ein königlich Wort“, rief er, „das einmal gesprochen und zugesagt ist, soll unverwandelt bleiben.“

Adelbert von Chamisso

Die Weiber von Winsperg

Der erste Hohenstaufen, der König Konrad, lag
Mit Heeresmacht vor Winsperg seit manchem langen Tag;
Der Welfe war geschlagen, noch wehrte sich das Nest,
Die unverzagten Städter, die hielten es noch fest.

Der Hunger kam, der Hunger! Das ist ein scharfer Dorn;
Nun suchten sie die Gnade, nun fanden sie den Zorn.
„Ihr habt mir hier erschlagen gar manchen Degen[2] wert
Und öffnet ihr die Tore, so trifft euch doch das Schwert.“

Da sind die Weiber kommen: „Und muss es also sein,
Gewährt uns freien Abzug! Wir sind vom Blute rein.“
Da hat sich vor den Armen des Helden Zorn gekühlt,
Da hat ein sanft Erbarmen im Herzen er gefühlt.

„Die Weiber mögen abziehn und jede habe frei,
Was sie vermag zu tragen und ihr das Liebste sei!
Lasst ziehn mit ihrer Bürde sie ungehindert fort,
Das ist des Königs Meinung, das ist des Königs Wort.“

1 **schmutzlachen:** altes Verb für schmunzeln
2 **Degen:** alte Bezeichnung für Krieger

Und als der frühe Morgen im Osten kaum gegraut,
Da hat ein seltnes Schauspiel vom Lager man geschaut:
Es öffnet leise, leise sich das bedrängte Tor,
Es schwankt ein Zug von Weibern mit schwerem Schritt hervor.

Tief beugt die Last sie nieder, die auf dem Nacken ruht,
Sie tragen ihre Ehherrn, das ist ihr liebstes Gut.
„Halt an die argen Weiber!", ruft drohend mancher Wicht;
Der Kanzler spricht bedeutsam: „Das war die Meinung nicht."

Da hat, wie er's vernommen, der fromme Herr gelacht:
„Und war es nicht die Meinung, sie haben's gut gemacht;
Gesprochen ist gesprochen, das Königswort besteht,
Und zwar von keinem Kanzler zerdeutelt und zerdreht."

So war das Gold der Krone wohl rein und unentweiht.
Die Sage schallt herüber aus halb vergessner Zeit.
Im Jahr elfhundertvierzig, wie ich's verzeichnet fand,
Galt Königswort noch heilig im deutschen Vaterland.

1 Chamisso erzählt die Sage von den Weibern von Weinsberg auf seine Weise. Was ist ihm wichtig an dieser Geschichte?

2 Arbeitsgruppen können wichtige Informationen zusammentragen. Die eine Gruppe informiert über die Stadt Weinsberg und ihre Burg und die andere Gruppe informiert über König Konrad und seinen Streit mit den Welfen.

Lovis Corinth:
Die Weiber von Weinsberg
(1894)

7 Aus dem Schatzkästlein
des Kalendermannes

Der Rheinländische Hausfreund

Hebel und seine Zeit

Johann Peter Hebel stammt aus der Landschaft am Oberrhein bei Basel. Als er in eurem Alter war, wanderte er jeden Morgen nach Schopfheim in die dortige Lateinschule. Nachmittags besuchte er dann die Schule in seinem Heimatdorf Hausen. Dabei kam es ihm, wie er später erzählte, „nicht darauf an, wenn er vormittags die lateinischen Schläge eine Stunde weit heimgetragen hatte, nachmittags je einmal noch ein paar deutsche einzutun – aber niemals unverdiente".

Der kleine Hanspeter muss deswegen noch kein besonderer Lausbub gewesen sein – Schläge in der Schule waren damals nichts Ungewöhnliches. Ungewöhnlich war dagegen, dass der Junge überhaupt auf die Lateinschule gehen durfte. Er war nämlich armer Leute Kind, seine Mutter war Dienstmagd, der Vater früh verstorben. Der Dorfpfarrer kümmerte sich um das begabte Kind, andere freundliche Förderer taten es ihm nach.

Fünfzig Jahre später war Hebel in ganz Deutschland bekannt, seine Gedichte und Kalendergeschichten hatten ihn berühmt gemacht. Er lebte jetzt in Karlsruhe und bekleidete in der evangelischen Landeskirche des Großherzogtums Baden das hohe Amt eines Prälaten.

Zu Hebels Zeit gab es natürlich weder Radio noch Fernsehen, sogar Zeitungen waren selten. Stattdessen konnte man von reisenden Händlern einen Kalender in Buchform kaufen. Solche Kalender wurden damals viel gelesen. Einer von ihnen war der „Kurfürstlich badische gnädigst privilegierte Landkalender für die badische Markgrafschaft lutherischen Anteils".

1807 erhielt Hebel den Auftrag diesen Kalender neu zu gestalten. Er nannte ihn jetzt „Der Rheinländische Hausfreund". Vieles von dem, was er für den Kalender geschrieben hatte, fasste er später in seinem Buch „Schatzkästlein des rheinischen Hausfreundes" zusammen.

◀ **1** Seht euch das Titelbild an. Es zeigt J. P. Hebel im Gespräch mit einer seiner Leserinnen. Was könnte er gerade zu ihr sagen?

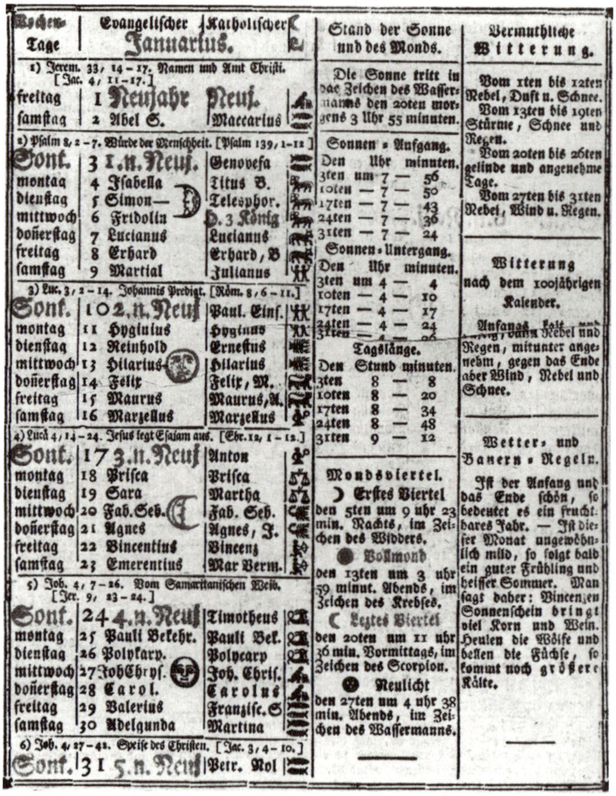

Die meisten Leser des „Rheinländischen Hausfreundes“ waren Bauern. In ihren Haushalten war der Kalender neben der Bibel und dem Gesangbuch oft das einzige Buch. Es umfasste 52 Seiten im Format 20 cm x 16 cm und war mit Holzschnitten illustriert. Die ersten zwölf Seiten waren die „Monatsblätter“, auf den nachfolgenden Seiten fanden sich Texte von unterschiedlicher Art, darunter auch die Kalendergeschichten.

Monatsblatt aus dem „Rheinländischen Hausfreund“

Aus dem „Schatzkästlein“

Hier ist eine Auswahl von Überschriften aus dem „Schatzkästlein des rheinischen Hausfreundes“:

Guter Rat
Der kluge Richter
Die Planeten
Eine sonderbare Wirtszeche
Das seltsame Rezept
Der geduldige Mann
Seltsame Ehescheidung
Schlechter Lohn
Eine merkwürdige Abbitte
Die Kometen

2 Sucht die Titel heraus, die einander ähnlich sind, und bildet Gruppen.

3 Bei welchen Titeln handelt es sich vermutlich um kleine „Geschichten“?

4 Zieht eure Schlüsse aus den Titeln der Kalendergeschichten: Worauf kommt es dem Erzähler an? Was hat wohl die Leser der Kalender interessiert?

Der Wirt und sein Gast

Hebel hat mit seinen Kalendergeschichten oft andere Erzählungen oder Zeitungsnachrichten nacherzählt und dabei ausgestaltet und verändert. Zu der Geschichte „Das Mittagessen im Hof" kennen wir die Quelle:

Ein Kavalier, der in einem Gasthofe wohnte, bestellte sich ein Abendessen und verlangte, daß der Wirt mit ihm speisen sollte. Dieser kam, nachdem der Tisch gedecket worden, zu ihm herauf, und da er sich bei seinem Gaste recht emsig und accurat[1] bezeigen wollte, stellte er sich, als wenn der Tisch nicht recht gedecket worden, nahm daher Schüsseln, Messer und Gabeln und warf sie zur Treppe hinunter. Der Kavalier wollte kein Spielverderber sein, nahm daher die Bouteillen[2] und Gläser und warf sie auch zur Treppe hinunter. Der Wirt wunderte sich und fragte um die Ursache. „Weil ich sah", antwortete der Kavalier, „daß Ihr die Schüsseln und Messer die Treppe hinunterwarft, so dachte ich, daß wir unten speisen wollten."

1 **akkurat:** korrekt

2 **Bouteille** (frz.): Flasche

Johann Peter Hebel

Das Mittagessen im Hof

Man klagt häufig darüber, wie schwer und unmöglich es sei, mit manchen Menschen auszukommen. Das mag denn freilich auch wahr sein. Indessen sind viele von solchen Menschen nicht schlimm, sondern nur wunderlich, und wenn man sie nur immer recht kennte, inwendig und auswendig, und recht mit ihnen umzugehen wüsste, nie zu eigensinnig und nie zu nachgebend, so wäre mancher wohl und leicht zur Besinnung zu bringen. Das ist doch einem Bedienten mit seinem Herrn gelungen. Dem konnte er manchmal gar nichts recht machen und musste vieles entgelten, woran er unschuldig war, wie es oft geht. So kam einmal der Herr sehr verdrießlich nach Hause und setzte sich zum Mittagessen. Da war die Suppe zu heiß oder zu kalt oder keines von beiden; aber genug, der Herr war verdrießlich. Er fasste daher die Schüssel mit dem, was darinnen war, und warf sie durch das offene Fenster in den Hof hinab. Was tat der Diener? Kurz besonnen warf er das Fleisch, welches er eben auf den Tisch stellen wollte, mir nichts, dir nichts der Suppe nach auch in den Hof hinab, dann das Brot, dann den Wein und endlich das Tischtuch mit allem, was noch darauf

war, auch in den Hof hinab. „Verwegener, was soll das sein?", fragte der Herr und fuhr mit drohendem Zorn von dem Sessel auf. Aber der Bediente erwiderte kalt und ruhig: „Verzeihen Sie mir, wenn ich Ihre Meinung nicht erraten habe. Ich glaubte nicht anders, als Sie wollten heute in dem Hof speisen. Die Luft ist so heiter, der Himmel so blau und sehen Sie nur, wie lieblich der Apfelbaum blüht und wie fröhlich die Bienen ihren Mittag halten." – Diesmal die Suppe hinabgeworfen und nimmer! Der Herr erkannte seinen Fehler, heiterte sich im Anblick des schönen Frühlingshimmels auf, lächelte heimlich über den schnellen Einfall seines Aufwärters und dankte ihm im Herzen für die gute Lehre.

1 Was hat der Erzähler an seiner Vorlage verändert?
2 Was geht in dem „Herrn" vor, als er seinen Fehler erkennt? Entwerft ein Selbstgespräch!

Johann Peter Hebel

Suwarow

Der Mensch muss eine Herrschaft über sich selber ausüben können, sonst ist er kein braver und achtungswürdiger Mensch, und was er einmal für alle Mal als recht erkennt, das muss er auch tun, aber nicht einmal für alle Mal, sondern immer. Der russische General Suwarow, den die Türken und Polacken[1], die Italiener und die Schweizer wohl kennen, der hielt ein scharfes und strenges Kommando.
Aber was das Vornehmste war, er stellte sich unter sein eigenes Kommando, als wenn er ein anderer und nicht der Suwarow selber wäre, und sehr oft mussten ihm seine Adjutanten[2] dies und jenes in seinem eigenen Namen befehlen, was er alsdann pünktlich befolgte. Einmal war er wütend aufgebracht über einen Soldaten, der im Dienst etwas versehen hatte, und fing schon an ihn zu prügeln. Da fasste ein Adjutant das Herz, dachte, er wolle dem General und dem Soldaten einen guten Dienst erweisen, eilte herbei und

1 **Polacke:** umgangssprachlich abwertend für Pole
2 **Adjutant:** beigeordneter, untergeordneter Offizier

sagte: „General Suwarow hat befohlen, man solle sich nie vom Zorn übernehmen lassen.“ Sogleich ließ Suwarow nach und sagte: „Wenn's der General befohlen hat, so muss man gehorchen.“

1 Gliedert die Erzählung in drei Abschnitte. Wie unterscheiden sich die Teile?
2 Erfindet an Stelle des dritten Abschnitts eine andere Geschichte vom General Suwarow, die zu den beiden ersten Abschnitten passt.
3 Wie stellt ihr euch den General vor? So? Oder so? Oder…?

Johann Peter Hebel

Die Ohrfeige

Ein Büblein klagte seiner Mutter: „Der Vater hat mir eine Ohrfeige gegeben.“ Der Vater aber kam dazu und sagte: „Lügst du wieder? Willst du noch eine?“

1 Spielt die kleine Szene als Stegreifspiel. Wie könnte sie weitergehen?
2 Schreibt für diese Geschichte eine „Einleitung“. Schaut euch dazu noch einmal Hebels Einleitung seiner Erzählung vom General Suwarow an.

Johann Peter Hebel

Der geheilte Patient

Reiche Leute haben trotz ihrer gelben Vögel doch manchmal auch allerlei Lasten und Krankheiten auszustehen, von denen gottlob der arme Mann nichts weiß, denn es gibt Krankheiten, die nicht in der Luft stecken, sondern in den vollen Schüsseln und Gläsern und in den weichen Sesseln und seidenen Bettern, wie jener reiche Amsterdamer ein Wort davon reden kann. Den ganzen Vormittag saß er im Lehnsessel und rauchte Tabak, wenn er nicht zu träge war, oder hatte Maulaffen feil zum Fenster hinaus, aß aber zu Mittag doch wie ein Drescher und die Nachbarn sagten manchmal: „Windet's draußen oder schnauft der Nachbar so?" – Den ganzen Nachmittag aß und trank er ebenfalls, bald etwas Kaltes, bald etwas Warmes, ohne Hunger und ohne Appetit, aus lauter Langerweile bis an den Abend, also, dass man bei ihm nie recht sagen konnte, wo das Mittagessen aufhörte und wo das Nachtessen anfing. Nach dem Nachtessen legte er sich ins Bett und war so müd, als wenn er den ganzen Tag Steine abgeladen oder Holz gespalten hätte. Davon bekam er zuletzt einen dicken Leib, der so unbeholfen war wie ein Maltersack[1]. Essen und Schlaf wollte ihm nimmer schmecken und er war lange Zeit, wie es manchmal geht, nicht recht gesund und nicht recht krank; wenn man aber ihn selber hörte, so hatte er 365 Krankheiten, nämlich alle Tage eine andere. Alle Ärzte, die in Amsterdam sind, mussten ihm raten. Er verschluckte ganze Feuereimer voll Mixturen und ganze Schaufeln voll Pulver und Pillen wie Enteneier so groß, und man nannte ihn zuletzt scherzweise nur die zweibeinige Apotheke. Aber alle Arzneien halfen ihm nichts, denn er folgte nicht, was ihm die Ärzte befahlen, sondern sagte: „Fouder, wofür bin ich ein reicher Mann, wenn ich soll leben wie ein Hund, und der Doktor will mich nicht gesund machen für mein Geld?" Endlich hörte er von einem Arzt, der 100 Stund weit weg wohnte, der sei so geschickt, dass die Kranken gesund werden, wenn er sie nur recht anschaue, und der Tod geh ihm aus dem Weg, wo er sich sehen lasse. Zu dem Arzt fasste der Mann ein Zutrauen und schrieb ihm seinen Umstand. Der Arzt merkte bald, was ihm fehle, nämlich nicht Arznei, sondern Mäßigkeit und Bewegung, und sagte: „Wart, dich will ich bald kuriert haben." Deswegen schrieb er ihm ein Brieflein folgenden Inhalts: „Guter Freund, Ihr habt einen schlimmen Umstand, doch wird Euch zu helfen sein, wenn Ihr folgen wollt. Ihr habt ein bös Tier im Bauch, einen Lindwurm mit sieben Mäulern. Mit dem Lindwurm muss ich selber reden und Ihr müsst zu mir kommen. Aber fürs Erste so dürft Ihr nicht fahren oder auf dem Rösslein reiten, sondern auf des Schuhmachers Rappen[2], sonst schüttelt Ihr den Lindwurm und er beißt Euch die Eingeweide ab, sieben Därme auf einmal ganz entzwei. Fürs andere dürft Ihr nicht mehr essen als zweimal des Tages einen Teller voll Gemüs, mittags ein Bratwürstlein dazu und nachts ein Ei und am Morgen ein Fleischsüpplein mit Schnittlauch drauf. Was Ihr mehr esset, davon wird nun der Lindwurm größer, also dass er Euch die Leber erdrückt, und der Schneider hat Euch nimmer viel anzumessen, aber der Schreiner. Dies ist

1 **Malter:** altes Getreide- und Kartoffelmaß

2 **auf Schumachers Rappen:** veraltet für zu Fuß

mein Rat und wenn Ihr mir nicht folgt, so hört Ihr im andern Frühjahr den Gukuk nimmer schreien. Tut, was Ihr wollt!" Als der Patient so mit ihm reden hörte, ließ er sich sogleich den andern Morgen die Stiefel salben und machte sich auf den Weg, wie ihm der Doktor befohlen hatte. Den ersten Tag ging es so langsam, dass wohl eine Schnecke hätte können sein Vorreiter sein, und wer ihn grüßte, dem dankte er nicht, und wo ein Würmlein auf der Erde kroch, das zertrat er. Aber schon am zweiten und am dritten Morgen kam es ihm vor, als wenn die Vögel schon lange nimmer so lieblich gesungen hätten wie heut, und der Tau schien ihm so frisch und die Kornrosen im Feld so rot und alle Leute, die ihm begegneten, sahen so freundlich aus und er auch, und alle Morgen, wenn er aus der Herberge ausging, war's schöner und er ging leichter und munterer dahin, und als er am 18. Tage in der Stadt des Arztes ankam und den andern Morgen aufstand, war es ihm so wohl, dass er sagte: „Ich hätte zu keiner ungeschicktern Zeit können gesund werden als jetzt, wo ich zum Doktor soll. Wenn's mir doch nur ein wenig in den Ohren brauste oder das Herzwasser lief mir." Als er zum Doktor kam, nahm ihn der Doktor bei der Hand und sagte ihm: „Jetzt erzählt mir denn noch einmal von Grund aus, was Euch fehlt." Da sagte er: „Herr Doktor, mir fehlt gottlob nichts und wenn Ihr so gesund seid wie ich, so soll's mich freuen." Der Doktor sagte: „Das hat Euch ein guter Geist geraten, dass Ihr meinem Rat gefolgt habt. Der Lindwurm ist jetzt abgestanden. Aber Ihr habt noch Eier im Leib, deswegen müsst Ihr wieder zu Fuß heimgehen und daheim fleißig Holz sägen, das niemand sieht, und nicht mehr essen, als Euch der Hunger ermahnt, damit die Eier nicht ausschlupfen, so könnt Ihr ein alter Mann werden", und lächelte dazu. Aber der reiche Fremdling sagte: „Herr Doktor, Ihr seid ein feiner Kauz[3] und ich versteh Euch wohl", und hat nachher dem Rat gefolgt und 87 Jahre, 4 Monate, 10 Tage gelebt, wie ein Fisch im Wasser so gesund, und hat alle Neujahr dem Arzt 20 Dublonen[4] zum Gruß geschickt.

3 **Kauz:** schnurriger, wunderlicher Mensch
4 **Dublone:** frühere spanische Goldmünze

1 „Zu dem Arzt fasste der Mann ein Zutrauen und schrieb ihm seinen Umstand", heißt es in Zeile 56–58. Wie könnte das Schreiben lauten?

2 „Wart, dich will ich bald kuriert haben", denkt sich der Arzt (in Zeile 61–62). Führt seinen Gedankengang weiter.

3 Wie sieht der Patient vor seiner Heilung aus und wie danach? Malt oder beschreibt Bilder für den Kalender.

Johann Peter Hebel

Böser Markt

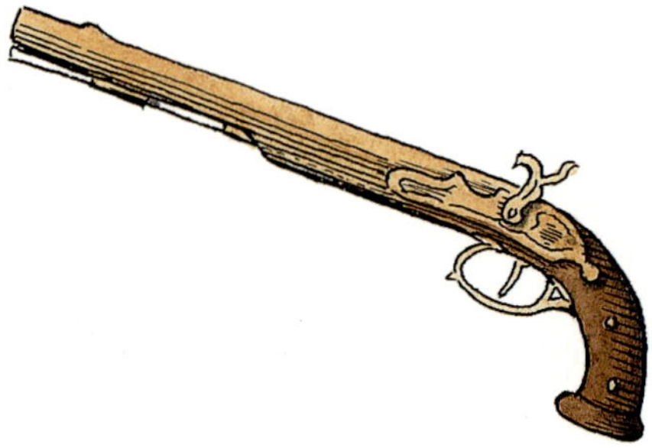

In der großen Stadt London und rings um sie her gibt es außerordentlich viel gute Narren, die an anderer Leute Geld oder Sackuhren[1] oder kostbaren Fingerringen eine kindische Freude haben und nicht ruhen, bis sie dieselben haben. Dies bringen sie zuweg manchmal durch List und Betrug, noch öfter durch kühnen Angriff, manchmal am hellen lichten Tag und an der offenen Landstraße. Einem geratet es, dem andern nicht. Der Kerkermeister zu London und der Scharfrichter wissen davon zu erzählen. Eine seltsame Geschichte begegnete aber eines Tags einem vornehmen und reichen Mann. Der König und viele andere große Herren und Frauen waren an einem schönen Sommertage in einem großen königlichen Garten versammelt, dessen lange gewundene Gänge sich in der Ferne in einem Wald verloren. Viele andere Personen waren auch zugegen, denen es nicht auf einen Gang und auf ein paar Stunden ankam ihren geliebten König und seine Familie froh und glücklich zu sehen. Man aß und trank, man spielte und tanzte; man ging spazieren in den schönen Gängen und zwischen dem duftenden Rosengebüsch paarweise und allein, wie es sich traf. Da stellte sich ein Mensch, wohlgekleidet, als wenn er auch dazugehörte, mit einer Pistole unter dem Rock, in einer abgelegenen Gegend an einen Baum, wo der Garten an den Wald grenzt, dachte, es wird schon jemand kommen. Wie gesagt, so geschehen, kommt ein Herr mit funkelndem Fingerring, mit klingenden Uhrenketten, mit diamantnen Schnallen, mit breitem Ordensband und goldenem Stern, will spazieren gehn im kühlen Schatten und denkt an nichts. Indem er an nichts denkt, kommt der Geselle hinter dem Baum hervor, macht dem guten Herrn ein bescheidenes Kompliment, zieht die Pistole zwischen dem Rock und Kamisol[2] heraus, richtet ihre Mündung auf des Herrn Brust und bittet ihn höflich keinen Lärm zu machen, es brauche niemand zu wissen, was sie miteinander zu reden haben. Man muss übel dran sein, wenn man vor einer Pistole steht, weil man nicht weiß, was drinsteckt. Der Herr dachte vernünftig: Der Leib ist kostbarer als das Geld; lieber den Ring verloren als den Finger; und versprach zu schweigen. „Gnädiger Herr", fuhr jetzt der

1 **Sackuhr:** Taschenuhr

2 **Kamisol:** unter anderen Kleidungsstücken getragene Jacke

Geselle fort: „Wären Euch Eure zwei goldenen Uhren nicht feil für gute Bezahlung? Unser Schulmeister richtet die Uhr alle Tage anders, man weiß nie, wie man dran ist, und an der Sonnenuhr sind die Zahlen verwischt." Will der reiche Herr wohl oder übel, so muss er dem Halunken die Uhren verkaufen für ein paar Stüber oder etwas, so man kaum ein Schöpplein dafür kann trinken. Und so handelt ihm der Spitzbube Ring und Schnallen und Ordensstern und das goldene Herz, so er vorne auf der Brust im Hemd hatte, Stück für Stück ab um schlechtes Geld und immer mit der Pistole in der linken Hand. Als endlich der Herr dachte: „Jetzt bin ich absolviert[3], gottlob!", fing der Spitzbube von neuem an: „Gnädiger Herr, weil wir so gut miteinander zurechtkommen, wolltet Ihr mir nicht auch von meinen Waren etwas abhandeln?" Der Herr denkt an das Sprichwort, dass man müsse zu einem bösen Markt ein gutes Gesicht machen, und sagt: „Lasst sehen!" Da zog der Bursche allerlei Kleinigkeiten aus der Tasche hervor, so er vom Zweibatzenkrämer[4] gekauft oder auch schon auf einer ungewischten Bank gefunden hatte, und der gute Herr musste ihm alles abkaufen, Stück für Stück um teures Geld. Als endlich der Spitzbube nicht mehr als die Pistole übrig hatte und sah, dass der Herr noch ein paar schöne Dublonen in dem grünen seidenen Geldbeutel hatte, sprach er noch: „Gnädiger Herr, wolltet Ihr mir für den Rest, den Ihr da in den Händen habt, nicht die Pistole abkaufen? Sie ist vom besten Büchsenschmied in London und zwei Dublonen unter Brüdern wert." Der Herr dachte in der Überraschung: „Du dummer Dieb!", und kauft die Pistole. Als er aber die Pistole gekauft hatte, kehrte er den Stiel um und sprach: „Nun halt, sauberer Geselle, und geh augenblicklich voraus, wohin ich dich heißen werde, oder ich schieße dich auf der Stelle tot." Der Spitzbube aber nahm einen Sprung in den Wald und sagte: „Schießt herzhaft los, gnädiger Herr, sie ist nicht geladen." Der Herr drückte ab und es ging wirklich nicht los. Er ließ den Ladestock[5] in den Lauf fallen und es war kein Körnlein Pulver darin. Der Dieb aber war unterdessen schon tief im Wald; und der vornehme Engländer ging schamrot zurück, dass er sich also habe in Schrecken setzen lassen, und dachte an vieles.

3 **absolviert:** befreit
4 **Batzen:** frühere Münze
5 **Ladestock:** Teil der früheren Gewehre

1 Die ersten Worte des „Spitzbuben" werden in der Geschichte nicht unmittelbar wiedergegeben (Zeile 46 bis 48).
Schreibt in wörtlicher Rede auf, was der Räuber sagen könnte. Achtet dabei darauf, wie er nachher mit dem „großen Herrn" redet.

2 „… und dachte an vieles", heißt es zum Schluss. Vergleicht diese Textstelle mit Zeile 44/45 und formuliert die Gedanken des vornehmen Herrn.

3 Mit diesem Holzschnitt war im Kalender die Erzählung „Böser Markt" illustriert. Erkennt ihr den Spitzbuben?

Johann Peter Hebel

Das wohlfeile Mittagessen

Es ist ein altes Sprichwort: Wer andern eine Grube gräbt, fällt selber darein. – Aber der Löwenwirt in einem gewissen Städtlein war schon vorher darin. Zu diesem kam ein wohlgekleideter Gast. Kurz und trotzig verlangte er für sein Geld eine gute Fleischsuppe. Hierauf forderte er auch ein Stück Rindfleisch und ein Gemüs für sein Geld. Der Wirt fragte ganz höflich, ob ihm nicht auch ein Glas Wein beliebe. „O freilich ja", erwiderte der Gast, „wenn ich etwas Gutes haben kann für mein Geld." Nachdem er sich alles wohl hatte schmecken lassen, zog er einen abgeschliffenen Sechser aus der Tasche und sagte: „Hier, Herr Wirt, ist mein Geld." Der Wirt sagte: „Was soll das heißen? Seid Ihr mir nicht einen Taler schuldig?" Der Gast erwiderte: „Ich habe für keinen Taler Speise von Euch verlangt, sondern für mein Geld. Hier ist mein Geld. Mehr hab ich nicht. Habt Ihr mir zu viel dafür gegeben, so ist's Eure Schuld." – Dieser Einfall war eigentlich nicht weit her. Es gehörte nur Unverschämtheit dazu und ein unbekümmertes Gemüt, wie es am Ende ablaufen werde. Aber das Beste kommt noch. „Ihr seid ein durchtriebener Schalk", erwiderte der Wirt, „und hättet wohl etwas anders verdient. Aber ich schenke Euch das Mittagessen und hier noch ein Vierundzwanzigkreuzerstück dazu. Nur seid stille zur Sache und geht zu meinem Nachbarn, dem Bärenwirt, und macht es ihm ebenso." Das sagte er, weil er mit seinem Nachbarn, dem Bärenwirt, aus Brotneid[1] im Unfrieden lebte und einer dem andern jeglichen Tort und Schimpf[2] gerne antat und erwiderte. Aber der schlaue Gast griff lächelnd mit der einen Hand nach dem angebotenen Geld, mit der andern vorsichtig nach der Türe, wünschte dem Wirt einen guten Abend und sagte: „Bei Eurem Nachbarn, dem Herrn Bärenwirt, bin ich schon gewesen, und ebender hat mich zu Euch geschickt und kein anderer."

So waren im Grunde beide hintergangen und der Dritte hatte den Nutzen davon. Aber der listige Kunde hätte sich noch obendrein einen schönen Dank von beiden verdient, wenn sie eine gute Lehre daraus gezogen und sich miteinander ausgesöhnt hätten. Denn Frieden ernährt, aber Unfrieden verzehrt.

1 **Brotneid:** Neid auf den Verdienst eines anderen
2 **Tort und Schimpf:** Kränkung, Spott und Hohn

1 Schreibt auf, wie der Zechpreller seinem Kumpan von seinem Erlebnis mit den beiden Wirten erzählt.
Worin unterscheidet sich seine Erzählung von Hebels Geschichte?

2 Versucht ein Stegreifspiel: Einen Tag später begegnen sich der Löwenwirt und der Bärenwirt und kommen auf den Vorfall zu sprechen …

Aus aller Welt

Köln gleicht „Klein-Venedig“

Hochwasser in der Altstadt

KÖLN (AP). Das Hochwasser des Rheins bei Köln stieg auch am Mittwoch weiter. Erstmals seit 13 Jahren wurde die Kölner Altstadt in der Nacht vom Rheinwasser überflutet und gleicht „Klein-Venedig“. In Höhe der Domstadt hat der Pegel nach Angaben der Hochwasser-Einsatzzentrale von Mittwochmorgen einen Höchststand er-

Erdbeben in Peru.

Nordperu ist am Dienstag von einem Erdbeben erschüttert worden. Zwei Menschen wurden in der Hafenstadt Chimbote getötet. Es entstand erheblicher Sachschaden. Wie in der Nacht zum Mittwoch berichtet wurde, erreichte das Beben die Stärke fünf auf der nach oben offenen Richter-Skala.

In den Haushalten, in denen der „Rheinländische Hausfreund“ gelesen wurde, gab es noch keine Zeitung. Wer erfahren wollte, was sich im vergangenen Jahr in aller Welt ereignet hatte, musste im Kalender nachlesen.

Johann Peter Hebel

Unglück der Stadt Leiden

Diese Stadt heißt schon seit undenklichen Zeiten Leiden und hat noch nie gewusst warum, bis am 12. Jänner[1] des Jahrs 1807. Sie liegt am Rhein in dem Königreich Holland und hatte vor diesem Tag 11000 Häuser, welche von 40000 Menschen bewohnt waren, und war nach Amsterdam wohl die größte Stadt im ganzen Königreich. Man stand an diesem Morgen noch auf wie alle Tage; der eine betete sein: „Das walt Gott!“, der andere ließ es sein und niemand dachte daran, wie es am Abend aussehen wird, obgleich ein Schiff mit siebenzig Fässern voll Pulver in der Stadt war. Man aß zu Mittag und ließ sich's schmecken wie alle Tage, obgleich das Schiff noch immer da war. Aber als nachmittags der Zeiger auf dem großen Turm auf halb fünf stand – fleißige Leute saßen daheim und arbeiteten, fromme Mütter wiegten ihre Kleinen, Kaufleute gingen ihren Geschäften nach, Kinder waren beisammen in der Abendschule, müßige Leute hatten Langeweile und saßen im Wirtshaus beim Kartenspiel und Weinkrug, ein Bekümmerter sorgte für den andern Morgen, was er essen, was er trinken, womit er sich kleiden werde, und ein Dieb steckte vielleicht gerade einen falschen Schlüssel in eine fremde Türe – und plötzlich geschah ein Knall. Das Schiff mit seinen

1 **Jänner:** Januar

siebenzig Fässern Pulver bekam Feuer, sprang in die Luft und in einem Augenblick (ihr könnt's nicht so geschwind lesen, als es geschah), in einem Augenblick waren ganze lange Gassen voll Häuser mit allem, was darin wohnte und lebte, zerschmettert und in einen Steinhaufen zusammengestürzt oder entsetzlich beschädigt. Viele hundert Menschen wurden lebendig und tot unter diesen Trümmern begraben oder schwer verwundet. Drei Schulhäuser gingen mit allen Kindern, die darin waren, zu Grunde, Menschen und Tiere, welche in der Nähe des Unglücks auf der Straße waren, wurden von der Gewalt des Pulvers in die Luft geschleudert und kamen in einem kläglichen Zustand wieder auf die Erde. Zum Unglück brach auch noch eine Feuersbrunst aus, die bald an allen Orten wütete, und konnte fast nimmer gelöscht werden, weil viele Vorratshäuser voll Öl und Tran mit ergriffen wurden. Achthundert der schönsten Häuser stürzten ein oder mussten niedergerissen werden. Da sah man auch, wie es am Abend leicht anders werden kann, als es am frühen Morgen war, nicht nur mit einem schwachen Menschen, sondern auch mit einer großen und volkreichen Stadt. Der König von Holland setzte sogleich ein namhaftes Geschenk auf jeden Menschen, der noch lebendig gerettet werden konnte. Auch die Toten, die aus dem Schutt hervorgegraben wurden, wurden auf das Rathaus gebracht, damit sie von den Ihrigen zu einem ehrlichen Begräbnis konnten abgeholt werden. Viele Hilfe wurde geleistet. Obgleich Krieg zwischen England und Holland war, so kamen doch von London ganze Schiffe voll Hilfsmittel und große Geldsummen für die Unglücklichen und das ist schön – denn der Krieg soll nie ins Herz der Menschen kommen. Es ist schlimm genug, wenn er außen vor allen Toren und vor allen Seehäfen donnert.

1 Wie könnte eine Zeitungsnachricht über das von Hebel geschilderte Unglück aussehen? Entwerft eine Schlagzeile mit Untertitel und einen kurzen Bericht. Wodurch unterscheidet sich Hebels Erzählung von der Zeitungsnachricht?

2 Vor dem Satz „ – und plötzlich geschah ein Knall" schildert Hebel das Leben in der ahnungslosen Stadt. Ergänzt seine Schilderung um einige weitere Sätze.

Menschen und ihre Wünsche

Johann Peter Hebel

Seltsamer Spazierritt

Ein Mann reitet auf seinem Esel nach Haus und lässt seinen Buben zu Fuß nebenher laufen. Kommt ein Wanderer und sagt: „Das ist nicht recht, Vater, dass Ihr reitet und lasst Euren Sohn laufen; Ihr habt stärkere Glieder.“ Da stieg der Vater vom Esel herab und ließ den Sohn reiten. Kommt wieder ein Wandersmann und sagt: „Das ist nicht recht, Bursche, dass du reitest und lässest deinen Vater zu Fuß gehen. Du hast jüngere Beine.“ Da saßen beide auf und ritten eine Strecke. Kommt ein dritter Wandersmann und sagt: „Was ist das für ein Unverstand: zwei Kerle auf einem schwachen Tiere; sollte man nicht einen Stock nehmen und euch beide hinabjagen?“ Da stiegen beide ab und gingen selbdritt zu Fuß, rechts und links der Vater und Sohn und in der Mitte der Esel. Kommt ein vierter Wandersmann und sagt: „Ihr seid drei kuriose Gesellen. Ist's nicht genug, wenn zwei zu Fuß gehen? Geht's nicht leichter, wenn einer von euch reitet?“ Da band der Vater dem Esel die vordern Beine zusammen und der Sohn band ihm die hintern Beine zusammen, zogen einen starken Baumpfahl durch, der an der Straße stand, und trugen den Esel auf der Achsel heim.

So weit kann's kommen, wenn man es allen Leuten will recht machen.

1 Welches der vier Bilder würdet ihr für eine Illustration auswählen? Begründet eure Entscheidung.

Johann Peter Hebel

Kannitverstan

Der Mensch hat wohl täglich Gelegenheit, in Emmendingen und Gundelfingen so gut als in Amsterdam, Betrachtungen über den Unbestand aller irdischen Dinge anzustellen, wenn er will, und zufrieden zu werden mit seinem Schicksal, wenn auch nicht viel gebratene Tauben für ihn in der Luft herumfliegen. Aber auf dem seltsamsten Umweg kam ein deutscher Handwerksbursche in Amsterdam durch den Irrtum zur Wahrheit und zu ihrer Erkenntnis. Denn als er in diese große und reiche Handelsstadt voll prächtiger Häuser, wogender Schiffe und geschäftiger Menschen gekommen war, fiel ihm sogleich ein großes und schönes Haus in die Augen, wie er auf seiner ganzen Wanderschaft von Duttlingen bis nach Amsterdam noch keines erlebt hatte. Lange betrachtete er mit Verwunderung dies kostbare Gebäude, die sechs Kamine auf dem Dach, die schönen Gesimse und die hohen Fenster, größer als an des Vaters Haus daheim die Tür. Endlich konnte er sich nicht entbrechen[1] einen Vorübergehenden anzureden. „Guter Freund", redete er ihn an, „könnt Ihr mir nicht sagen, wie der Herr heißt, dem dieses wunderschöne Haus gehört mit den Fenstern voll Tulipanen[2], Sternenblumen und Levkojen[2]?" – Der Mann aber, der vermutlich etwas Wichtigeres zu tun hatte und zum Unglück gerade so viel von der deutschen Sprache verstand als der Fragende von der holländischen, nämlich nichts, sagte kurz und schnauzig: „Kannitverstan"; und schnurrte vorüber. Dies war ein holländisches Wort oder drei, wenn man's recht betrachtet, und heißt auf Deutsch so viel als: Ich kann Euch nicht verstehn. Aber der gute Fremdling glaubte, es sei der Name des Mannes, nach dem er gefragt hatte. „Das muss ein grundreicher Mann sein, der Herr Kannitverstan", dachte er und ging weiter. Gassaus, gassein kam er endlich an den Meerbusen, der da heißt: Het Ey oder auf Deutsch: das Ypsilon. Da stand nun Schiff an Schiff und Mastbaum an Mastbaum; und er wusste anfänglich nicht, wie er es mit seinen zwei einzigen Augen durchfechten werde, alle diese Merkwürdigkeiten genug zu sehen und zu betrachten, bis endlich ein großes Schiff seine Aufmerksamkeit an sich zog, das vor kurzem aus Ostindien angelangt war und jetzt eben ausgeladen wurde. Schon standen ganze Reihen von Kisten und Ballen auf- und nebeneinander am Lande. Noch immer wurden mehrere herausgewälzt und Fässer voll Zucker und Kaffee, voll Reis und Pfeffer und salveni[3] Mausdreck darunter. Als er aber lange zugesehn hatte, fragte er endlich einen, der eben eine Kiste auf der Achsel heraustrug, wie der glückliche Mann heiße, dem das Meer al-

1 **sich nicht entbrechen:** nicht verzichten
2 **Tulipane, Levkoje:** Blumennamen
3 **salveni:** mit Verlaub zu sagen

le diese Waren an das Land bringe. „Kannitverstan“, war die Antwort. Da dachte er: „Haha, schaut's da heraus? Kein Wunder, wem das Meer solche Reichtümer an das Land schwemmt, der hat gut solche Häuser in die Welt stellen und solcherlei Tulipanen vor die Fenster in vergoldeten Scherben.“ Jetzt ging er wieder zurück und stellte eine recht traurige Betrachtung bei sich selbst an, was er für ein armer Mensch sei unter so viel reichen Leuten in der Welt. Aber als er eben dachte: „Wenn ich's doch nur auch einmal so gut bekäme, wie dieser Herr Kannitverstan es hat“, kam er um eine Ecke und erblickte einen großen Leichenzug. Vier schwarz vermummte Pferde zogen einen ebenfalls schwarz überzogenen Leichenwagen langsam und traurig, als ob sie wüssten, dass sie einen Toten in seine Ruhe führten. Ein langer Zug von Freunden und Bekannten des Verstorbenen folgte nach, Paar und Paar, verhüllt in schwarze Mäntel und stumm. In der Ferne läutete ein einsames Glöcklein. Jetzt ergriff unsern Fremdling ein wehmütiges Gefühl, das an keinem guten Menschen vorübergeht, wenn er eine Leiche sieht, und blieb mit dem Hut in den Händen andächtig stehen, bis alles vorüber war. Doch machte er sich an den Letzten vom Zug, der eben in der Stille ausrechnete, was er an seiner Baumwolle gewinnen könnte, wenn der Zentner um 10 Gulden[4] aufschlüge, ergriff ihn sachte am Mantel und bat ihn treuherzig um Exküse[5]. „Das muss wohl auch ein guter Freund von Euch gewesen sein“, sagte er, „dem das Glöcklein läutet, dass Ihr so betrübt und nachdenklich mitgeht.“ – „Kannitverstan!“, war die Antwort. Da fielen unserm guten Duttlinger ein paar große Tränen aus den Augen und es ward ihm auf einmal schwer und wieder leicht ums Herz. „Armer Kannitverstan“, rief er aus, „was hast du nun von allem deinem Reichtum? Was ich einst von meiner Armut auch bekomme: ein Totenkleid und ein Leintuch und von allen deinen schönen Blumen vielleicht ein Rosmarin auf die kalte Brust oder eine Raute[6].“ Mit diesen Gedanken begleitete er die Leiche, als wenn er dazugehörte, bis ans Grab, sah den vermeinten Herrn Kannitverstan hinabsenken in seine Ruhestätte und ward von der holländischen Leichenpredigt, von der er kein Wort verstand, mehr gerührt als von mancher deutschen, auf die er nicht Acht gab. Endlich ging er leichten Herzens mit den andern wieder fort, verzehrte in einer Herberge, wo man Deutsch verstand, mit gutem Appetit ein Stück Limburger Käse, und wenn es ihm wieder einmal schwer fallen wollte, dass so viele Leute in der Welt so reich seien und er so arm, so dachte er nur an den Herrn Kannitverstan in Amsterdam, an sein großes Haus, an sein reiches Schiff und an sein enges Grab.

4 **Gulden:** früher Silbermünze in Deutschland und benachbarten Staaten

5 **Exküse:** Entschuldigung

6 **Raute:** Pflanze

1 Versucht die beiden Bilder als Standbilder nachzustellen und prüft, wie ihr euch dabei fühlt: als Einheimische, als Fremder. Welches Bild passt besser zu Hebels Geschichte?

2 Wählt eine der folgenden Aufgaben:
- Der Handwerksbursche schreibt noch ganz unter dem Eindruck des Erlebten stehend am Abend des gleichen Tages an seine Mutter.
- Jahrzehnte später erzählt der ehemalige Handwerksbursche seinen Enkeln von seinem damaligen Erlebnis. Er ist inzwischen ein geachteter Meister und weiß auch, was „Kannitverstan" auf Deutsch heißt.

Johann Peter Hebel

Drei Wünsche

Ein junges Ehepaar lebte recht vergnügt und glücklich beisammen und hatte den einzigen Fehler, der in jeder menschlichen Brust daheim ist: Wenn man's gut hat, hätt' man's gerne besser. Aus diesem Fehler entstehen so viele törichte Wünsche, woran es unserm Hans und seiner Lise auch nicht fehlte. Bald wünschten sie des Schulzen Acker, bald des Löwenwirts Geld, bald des Meiers Haus und Hof und Vieh, bald einmal hunderttausend Millionen bayerische Taler kurzweg. Eines Abends aber, als sie friedlich am Ofen saßen und Nüsse aufklopften und schon ein tiefes Loch in den Stein hineingeklopft hatten, kam durch die Kammertür ein weißes Weiblein herein, nicht mehr als eine Elle lang, aber wunderschön von Gestalt und Angesicht, und die ganze Stube war voll Rosenduft. Das Licht löschte aus, aber ein Schimmer wie Morgenrot, wenn die Sonne nicht mehr fern ist, strahlte von dem Weiblein aus und überzog alle Wände. Über so etwas kann man nun doch ein wenig erschrecken, so schön es aussehen mag. Aber unser gutes Ehepaar erholte sich doch bald wieder, als das Fräulein mit wundersüßer, silberreiner Stimme sprach: „Ich bin eure Freundin, die Bergfei, Anna Fritze, die im kristallenen Schloss mitten in den Bergen wohnt, mit unsichtbarer Hand Gold in den Rheinsand streut und über siebenhundert dienstbare Geister gebietet. Drei Wünsche dürft ihr tun; drei Wünsche sollen erfüllt werden.“

Hans drückte den Ellenbogen an den Arm seiner Frau, als ob er sagen wollte: „Das lautet nicht übel.“ Die Frau aber war schon im Begriff den Mund zu öffnen und etwas von ein paar Dutzend goldgestickten Hauben, seidenen Halstüchern und dergleichen zur Sprache zu bringen, als die Bergfei sie mit aufgehobenem Zeigefinger warnte: „Acht Tage lang“, sagte sie, „habt ihr Zeit. Bedenkt euch wohl und übereilt euch nicht.“ – „Das ist kein Fehler“, dachte der Mann und legte seiner Frau die Hand auf den Mund. Das Bergfräulein aber verschwand. Die Lampe brannte wie vorher und statt des Rosendufts zog wieder wie eine Wolke am Himmel der Öldampf durch die Stube.

So glücklich nun unsere guten Leute in der Hoffnung schon im Voraus waren und keinen Stern mehr am Himmel sahen, sondern lauter Bassgeigen, so waren sie jetzt doch recht übel dran, weil sie vor lauter Wunsch nicht wussten, was sie wünschen wollten, und nicht einmal das Herz hatten, recht daran zu denken oder davon zu sprechen, aus Furcht, es möchte für gewünscht passieren, ehe sie es genug überlegt hätten. Nun sagte die Frau: „Wir haben ja noch Zeit bis am Freitag.“

Des andern Abends, während die Kartoffeln zum Nachtessen in der Pfanne prasselten, standen beide, Mann und Frau, vergnügt am Feuer beisammen, sahen zu, wie die kleinen Feuerfünklein an der rußigen Pfanne hin und her züngelten, bald angingen, bald auslöschten, und waren ohne ein Wort zu reden vertieft in ihrem künftigen Glück. Als sie aber die gerösteten Kartoffeln aus der Pfanne auf das Plättlein anrichteten und ihr der Geruch lieblich in die Nase stieg: – „Wenn wir jetzt nur ein gebratens Würstlein dazu hätten“, sagte sie in aller Unschuld und ohne an etwas anderes zu denken, und – o weh, da war der erste Wunsch getan. – Schnell wie ein Blitz kommt und vergeht, kam es wieder wie Morgenrot und Rosenduft untereinander durch den Kamin herab, und auf den Kartoffeln lag die schönste Bratwurst. – Wie gewünscht, so geschehen. – Wer sollte sich über einen solchen Wunsch und seine Erfüllung nicht ärgern? Welcher Mann über solche Unvorsichtigkeit seiner Frau nicht unwillig werden?

„Wenn dir doch nur die Wurst an der Nase angewachsen wäre“, sprach er in der ersten Überraschung, auch in aller Unschuld und ohne an etwas anders zu denken – und wie gewünscht, so geschehen. Kaum war das letzte Wort gesprochen, so saß die Wurst auf der Nase des guten Weibes fest, wie angewachsen im Mutterleib, und hing zu beiden Seiten hinab wie ein Husarenschnauzbart.

Nun war die Not der armen Eheleute erst recht groß. Zwei Wünsche waren getan und vorüber und noch waren sie um keinen Heller und um kein Weizenkorn, sondern nur um eine böse Bratwurst reicher. Noch war ein Wunsch zwar übrig. Aber was half nun aller Reichtum und alles Glück zu einer solchen Nasenzierrat der Hausfrau? Wollten sie wohl oder übel, so mussten sie die Bergfei bitten mit unsichtbarer Hand Barbierdienste zu leisten und Frau Lise wieder von der vermaledeiten Wurst zu befreien. Wie gebeten, so geschehen, und so war der dritte Wunsch auch vorüber und die armen Eheleute sahen einander an, waren der nämliche Hans und die nämliche Lise nachher wie vorher, und die schöne Bergfei kam niemals wieder.

Merke: Wenn dir einmal die Bergfei also kommen sollte, so sei nicht geizig, sondern wünsche
Numero eins: Verstand, dass du wissen mögest, was du
Numero zwei wünschen sollest um glücklich zu werden. Und weil es leicht möglich wäre, dass du alsdann etwas wähltest, was ein törichter Mensch nicht hoch anschlägt, so bitte noch
Numero drei um beständige Zufriedenheit und keine Reue.

Oder so:
Alle Gelegenheit glücklich zu werden hilft nichts, wer den Verstand nicht hat sie zu benutzen.

1 Versucht diese Geschichte als Märchen zu erzählen. Was müsst ihr ändern? Kann man aus dieser Erzählung ein „richtiges“ Märchen machen?

2 Wie stellt ihr euch die Fee vor?

Eine moderne Kalendergeschichte

Auch moderne Autoren haben an J. P. Hebel anknüpfend Erzählungen geschrieben, die sie Kalendergeschichten nannten. Die meisten dieser Geschichten werden allerdings nicht mehr in Kalendern veröffentlicht.

Bertolt Brecht

Die Denkaufgabe

Ein Bauer auf Fünen teilte in seinem Testament sein Vieh unter seine drei Söhne so auf, daß der Ältere die Hälfte, der Zweitälteste ein Drittel und der Jüngste ein Neuntel haben sollte. Das Testament gab er einem alten Freund, der ein winziges Gehöft in der Nachbarschaft bewirtschaftete. Er sollte es am Tag des Begräbnisses den Söhnen aushändigen.

Als der Bauer seinen vorletzten Atemzug getan hatte, liefen die Söhne schon aus der Sterbestube, das Testament zu suchen. Sie fanden es natürlich nicht, so kam es, daß, als zwei Tage darauf die Leichengäste eintrafen, das Haus vom Untersten zuoberst gewendet in größter Unordnung lag, zum Empfang und zur Bewirtung der Gäste aber nichts vorbereitet war. Am Morgen des Begräbnisses kam der alte Bauer, der das Testament in der Tasche trug, mit einem Ochsengespann auf den Hof gefahren. Als er das Testament auskramte, schlugen ihn die Söhne, die sein Beileid mürrisch hingenommen hatten, beinahe nieder. Die Rechenaufgabe, die im Testament stand, machte sie nur um so wütender. Als die Anteile mit Kreide geschrieben auf der Stallwand standen, zeigte es sich, daß das Vieh seit der Zeit, wo der Alte das Testament niedergeschrieben hatte, sich vermehrt oder vermindert hatte, kurz, daß die Teilung äußerst schwierig sein würde, es waren 17 Rinder vorhanden.

Die Gäste trafen schon ein, und immer noch trieben die Söhne, noch in schwarzen Hosen und Hemdsärmeln, die Rinder bald in die einen, bald in die andren Gruppen zusammen. Die Gäste wohnten dem unwürdigen Schauspiel größtenteils schweigend, aber mit steigendem Unwillen bei, nur wenige beteiligten sich mit freilich immer wertlosen Ratschlägen an der Lösung der Aufgabe.

Schließlich setzten sich die Söhne, nachdem sie sich vollends in Trauerkleidung geworfen hatten – nicht ohne beim Binden der Krawatte sich noch dann und wann aus dem Fenster in den Hof hinunter gebogen zu haben, wo die Verteilung weiterging –, mit den Gästen in die notdürftig aufgeräumte Sterbestube. Aber selbst jetzt wurde das übliche stockende Gespräch der steif auf den Bänken an der Wand entlang sitzenden Trauergäste über die Verdienste und das harte Leben des Verstorbenen gestört durch das wieder aufkommende Geläut der Kuhglocken vom Hofe her, das anzeigte, daß einer der Söhne – er hatte sich hinausgeschlichen – die Rinder in neue Gruppen zusammentrieb.

In dieser Verlegenheit, die mehr und mehr zum Ärgernis wurde, stand der alte Freund des Verstorbenen auf, trat in die Mitte der Stube und bot den Söhnen seinen eigenen, übrigens einzigen Ochsen an. Er fügte hinzu, er hoffe, sie würden, wenn sie einen Ochsen übrig hätten, ihm seinen Ochsen zurückgeben. Über diesen Zusatz schüttelten die Gäste allerdings nur mitleidig die Köpfe.

Die Gesellschaft begab sich hinaus in den Hof, und die Teilung ging, mit Hilfe des vom Wagen gespannten Ochsen des alten Bauern, nun reibungslos vonstatten. Der älteste Sohn bekam 9, der zweitälteste 6 und der jüngste 2 Rinder, jeder mehr, als er der Rechnung nach hätte beanspruchen können. Denn die Hälfte von 17 Kühen war unter keinen Umständen mehr als 8 und eine halbe, ein Drittel nicht mehr als 5 und zweidrittel Kuh usw. Sie waren also recht zufrieden, um so größer war ihr Staunen, als ein Ochse, der des alten Bauern, übrigblieb. 9 Ochsen und 6 Ochsen und 2 Ochsen ergab nur 17 Ochsen.

Unter allgemeiner Erleichterung setzte sich der Leichenzug, der 18. Ochse voran, die drei Söhne strahlend in der Mitte, fröhlich die glückliche Lösung besprechend, in Bewegung. Der 18. Ochse war nur als Rechenunze[1] nötig gewesen. R

1 **Unze:** kleines Gewicht

1 Als der alte Bauer seinen Ochsen anbietet, schütteln die Trauergäste „nur mitleidig die Köpfe“ (Zeile 77–78); als der Ochse bei der Teilung übrig bleibt, staunen sie und sind erleichtert.
Entwerft oder spielt die dazu passenden Gespräche.

2 Warum wohl nennt man eine solche Erzählung eine „Kalendergeschichte“?

Ein abgerissenes Kalenderblatt

Johann Peter Hebel

Der Barbierjunge[1] von Segringen

Man muss Gott nicht versuchen, aber auch die Menschen nicht. Denn im vorigen Spätjahr kam in dem Wirtshause zu Segringen ein Fremder von der Armee an, der einen starken Bart hatte und fast wunderlich aussah, also dass ihm nicht recht zu trauen war. Der sagt zum Wirt, eh er etwas zu essen oder zu trinken fordert: „Habt Ihr keinen Barbier im Ort, der mich rasieren kann?" Der Wirt sagt Ja und holt den Barbier. Zu dem sagt der Fremde: „Ihr sollt mir den Bart abnehmen, aber ich habe eine kitzlige Haut. Wenn Ihr mich nicht ins Gesicht schneidet, so bezahl ich Euch vier Kronentaler. Wenn Ihr mich aber schneidet, so stech ich Euch tot. Ihr wäret nicht der Erste." Wie der erschrockene Mann das hörte (denn der fremde Herr machte ein Gesicht, als wenn es nicht vexiert[2] wäre, und das spitzige, kalte Eisen lag auf dem Tisch), so springt er fort und schickt den Gesellen. Zu dem sagt der Herr das Nämliche. Wie der Gesell das Nämliche hört, springt er ebenfalls fort und schickt den Lehrjungen.

[…]

1 **Barbier:** Bart- und Haarpfleger
2 **vexieren:** verstellen

Sucht für diese unvollständige Kalendergeschichte einen passenden Schluss.

Eine Zeitungsnotiz aus Hebels Zeit

Aus dem Nürnberger „Korrespondenten von und für Deutschland" vom 20. 1. 1808:

Vor geraumer Zeit kam jemand unaufgefordert zu einem französischen Kommandanten in den preußischen Staaten und wollte ihm verraten, wo man eine Quantität Bauholz verborgen habe. Der brave Kommandant wies ihn ab und sagte: „Lassen Sie Ihrem guten Könige dieses Holz, damit er einst Galgen bauen könne um solche niederträchtige Verräter, wie Sie sind, daran aufzuhängen."[1]

Macht daraus eine Kalendergeschichte mit einer Überschrift und einer Lehre.

1 Preußen mit seinem Kernland Mark Brandenburg war von 1806 bis 1813 von französischen Truppen unter Napoleon besetzt. Der preußische König, der hier erwähnt wird, war Friedrich Wilhelm III.

Zeitungsnachrichten, die ihr zu Kalendergeschichten ausgestalten könnt.

Wer findet weitere?

Rheinbrücken unterflogen

dpa. LUDWIGSHAFEN. Mit einem Motorsegler vom Typ „Seefalke“ hat ein zunächst unbekannter Pilot am Freitagmittag die beiden Rheinbrücken zwischen Mannheim und Ludwigshafen unterflogen. Nach Angaben der Polizei passierte das Flugzeug den knapp 13 Meter breiten Abstand zwischen Wasseroberfläche und Brückenbogen ohne Schwierigkeiten. Der Mann, der kurze Zeit später ermittelt werden konnte, muss wegen Verstoßes gegen die Luftverkehrsordnung mit einer Strafanzeige rechnen.

Bankräuber wurde ohnmächtig

ap. SWANSEA. Schwache Nerven hatte offenbar ein 32-Jähriger, der in Swansea im US-Staat Massachusetts am Dienstag versuchte eine Bank zu berauben. Wie die Polizei mitteilte, wurde der den Kassierer mit einer Pistole bedrohende Mann ohnmächtig, als ihm gesagt wurde, dass kein Geld da sei. Nach Darstellung eines Polizeibeamten hatte der Mann den Schalterraum mit einer großen Plastiktüte betreten, eine Pistole gezückt und vom Kassierer die Herausgabe von Geld verlangt. „Ich habe kein Geld“, sagte der Kassierer. Daraufhin brach der Räuber zusammen. Ein Polizist stellte fest, dass die Pistole, die der Ohnmächtige bei sich hatte, ein Kunststoff-Spielzeug war. Ein Auto, das der Mann offenbar für seine Flucht benutzen wollte, stand mit verschlossenen Türen vor dem Bankhaus. Der Zündschlüssel steckte im Schloss.

Hund als Lebensretter

dpa. MÜNCHEN. Ein wegen Untauglichkeit vorzeitig ausgemusterter Polizeihund hat seinem Herrn – einem 56-jährigen Rentner aus München, der 17 Jahre lang Zwingermeister bei der Polizeihundeschule in München-Allach war – das Leben gerettet. Das zehnjährige Tier hatte den Rentner, der bei einem Spaziergang in den Isar-Auen nach einem Herzanfall zusammengebrochen war, am Mantelkragen gepackt und 60 Meter weit zur Landstraße gezerrt. Wie die Polizei weiter berichtete, brachten Arbeiter eines nahe gelegenen Klärwerks den Bewusstlosen ins Krankenhaus, wo er gerettet werden konnte.

Habt ihr Lust fürs kommende Jahr einen Klassenkalender zu machen, der Hebels „Rheinländischem Hausfreund“ ein wenig ähnelt?

Ihr braucht dazu

- einen ansprechenden Namen und ein Titelblatt
- zwölf Monatsblätter (s. S. 144) mit Wettervorhersagen und Bauernregeln, die ihr auch selbst erfinden dürft (ergänzend könnt ihr zu jedem Monat ein schönes Bild malen)
- und Kalendergeschichten, soviel ihr wollt, dazu die passenden Illustrationen

8 Von Sklaven, Herren
und Dummköpfen – Fabeln

Die·viii·Fabel von den müsen vnd der katze

Der Wolf kam zum Bach. Da entsprang das Lamm.
Bleib nur, du störst mich nicht, rief der Wolf.
Danke, rief das Lamm zurück, ich habe im Äsop gelesen.

(Helmut Arntzen)

Ein Sklave erzählt von Katzen und Mäusen

Äsop – Sklave und Dichter

Die Abbildung aus einem alten Fabelbuch zeigt einen Mann, von dem man nicht einmal sicher weiß, ob es ihn gegeben hat. Er heißt Äsop und soll vor langer Zeit, im 6. Jahrhundert v. Chr., ein griechischer Sklave gewesen sein. Den Erzählungen nach hat er ein bewegtes Leben gehabt. Weil er einem anderen Sklaven helfen wollte, gab es Streit mit einem Aufseher. Äsop wurde verkauft, hatte verschiedene Herren, wurde hoch gelobt und dann wieder ausgepeitscht. Einer seiner Herren soll ihn zum Dank für seine guten Ratschläge freigelassen haben. Zuletzt wurde er fälschlich des Diebstahls bezichtigt, zum Tode verurteilt und einen Felsen hinabgestürzt.
Diesem Sklaven Äsop werden viele Fabeln zugeschrieben. Immer wieder soll er sich selbst und anderen geholfen haben, indem er im richtigen Augenblick die passende Fabel erzählte.

Äsop

Die Katze und die Mäuse

Die Mäuse, die von einer Katze sehr geplagt wurden, berieten in einer Versammlung, wie sie sich ihres gefährlichen Feindes besser erwehren könnten. Eine junge Maus glaubte die Lösung des Problems gefunden zu haben. „Wenn die Katze“, sagte sie, „um den Hals ein Glöckchen trüge, würde dieses bei jedem Schritt ertönen und uns warnen, sodass wir genügend Zeit hätten ungefährdet unsere Behausung zu erreichen.“ Das sei eine vortreffliche Idee, lobten die anderen Mäuse – bis auf eine, die meinte: „Der Vorschlag ist wirklich ausgezeichnet. Aber wer von uns wird der Katze das Glöckchen umhängen?“

Nacherzählt von Rudolf Hagelstange

◀ Kolorierter Holzschnitt aus dem „Ulmer Aesop“ (1476)

Äsop

Die Stadtmaus und die Feldmaus

Eines Tages lud die Feldmaus ihre Bekannte, die Stadtmaus, zu Gast und wählte aus ihrer Vorratskammer das Beste, was sie besaß: Getreidekörner und Gerstensamen, Nüsse, Eicheln, wilde Beeren und wohlschmeckende Blumenstängel. Die Stadtmaus jedoch rümpfte die Nase und meinte: „Wie kann man dieses Zeug fressen! Wie kann man überhaupt in solchem Loch hausen! Komm einmal zu mir. Ich werde dir einige der Vergnügungen und Annehmlichkeiten des Stadtlebens zeigen."

Die Feldmaus war neugierig und ging gleich mit; sie war auch sehr beeindruckt von dem städtischen Haus, in dem ihre Bekannte hauste, von dessen Größe und Ausstattung. „Ich werde dir das alles am kommenden Morgen in Ruhe zeigen", sagte die Stadtmaus stolz. „Aber fürs Erste wollen wir es uns bequem machen. Ich werde dir nachher ein schönes Festmahl servieren …"

Als es dunkel wurde, schlichen sie leise in die Küche. Die Hausbewohner waren ausgegangen, aber sie hatten ein üppiges Essen übrig gelassen: Kuchenreste, Speckschwarten, Käsrinden, Kartoffelschalen, Butter, Wurstpelle und Wein, der in den Gläsern stehen geblieben war. Die Feldmaus war entzückt.

Gerade, als sie sich über ihr Festmahl hermachen wollten, kam etwas Schreckliches auf sie zu: die große Hauskatze, die mit fletschenden Zähnen und spitzen Krallen durch die Tür sprang. Mit Mühe und Not retteten sich die beiden Mäuse in eine Ritze.

Als die Feldmaus am andern Morgen Abschied nahm, sagte sie zur Stadtmaus: „Du hast eine schöne Wohnung und sehr gutes Fressen. Aber ich für meinen Teil ziehe meinen trockenen Samen und mein sicheres Loch in der Erde vor."

Nacherzählt von Rudolf Hagelstange

Äsop

Die Eiche und das Schilfrohr

Eine Eiche und ein Schilfrohr wuchsen Seite an Seite am Ufer eines Flusses auf. Aber wiewohl sie doch Nachbarn waren, wollte keine Freundschaft zwischen ihnen aufkommen. Die mächtige Eiche fühlte sich einerseits dem schwachen und bescheidenen Rohr weit überlegen; auf der anderen Seite neidete sie dem Schilf seine Biegsamkeit. Bei jedem Unwetter musste sich der Eichbaum mit den Wurzeln fest in das Erdreich krallen und fürchten vom Sturme gefällt zu werden, während das Schilfrohr den Winden nachgab, sich legte und wieder aufrichtete, als ob nichts geschehen wäre.

„Du hast keinen Charakter“, sagte die Eiche eines Tages verächtlich zum Schilfrohr. „Du biegst und beugst dich vor jedem Windhauch, der da kommt, anstatt aufrecht den Gefahren zu trotzen und jedem Sturm die Stirn zu bieten wie ich.“ – „Ich kenne meine schwachen Kräfte“, entgegnete das Schilfrohr. „Ich habe gelernt mich den höheren Mächten zu beugen, und indem ich mich vor dem, was stärker ist als ich, beuge, entgehe ich der Entwurzelung und Vernichtung, die dir bei jedem Unwetter von neuem droht.“

Nacherzählt von Rudolf Hagelstange

Was man aus diesen Fabeln lernen kann

Rudolf Hagelstange hat jeder seiner Fabel-Nacherzählungen eine gereimte Lehre beigegeben. Hier sind die zu den drei Fabeln gehörenden Lehren, allerdings in vertauschter Reihenfolge:

Wie es zugegangen sein könnte

Ein rebellischer Sklave widersetzt sich immer wieder den Anordnungen des Aufsehers und wird wiederholt dafür gezüchtigt. Äsop rät ihm zu einem anderen Verhalten.

In einer heimlichen Versammlung von Feldsklaven schlägt ein junger Sklave vor, Posten aufzustellen um rechtzeitig vor dem Erscheinen des Aufsehers zu warnen. Äsop ist dabei.

Ein Haussklave und ein Feldsklave streiten sich über die Vorzüge und die Nachteile ihres Standes. Äsop kommt dazu.

1 Drei Erzählsituationen, drei Fabeln, drei Lehren. Was passt zusammen?

2 Denkt euch zu den vorgegebenen Situationen weitere Einzelheiten aus.

Von Affen und Fröschen

Fabeln handeln nicht nur vom Gegensatz zwischen Schwachen und Starken, auch die menschliche Dummheit und Eitelkeit ist ein unerschöpfliches Fabelthema. Fabeldichter aus verschiedenen Zeiten und Ländern haben dazu ihre kleinen Geschichten erzählt.

Iwan Andrejewitsch Krylow

Der Affe und die Brillen

Ein alter Affe, dessen Auge schon versagte,
erfuhr, als er den Menschen fragte:
Nicht arg sei dieses Übel der Natur,
kauft man sich eine Brille nur.
Er kaufte sich gleich sechs, der Hochbetagte,
und dreht sie sinnend hin und her,
versucht sie an die Stirn, dann an den Schwanz zu stecken
um wieder dran zu riechen und zu lecken.

Der Nutzeffekt enttäuscht ihn sehr.
„Zum Teufel!“, kreischt er laut. „Was für ein Narr ist der,
der einem Menschen schenkt Gehör!
Dass diese Lügner solchen Plunder loben!
Wo soll denn da der Nutzen sein!“
Und schlug die Brillen unter wüstem Toben
gewaltig gegen einen Stein.
Die Splitter klirrten und die Funken stoben.

So wird auch oftmals in der Menschenwelt
das Nützliche als wertlos hingestellt.
Der Ignorant[1] missachtet die Belehrung
und wenn zur Dummheit sich noch Macht gesellt,
scheut er kein Mittel der Zerstörung.

1 **Ignorant:** Unwissender, Dummkopf

1 Was murmelt der Affe vor sich hin, während er die Brillen erprobt (Zeile 6–8)? Entwerft ein Selbstgespräch.

2 Dummheit gibt es in vielen Spielarten, man ist ahnungslos, beschränkt, eitel, naiv, strohdumm, tölpelhaft, unerfahren, ungebildet, verblendet …
Prüft, welche Bezeichnungen auf den Affen zutreffen.

Johann Wolfgang Goethe

Die Frösche

Ein großer Teich war zugefroren;
Die Fröschlein, in der Tiefe verloren,
Durften nicht ferner quaken noch springen.
Versprachen sich aber im halben Traum,
Fänden sie nur da oben Raum,
Wie Nachtigallen wollten sie singen.
Der Tauwind kam, das Eis zerschmolz.
Nun ruderten sie und landeten stolz
Und saßen am Ufer weit und breit
Und – quakten wie vor alter Zeit.

Jean de La Fontaine

Der Frosch, der so groß sein wollte wie ein Ochse

Ein Fröschlein, als es einen Ochsen sah,
fand, stattlich stehe dieser da.
Es selber war nicht größer als ein Ei;
begierig dehnt und bläht und plagt es sich,
dass es dem Biest an Größe ähnlich sei.
Schau, Bruder, ruft es, schau auf mich,
hab ich's erreicht, ist es genug? –
O nein. – Und nun? – Noch nicht. – Und jetzt? Sag's frei! –
Es fehlt noch viel. – Der arme Knirps macht Zug um Zug
und platzt mit lautem Knall entzwei.
Das Fröschlein hat in aller Welt Verwandte:
Mit Großmannssucht baut jeder Biedermann,
der kleinste Fürst hält sich Gesandte
und Diener schafft der Herr Marquis[1] sich an.

1 **Marquis:** französischer Adelstitel

1 Stellt im Stegreifspiel die beiden Szenen dar, von denen das Gedicht handelt. Zeigt die Frösche träumend am Grund des Teichs, dann quakend am Ufer.

2 Der Ochse erzählt einem anderen Ochsen sein Erlebnis mit dem Frosch … Was könnte er wohl sagen?

3 Vergleicht die beiden Fabeln. Was ist ähnlich, was anders?

Theodor Etzel

Die Jagd auf den Hirsch

Die kleine Mücke flog auf einen ruhig äsenden Hirsch zu, als dieser plötzlich erschreckt den Kopf hob und in hastiger Flucht davoneilte. „Wie er sich vor mir fürchtet!", rief die Mücke triumphierend und summte ihm nach, so schnell sie konnte. „Seht doch, wie der große Hirsch vor mir flieht!" Und so eifrig gab sie sich der Verfolgung hin, dass sie nicht bemerkte, wie hinter ihr ein Löwe auf der Fährte des flüchtenden Tieres daherjagte.
Durch Feld und Wald ging die wilde Jagd, bis der Hirsch im dornigen Dickicht wund zusammenbrach. Jubelnd ließ sich die Mücke auf der Stirne des stöhnenden Tieres nieder. Da sprang auch der Löwe heran und warf sich auf den erjagten Hirsch.
„Diese Beute hast du mir zu danken!", rief ihm die Mücke stolz entgegen. Der Löwe würdigte sie keines Blickes.
„Die Großen kennen keinen Dank!", sagte gekränkt die Mücke und nahm sich fest vor nie mehr einen Hirsch zu erjagen.

1 Einen Hirsch will die Mücke zwar nicht mehr erjagen, aber …
Denkt euch ein ähnliches „Erfolgserlebnis" der Mücke aus.

Günther Anders

Der Löwe

Als die Mücke zum ersten Male den Löwen brüllen hörte, da sprach sie zur Henne: „Der summt aber komisch."
„Summen ist gut", fand die Henne.
„Sondern?", fragte die Mücke.
„Er gackert", antwortete die Henne. „Aber das tut er allerdings komisch."

2 Wie könnte die Fabel weitergehen? Schreibt eine Fortsetzung: Ein anderes Tier kommt dazu …

3 Beschreibt das Verhalten der Mücke in beiden Fabeln. Und welche Rolle spielt der Löwe?

Vom Raben und Fuchs – eine Fabel in verschiedenen Fassungen

Martin Luther

Vom Raben und Fuchs

Ein Rabe hatte einen Käse gestohlen, setzte sich auf einen hohen Baum und wollte zehren. Da er aber seiner Art nach nicht schweigen kann, wenn er isst, hörte ihn ein Fuchs über dem Käse kecken[1], lief hinzu und sprach: „O Rabe, nun hab ich mein Lebtag keinen schöneren Vogel gesehen von Federn und Gestalt, als du bist. Und wenn du auch so eine schöne Stimme hättest zu singen, so sollte man dich zum Könige krönen über alle Vögel."

Den Raben kitzelte solch Lob und Schmeicheln; er fing an, wollte seinen schönen Gesang hören lassen, und als er den Schnabel auftat, entfiel ihm der Käse. Den nahm der Fuchs behänd, fraß ihn und lachte über den törichten Raben.

Hüt dich, wenn der Fuchs den Raben lobt; hüt dich vor Schmeichlern, die schinden und schaben[2].

1 **kecken** (Jägersprache): kurze, abgehackte Laute ausstoßen

2 **schinden und schaben**, etwa: etwas durch Schmeichelei herausschlagen

Holzschnitt aus der Werkstatt von Lukas Cranach (16. Jh.)

Iwan Andrejewitsch Krylow

Der Rabe und der Fuchs

Dass Schmeichelei den, der das Ohr ihr leiht,
Erniedriget und schädigt,
Hat man der Welt schon oft gepredigt:
Es scheint umsonst, denn allezeit
Weiß sich ins Herz der Schmeichler einzuschleichen.

Dem Raben hatte Gott ein Stückchen Käs' beschert.
Was konnte seiner Freude gleichen?
Er schwingt damit sich auf den Tann,
Wo nichts ihn stört,
Und schickt zum Frühstücken sich an.
Noch hält den Käse sinnend er im Munde,
Da schleicht der Fuchs herbei zur bösen Stunde.
Der Käse hat den Duft dem Fuchse zugesandt,
Als ihn der Fuchs gewahrt, da steht er wie gebannt.
Drauf sieht man sacht ihn näher traben,
Er schwänzelt und kein Aug' verwendet[1] er vom Raben
Und lispelt mit verhaltnem Atem:
„Was bist du, Liebchen, schön geraten!
Dies Hälschen nur, dies Augenpärchen,
Wenn man's nicht säh, man hielt es für ein Märchen.
Die Federchen! Das Schnäbelchen so fein!
Und wahrlich, engelsschön wird erst die Stimme sein.
Sing, Schätzchen, sonder[2] Scheu; wenn dir das Singen
Bei solcher Schönheit auch noch kann gelingen,
Wirst du zum Königsvogel auf dich schwingen!"
Es schwindelt bei dem Lob dem Raben bald der Kropf,
Vor Wonne stockt der Atem ihm im Kopf,
Dann, auf des Fuchses Schmeichelwort,
Krächzt auf aus vollem Hals der arme Tropf.
Der Käse fällt, es schleppt der Schalk ihn fort.

1 **verwenden:** selten gebrauchte Form von wenden
2 **sonder:** ohne

1 Vergleicht, wie die Fabel von beiden Dichtern erzählt wird. Welche Unterschiede fallen euch auf?

2 Fabeldichter wollen ihre Leser belehren und unterhalten. Welche Absicht steht jeweils im Vordergrund?

Gotthold Ephraim Lessing

Der Rabe und der Fuchs

Ein Rabe trug ein Stück vergiftetes Fleisch, das der erzürnte Gärtner für die Katzen seines Nachbars hingeworfen hatte, in seinen Klauen fort. Und eben wollte er es auf einer alten Eiche verzehren, als sich ein Fuchs herbeischlich und ihm zurief: „Sei mir gesegnet, Vogel des Jupiter[1]!" – „Für wen siehst du mich an?", fragte der Rabe. – „Für wen ich dich ansehe?", erwiderte der Fuchs. „Bist du nicht der rüstige Adler, der täglich von der Rechten des Zeus[2] auf diese Eiche herabkommt mich Armen zu speisen? Warum verstellst du dich? Sehe ich denn nicht in der siegreichen Klaue die erflehte Gabe, die mir dein Gott durch dich zu schicken noch fortfährt?"

Der Rabe erstaunte und freute sich innig für einen Adler gehalten zu werden. Ich muss, dachte er, den Fuchs aus diesem Irrtume nicht bringen. – Großmütig dumm ließ er ihm also seinen Raub herabfallen und flog stolz davon.
Der Fuchs fing das Fleisch lachend auf und fraß es mit boshafter Freude. Doch bald verkehrte sich die Freude in ein schmerzhaftes Gefühl; das Gift fing an zu wirken und er verreckte.

1 **Jupiter:** der ranghöchste Gott in der Religion der alten Römer
2 **Zeus:** der ranghöchste Gott in der Religion der alten Griechen

James Thurber

Der Fuchs und der Rabe

Der Anblick eines Raben, der auf einem Baum saß, und der Geruch des Käses, den er im Schnabel hatte, erregten die Aufmerksamkeit eines Fuchses. „Wenn du ebenso schön singst, wie du aussiehst", sagte er, „dann bist du der beste Sänger, den ich je erspäht und gewittert habe." Der Fuchs hatte irgendwo gelesen – und nicht nur einmal, sondern bei den verschiedensten Dichtern –, dass ein Rabe mit Käse im Schnabel sofort den Käse fallen lässt und zu singen beginnt, wenn man seine Stimme lobt. Für diesen besonderen Fall und diesen besonderen Raben traf das jedoch nicht zu.
„Man nennt dich schlau und man nennt dich verrückt", sagte der Rabe,

nachdem er den Käse vorsichtig mit den Krallen seines rechten Fußes aus dem Schnabel genommen hatte. „Aber mir scheint, du bist zu allem Überfluss auch noch kurzsichtig. Singvögel tragen bunte Hüte und farbenprächtige Jacken und helle Westen und von ihnen gehen zwölf aufs Dutzend. Ich dagegen trage Schwarz und bin absolut einmalig."

„Ganz gewiss bist du einmalig", erwiderte der Fuchs, der zwar schlau, aber weder verrückt noch kurzsichtig war. „Bei näherer Betrachtung erkenne ich in dir den berühmtesten und talentiertesten aller Vögel und ich würde dich gar zu gern von dir erzählen hören. Leider bin ich hungrig und kann mich daher nicht länger hier aufhalten."

„Bleib doch noch ein Weilchen", bat der Rabe. „Ich gebe dir auch etwas von meinem Essen ab." Damit warf er dem listigen Fuchs den Löwenanteil vom Käse zu und fing an von sich zu erzählen. „Ich bin der Held vieler Märchen und Sagen", prahlte er, „und ich gelte als Vogel der Weisheit. Ich bin der Pionier der Luftfahrt, ich bin der größte Kartograph. Und was das Wichtigste ist, alle Wissenschaftler und Gelehrten, Ingenieure und Mathematiker wissen, dass meine Fluglinie die kürzeste Entfernung zwischen zwei Punkten ist. Zwischen beliebigen zwei Punkten", fügte er stolz hinzu.

„Oh, zweifellos zwischen allen Punkten", sagte der Fuchs höflich. „Und vielen Dank für das Opfer, das du gebracht, indem du mir den Löwenanteil vermacht." Gesättigt lief er davon, während der hungrige Rabe einsam und verlassen auf dem Baum zurückblieb.

Moral: Was wir heut wissen, wussten schon Äsop und La Fontaine: Wenn du dich selbst lobst, klingt's erst richtig schön.

1 Was könnte Lessing und Thurber dazu bewogen haben, die Fabel vom Raben und Fuchs einmal ganz anders zu erzählen? Vergleicht ihre Absichten.

2 Welche Fassung der Fabel gefällt euch besser? Begründet eure Entscheidung.

3 In der Fassung einer Schülerin lautet die Moral der Fabel so: „Wenn einer Gold in der Kehle hat, soll er ruhig den Schnabel aufmachen, und wenn dann nur Käse rauskommt, macht das gar nichts." Ihr merkt an dieser Moral, dass die Schülerin die Fabel umgeformt hat.
Entwerft eine dazu passende Erzählung.

Bilder, zu denen man Fabeln erzählen kann

Fabelüberschriften, die zum Erzählen anregen

ALS DIE KATZE NICHT ZU HAUSE WAR

Der Adler und der Käfer

Warum das Schwein weinte

Als sich die Krähe für einen Pfau ausgab

Die Ente, die den Mond fangen wollte

Vom Hahn und der Perle

9 Erich Kästner – ein Autor für Kinder und Erwachsene

„Emil und die Detektive. Ein Roman für Kinder."

Stecknadeln haben auch ihr Gutes

„Emil und die Detektive" – dieses erste Kinderbuch Kästners spielt im Wesentlichen im Berlin der zwanziger Jahre. Es erschien 1928 und war sofort ein großer Erfolg.
Die Ereignisse, die Erich Kästner im 14. Kapitel seines Romans schildert, spielen sich in einer Bank ab.

Als Gustav und der Professor die Bank betraten, stand der Mann im steifen Hut bereits an einem Schalter, an dem ein Schild mit der Aufschrift „Ein- und Auszahlungen" hing, und wartete ungeduldig, dass er an die Reihe käme. Der Bankbeamte telefonierte.
Der Professor stellte sich neben den Dieb und passte wie ein Schießhund[1] auf. Gustav blieb hinter dem Mann stehen und hielt die Hand, zum Hupen fertig, in der Hosentasche.
Dann kam der Kassierer an den Schalter und fragte den Professor, was er wolle.
„Bitte sehr", sagte der, „der Herr war vor mir da."
„Sie wünschen?", fragte der Kassierer nun Herrn Grundeis.
„Wollen Sie mir, bitte schön, einen Hundertmarkschein in zwei Fünfziger umtauschen und für vierzig Mark Silber geben?", fragte dieser, griff sich in die Tasche und legte einen Hundertmarkschein und zwei Zwanzigmarkscheine auf den Tisch.

1 **Schießhund:** Spürhund

Der Kassierer nahm die drei Scheine und ging damit zum Geldschrank.
„Einen Moment!", rief da der Professor laut, „das Geld ist gestohlen!"
„Waas?", fragte der Bankbeamte erschrocken, drehte sich um; seine Kollegen, die in den anderen Abteilungen saßen und kopfrechneten, hörten auf zu arbeiten und fuhren hoch, als hätte sie eine Schlange gebissen.
„Das Geld gehört gar nicht dem Herrn. Er hat es einem Freund von mir gestohlen und will es nur umtauschen, damit man ihm nichts nachweisen kann", erklärte der Professor.
„So was von Frechheit ist mir in meinem ganzen Leben noch nicht vorgekommen", sagte Herr Grundeis, fuhr zum Kassierer gewandt fort: „Ent-

schuldigen Sie!“, und gab dem Professor eine schallende Ohrfeige.

„Dadurch wird die Sache auch nicht anders“, meinte der Professor und landete bei Grundeis einen Magenstoß, dass der Mann sich am Tisch festhalten musste. Und jetzt hupte Gustav dreimal entsetzlich laut. Die Bankbeamten sprangen auf und liefen neugierig nach dem Kassenschalter. Der Herr Depositenkassenvorsteher[2] stürzte zornig aus seinem Zimmer.

Und – durch die Tür kamen zehn Jungen gerannt, Emil allen voran, und umringten den Mann mit dem steifen Hut.

„Was, zum Donnerkiel, ist denn mit den Bengels los?“, schrie der Vorsteher.

„Die Lausejungen behaupten, ich hätte einem von ihnen das Geld gestohlen, das ich eben Ihrem Kassierer zum Wechseln einzahlte“, erzählte Herr Grundeis und zitterte vor Ärger.

„So ist es auch!“, rief Emil und sprang an den Schalter. „Einen Hundertmarkschein und zwei Zwanzigmarkscheine hat er mir gestohlen. Gestern Nachmittag. Im Zug, der von Neustadt nach Berlin fuhr! Während ich schlief.“

„Ja, kannst du das denn auch beweisen?“, fragte der Kassierer streng.

„Ich bin seit einer Woche in Berlin und war gestern von früh bis abends in der Stadt“, sagte der Dieb und lächelte höflich.

„So ein verdammter Lügner!“, schrie Emil und weinte fast vor Wut.

2 **Depositen:** bei Banken gegen Zinsen angelegte Gelder

„Kannst du denn nachweisen, dass dieser Herr hier der Mann ist, mit dem du im Zuge saßest?“, fragte der Vorsteher.

„Das kann er natürlich nicht“, meinte der Dieb nachlässig.

„Denn wenn du allein mit ihm im Zug gesessen haben willst, hast du doch keinen einzigen Zeugen“, bemerkte einer der Angestellten. Und Emils Kameraden machten betroffene Gesichter.

„Doch!“, rief Emil. „Doch! Ich hab doch einen Zeugen! Er heißt Frau Jakob aus Groß-Grünau. Sie saß erst mit im Abteil. Und stieg später aus. Und sie trug mir auf, Herrn Kurzhals in Neustadt herzlich von ihr zu grüßen!“

„Es scheint, Sie werden ein Alibi erbringen müssen“, sagte der Depositenkassenvorsteher zu dem Dieb. „Können Sie das?“

„Selbstverständlich“, erklärte der. „Ich wohne drüben im Hotel Kreid …“

„Aber erst seit gestern Abend", rief Gustav. „Ich hab mich dort als Liftboy eingeschlichen und weiß Bescheid, Mensch!"

Die Bankbeamten lächelten ein wenig und gewannen an den Jungen Interesse.

„Wir werden das Geld am besten vorläufig hierbehalten, Herr ...", sagte der Vorsteher und riss sich von einem Block einen Zettel ab um Namen und Adresse zu notieren.

„Grundeis heißt er!", rief Emil.

Der Mann im steifen Hut lachte laut und sagte: „Da sehen Sie, dass es sich um eine Verwechslung handeln muss. Ich heiße Müller."

„Oh, wie gemein er lügt! Mir hat er im Zug erzählt, dass er Grundeis heißt", schrie Emil wütend.

„Haben Sie Ausweispapiere?", fragte der Kassierer.

„Leider nicht bei mir", sagte der Dieb. „Aber wenn Sie einen Augenblick warten wollen, so hole ich sie aus dem Hotel herüber."

„Der Kerl lügt fortwährend! Und es ist mein Geld. Und ich muss es wiederhaben", rief Emil.

„Ja, sogar wenn's wahr wäre, mein Junge", erklärte der Kassierer, „so einfach geht das nicht! Wie kannst du denn beweisen, dass es dein Geld ist? Steht vielleicht dein Name drauf? Oder hast du dir etwa die Nummern gemerkt?"

„Natürlich nicht", sagte Emil. „Denkt man denn, dass man beklaut wird? Aber es ist trotzdem mein Geld, hören Sie? Und meine Mutter hat es mir für die Großmutter, die hier in der Schumannstraße 15 wohnt, mitgegeben."

„War an einem der Scheine eine Ecke abgerissen oder war sonst etwas nicht in Ordnung?"

„Nein, ich weiß nicht."

„Also, meine Herren, ich erkläre Ihnen auf Ehrenwort: Das Geld gehört wirklich mir. Ich werde doch nicht kleine Kinder ausrauben!", behauptete der Dieb.

„Halt!", schrie Emil plötzlich und sprang in die Luft, so leicht war ihm mit einem Male geworden. „Halt! Ich habe mir im Zug das Geld mit einer Stecknadel ins Jackett gesteckt. Und deshalb müssen Nadelstiche in den drei Scheinen zu sehen sein!"

Der Kassierer hielt das Geld gegen das Licht. Den anderen stockte der Atem.

Der Dieb trat einen Schritt zurück. Der Bankvorsteher trommelte nervös auf dem Tisch herum.

„Der Junge hat Recht", schrie der Kassierer, blass vor Erregung. „In den Scheinen sind tatsächlich Nadelstiche!"

„Und hier ist auch die Nadel dazu", sagte Emil und legte die Stecknadel stolz auf den Tisch. „Gestochen habe ich mich auch."

Da drehte sich der Dieb blitzschnell um, stieß die Jungen links und rechts zur Seite, dass sie hinfielen, rannte durch den Raum, riss die Tür auf und war weg.

„Ihm nach!", schrie der Bankvorsteher.

Alles lief nach der Tür.

Als man auf die Straße kam, war der Dieb schon von mindestens zwanzig Jungen umklammert. Sie hielten ihn an den Beinen. Sie hingen an seinen

Armen. Sie zerrten an seinem Jackett. Er ruderte wie verrückt. Aber die Jungen ließen nicht locker.
Und dann kam auch schon ein Schupo[3] im Dauerlauf daher, den Pony Hütchen[4] mit ihrem kleinen Rade geholt hatte. Und der Bankvorsteher forderte ihn ernst auf, den Mann, der sowohl Grundeis wie auch Müller hieße, festzunehmen. Denn er sei, wahrscheinlich, ein Eisenbahndieb.
Der Kassierer nahm sich Urlaub, holte das Geld und die Stecknadel und ging mit. Na, es war ein toller Aufzug! Der Schutzmann, der Bankbeamte, der Dieb in der Mitte, und hinterher neunzig bis hundert Kinder! So zogen sie zur Wache.

3 **Schupo:** Kurzwort für Schutzpolizist
4 **Pony Hütchen:** Sie ist Emil Tischbeins Cousine in Berlin.

1 In diesem Kapitel stellt Erich Kästner dar, wie Emil und seine Freunde den Fall aufklären. Ihr wisst natürlich, was passiert ist, ihr kennt also das Delikt. Als Detektiv muss Emil beweisen, wer der Täter ist. Er braucht einen Zeugen, der zur Tatzeit am Tatort war … Klar, dass der Verdächtigte sich zunächst mit einem Alibi herausreden will – wie macht er das? Warum ist es schwierig, seine Identität festzustellen, d. h. seinen wirklichen Namen herauszufinden? Versucht mit Angaben aus dem Text zu erklären, was man unter einem Indizienbeweis versteht.

2 Vielleicht besitzen einige aus eurer Klasse Kästners Buch. Wenn nicht, dann leiht euch verschiedene Exemplare aus, bei Freunden oder in einer Bücherei. Bittet drei Schüler oder Schülerinnen euch die Ereignisse zu erzählen, wie sie sich nacheinander abgespielt haben:
- Emils Erlebnisse von seiner Abreise bis zur Ankunft vor dem Hotel,
- die Fortsetzung bis zur Szene in der Bank und
- die Geschehnisse bis zu Emils Wiedersehen mit seiner Mutter.

Emil wird berühmt

1 Emil wird in die Redaktion einer Zeitung eingeladen. Dort gibt er den Presseleuten ein Interview und erzählt von seinen Erlebnissen. Spielt diese Szene in der Klasse.

2 „Ein kleiner Junge als Detektiv! Hundert Berliner Kinder auf der Verbrecherjagd." Wie in Kapitel 17 berichtet wird, ist in der Zeitung ein Artikel mit dieser Überschrift erschienen. Unterzeichnet ist er mit dem Namen Kästner. Schreibe selbst diesen Bericht über die Erlebnisse des „jugendlichen Amateurdetektivs".

Der Erzähler stellt Emil vor

Sie legte die drei Scheine in den seitlich aufgeschnittenen Briefumschlag, knickte ihn in der Mitte um und gab ihn Emil.

Der besann sich erst eine Weile. Dann schob er ihn in die rechte innere Tasche, tief hinunter, klopfte sich, zur Beruhigung, noch einmal von außen auf die blaue Jacke und sagte überzeugt: „So, da klettert es nicht heraus."

„Und erzähle keinem Menschen im Coupé[1], dass du so viel Geld bei dir hast!"

„Aber Muttchen!" Emil war geradezu

1 **Coupé:** Wagenabteil im Zug

beleidigt. Ihm so eine Dummheit zuzutrauen! Frau Tischbein tat noch etwas Geld in ihr Portmonee. Dann trug sie den Blechkasten wieder zum Schrank und las rasch noch einmal den Brief, den sie von ihrer Schwester aus Berlin erhalten hatte und in dem die genauen Abfahrtszeiten und Ankunftszeiten des Zuges standen, mit dem Emil fahren sollte …

Manche von euch werden sicher der Ansicht sein, man brauche sich wegen hundertvierzig Mark wahrhaftig nicht so gründlich zu unterhalten wie Frau Friseuse Tischbein mit ihrem Jungen. Und wenn jemand zweitausend oder zwanzigtausend oder gar hunderttausend Mark im Monat verdient, hat er das ja auch nicht nötig.

Aber, falls ihr es nicht wissen solltet: Die meisten Leute verdienen viel, viel weniger. Und wer pro Woche fünfunddreißig Mark verdient, der muss, ob es euch gefällt oder nicht, hundertvierzig Mark, die er gespart hat, für sehr viel Geld halten. Für zahllose Menschen sind hundert Mark fast so viel wie eine Million und sie schreiben hundert Mark sozusagen mit sechs Nullen. Und wie viel eine Million in Wirklichkeit ist, das können sie sich nicht einmal vorstellen, wenn sie träumen.

Emil hatte keinen Vater mehr. Doch seine Mutter hatte zu tun, frisierte in ihrer Stube, wusch blonde Köpfe und braune Köpfe und arbeitete unermüdlich, damit sie zu essen hatten und die Gasrechnung, die Kohlen, die Miete, die Kleidung, die Bücher und das Schulgeld bezahlen konnten. Nur manchmal war sie krank und lag zu Bett. Der Doktor kam und verschrieb Medikamente. Und Emil machte der Mutter heiße Umschläge und kochte in der Küche für sie und sich. Und wenn sie schlief, wischte er sogar die Fußböden mit dem nassen Scheuerlappen, damit sie nicht sagen sollte: „Ich muss aufstehen. Die Wohnung vorkommt ganz und gar."

Könnt ihr es begreifen und werdet ihr nicht lachen, wenn ich euch jetzt erzähle, dass Emil ein Musterknabe war? Seht, er hatte seine Mutter sehr lieb. Und er hätte sich zu Tode geschämt, wenn er faul gewesen wäre, während sie arbeitete, rechnete und wieder arbeitete. Da hätte er seine Schularbeiten verbummeln oder von Naumanns Richard abschreiben sollen? Da hätte er, wenn es sich machen ließ, die Schule schwänzen sollen? Er sah, wie sie sich bemühte ihn nichts von dem entbehren zu lassen, was die andern Realschüler bekamen und besaßen. Und da hätte er sie beschwindeln und ihr Kummer machen sollen?

Emil war ein Musterknabe. So ist es. Aber er war keiner von der Sorte, die nichts anders kann, weil sie feig ist und geizig und nicht richtig jung. Er war ein Musterknabe, weil er einer sein wollte! Er hatte sich dazu entschlossen, wie man sich etwa dazu entschließt, nicht mehr ins Kino zu gehen oder keine Bonbons mehr zu essen. Er hatte sich dazu entschlossen und oft fiel es ihm recht schwer.

Wenn er aber zu Ostern nach Hause kam und sagen konnte: „Mutter, da sind die Zensuren, und ich bin wieder der Beste!", dann war er sehr zufrieden. Er liebte das Lob, das er in der Schule und überall erhielt, nicht deshalb, weil es ihm, sondern weil es seiner Mutter Freude machte. Er war stolz darauf, dass er ihr, auf seine Weise, ein bisschen vergelten konnte, was sie für ihn ihr ganzes Leben lang ohne müde zu werden tat …

Emil hat im Zug geträumt. Er wacht auf und erschrickt: Das Geld ist weg …

Er wickelte das Taschentuch um den Finger und weinte. Natürlich nicht wegen des lächerlichen bisschen Bluts. Vor vierzehn Tagen war er gegen den Laternenpfahl gerannt, dass der bald umgeknickt wäre, und Emil hatte noch jetzt einen Buckel auf der Stirn. Aber geheult hatte er keine Sekunde.

Er weinte wegen des Geldes. Und er weinte wegen seiner Mutter. Wer das nicht versteht, und wäre er noch so tapfer, dem ist nicht zu helfen. Emil wusste, wie seine Mutter monatelang geschuftet hatte um die hundertvierzig Mark für die Großmutter zu sparen und um ihn nach Berlin schicken zu können. Und kaum saß der Herr Sohn im Zug, so lehnte er sich auch schon in eine Ecke, schlief ein, träumte verrücktes Zeug und ließ sich von einem Schweinehund das Geld stehlen. Und da sollte er nicht weinen? Was sollte er nun anfangen? In Berlin aussteigen und zur Großmutter sagen: Da bin ich. Aber Geld kriegst du keins, dass du es weißt. Gib mir lieber rasch das Reisegeld, damit ich wieder nach Neustadt fahren kann. Sonst muss ich laufen.

Prachtvoll war das! Die Mutter hatte umsonst gespart. Die Großmutter bekam keinen Pfennig. In Berlin konnte er nicht bleiben. Nach Hause durfte er nicht fahren. Und alles das wegen eines Kerls, der den Kindern Schokolade schenkte und tat, als ob er schliefe. Und zu guter Letzt raubte er sie aus. Pfui Spinne, war das eine feine Welt!

1 Wie reagiert Emil auf den Diebstahl?

Ratschläge eines Kellners

„Eigentlich hatte ich ein ganz anderes Buch schreiben wollen", sagt der Autor im einleitenden Kapitel seines „Emil"-Romans. Ein richtiger Südseeroman sollte es werden, mit Menschenfressern, Walfischen und Tigern. Nach dem Vornamen eines Kannibalenmädchens wollte Kästner das Buch „Petersilie im Urwald" nennen. Aber nach dem Gespräch mit dem Oberkellner Nietenführ nahm die „Sache mit Emil", wie Kästner berichtet, eine andere Wendung:

„Da will ich Ihnen mal einen prima Rat geben", sagt er, „das Beste wird sein, Sie schreiben über Sachen, die Sie kennen. Also von der Untergrundbahn und Hotels und solchem Zeug. Und von Kindern, wie sie Ihnen täglich an der Nase vorbeilaufen und wie wir früher einmal selber welche waren."

„Aber mir hat doch wer, der einen großen Umhängebart trug und die Kinder wie seine Westentasche kannte, ausdrücklich erklärt, das gefiele ihnen nicht!"

„Quatsch!", brummt Herr Nietenführ, „verlassen Sie sich auf das, was ich Ihnen sage. Schließlich hab ich ja auch Kinder. Zwei Jungens und ein Mädel. Und wenn ich denen, an meinem freien Tag in der Woche, erzähle, was so hier im Lokal passiert, wenn einer die Zeche prellt, oder wie damals, als ein beschwipster Gast dem Zigarettenboy eine kleben wollte und stattdessen eine feine Dame traf, die zufällig vorbeiging, dann lauschen meine Kinder, kann ich Ihnen flüstern, als ob's im Keller donnert."

„Na, wenn Sie meinen, Herr Nietenführ?", sage ich zögernd.

„Bestimmt! Darauf können Sie Gift nehmen, Herr Kästner", ruft er und verschwindet, denn ein Gast klopft laut mit dem Messer ans Glas und will zahlen.

Und so habe ich eigentlich nur, weil der Oberkellner Nietenführ es so wollte, eine Geschichte über Dinge geschrieben, die wir, ihr und ich, längst kennen.

1 Herr Nietenführ möchte, dass Kästner von Kindern erzählt, wie sie einem vor der Nase herumlaufen. Wäre er nach eurer Meinung mit dem „Emil"-Roman zufrieden?

Emil und kein Ende

„Emil und die Detektive" ist bis heute Kästners beliebtestes Kinderbuch geblieben. In mehr als 30 Sprachen ist es inzwischen übersetzt. Mit einer Gesamtauflage von mehreren Millionen gilt das Buch als einer der größten Verkaufserfolge der Kinderliteratur. Mehrfach, zum ersten Mal 1932, wurde der „Emil"-Roman verfilmt und es erschienen auch Bearbeitungen für die Bühne, den Rundfunk und das Laientheater.
Verfilmt wurden auch andere Bücher von Erich Kästner: „Pünktchen und Anton", „Das fliegende Klassenzimmer", „Das doppelte Lottchen".

1 Welche Romanverfilmung würdet ihr am liebsten sehen?

2 Nach dem Gespräch über den Film in der Klasse schreiben wir auf, was uns an dem Film gefallen hat oder was wir daran auszusetzen haben.

Mit diesen Plakaten wurden früher Verfilmungen von Kästner-Büchern angezeigt.

Ein Leben in schwierigen Zeiten

Kindheit und Jugend in Dresden

1899 in Dresden geboren, wurde Erich Kästner mit seinem Jahrhundert groß. Mit 15 Jahren erlebte er 1914 den Ausbruch des Ersten Weltkrieges, als junger Mann 1918 die Niederlage Deutschlands, als 34-Jähriger den Tag der Bücherverbrennung – Ereignisse, die ihn entscheidend prägten.

Als der kleine Erich in die Schule kam, verdiente sein Vater, früher ein selbstständiger Handwerker, sein Brot als Arbeiter in einer Kofferfabrik. Der Lohn war so niedrig, dass die lebenstüchtige Mutter sich als Friseuse ausbilden ließ und für Untermieter sorgte – es waren ausnahmslos Lehrer. Ein Glücksfall, denn sie gaben dem Volksschüler Erich viele Anregungen. Er las viel und ging mit seiner Mutter ins Theater.

Der Schüler Erich dankte seiner Mutter für die täglichen Opfer mit glänzenden Leistungen. Sie weckten bei ihm den

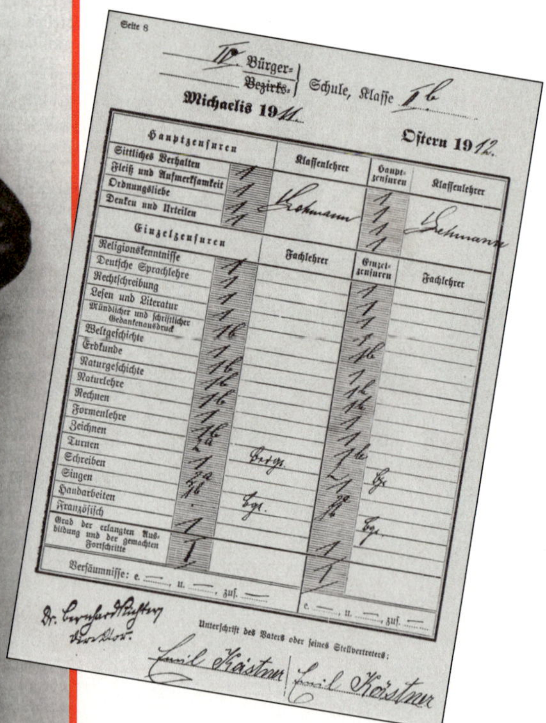

Seite 8

IV. Bürger-/~~Bezirks~~- Schule, Klasse 1b

Michaelis 1911 — Ostern 1912

Hauptzensuren	Michaelis 1911	Klassenlehrer	Hauptzensuren	Klassenlehrer
Sittliches Verhalten	1	Lehmann	1	Lehmann
Fleiß und Aufmerksamkeit	1		1	
Ordnungsliebe	1		1	
Denken und Urteilen	1		1	
Einzelzensuren		**Fachlehrer**	**Einzelzensuren**	**Fachlehrer**
Religionskenntnisse	1		1	
Deutsche Sprachlehre	1		1	
Rechtschreibung	1		1	
Lesen und Literatur	1		1	
Mündlicher und schriftlicher Gedankenausdruck	1		1	
Weltgeschichte	1b		1	
Erdkunde	1		1b	
Naturgeschichte	1b		1	
Naturlehre	1b		1b	
Rechnen	1b		1b	
Formenlehre	1		1	
Zeichnen	1b		1	
Turnen	2a		1b	
Schreiben	1	Bergs.	2	
Singen	2a		1	Bgs.
Handarbeiten	1b	Bgs.	2a	
Französisch	–		1b	Bgs.
Grad der erlangten Ausbildung und der gemachten Fortschritte	1		1	

Versäumnisse: e. —, u. —, zus. — | e. —, u. —, zus. —

Dr. Bernhard Richter, Direktor

Unterschrift des Vaters oder seines Stellvertreters: Emil Kästner | Emil Kästner

Der Schüler, acht Jahre alt

Ein Zeugnis mit lauter Einsern, Ostern 1912

Wunsch Lehrer zu werden – trotz bitterer Erfahrungen mit einem Rohrstock schwingenden Klassenleiter.

Mit 14 Jahren trat der junge Erich in ein Lehrerseminar in Dresden ein. Er war auf Anhieb Bester seines Jahrgangs.

Die Erziehung zum gehorsamen Untertanen, die ihm hier zuteil wurde, entsprach jedoch nicht seinen Vorstellungen. Im kaiserlichen Heer, wo er vor dem Ende des Ersten Weltkrieges als Reserveoffizier ausgebildet wurde, erlebte der „Primaner in Uniform" eine noch schlimmere Form des Drills. Nach der Rückkehr ins Seminar machte er zwar die Abschlussprüfung, aber eine Zukunft als „Schulwebel" in einer „Kinderkaserne" war nun undenkbar. Er wechselte in das Gymnasium über und machte das Abitur. Für seine hervorragenden Leistungen erhielt er das „Goldene Stipendium der Stadt Dresden".

Studienjahre in Leipzig und der Aufstieg als Schriftsteller

Mit dem Studium der deutschen Sprache und Literatur an der Universität Leipzig schuf Erich Kästner die Voraussetzungen für einen neuen Beruf. Das Geld war knapp, trotz der Zuwendungen seiner Eltern und trotz des Stipendiums, und er übernahm deshalb gelegentlich Büroarbeiten. Schon vor seinem Doktorexamen 1925 schrieb er auch Artikel und Gedichte für mehrere Zeitungen. Man wurde auf den begabten jungen Mann aufmerksam. Er erhielt eine Stelle als Redakteur in Leipzig und später in Berlin.

Kästner hatte den Ruf eines Journalisten mit bissiger Feder, der zu Ereignissen des gesellschaftlichen und politischen Lebens aus der Sicht eines kritischen Zeitgenossen Stellung nahm. Der große Durchbruch als Schriftsteller gelang ihm 1928. Es erschienen mehrere Gedichtbände und in rascher Folge auch seine bekannten Kinderromane „Emil und die Detektive" (1928), „Pünktchen und Anton" (1931) sowie „Der 35. Mai" (1931).

Nach der Machtergreifung Hitlers am 30. Januar 1933 fuhr Kästner aus der Schweiz, wo er sich vorübergehend aufhielt, gegen den Rat von Freunden nach Berlin zurück. Viele Schriftsteller flüchteten ins Ausland, er jedoch wollte in Deutschland ausharren. Er würde, so dachte er, seine Meinung öffentlich sagen können und das baldige Ende des Dritten Reiches schien ohnehin absehbar – eine schlimme Fehleinschätzung der Situation, wie sich später herausstellte. Nur wenn er bliebe, so sagte er sich auch, könnte er als Augenzeuge einmal über die kommenden Ereignisse schreiben. Und nicht zuletzt: Die Trennung von seiner Mutter schien ihm undenkbar.

Bücher in Flammen

Am 30. Januar 1933 übernahm Adolf Hitler als Führer der nationalsozialistischen Partei das Amt des Reichskanzlers. Er schränkte Schritt für Schritt die demokratischen Grundrechte ein, entmachtete das Parlament und zerstörte den Rechtsstaat. Politische Gegner wurden ausgeschaltet, Juden verfolgt und umgebracht. Auch viele Schriftsteller, die den demokratischen Staat verteidigten, gehörten zu den Opfern der Gewaltherrschaft Hitlers und seiner Partei.

10. Mai 1933. Eine halbe Stunde vor Mitternacht erreichte die Veranstaltung auf dem Berliner Opernplatz ihren Höhepunkt. Mitten auf dem Platz ein riesiger Holzstoß, von Studenten aufgeschichtet. Tausende von Menschen standen dicht gedrängt hinter den Absperrungen. Polizisten und Nationalsozialisten[1] in Parteiuniform gelang es nur mit Mühe die Menge zurückzuhalten. Sie wartete hier seit 9 Uhr.

Zu dieser Stunde versammelten sich Scharen von Zuschauern auch vor dem Studentenhaus in der Oranienburger Straße. Sie beobachteten, wie Lastwagen um Lastwagen vorfuhr, mit Büchern voll gepackt, und Studenten mit Fackeln und Fahnen sich in den langen Zug einreihten. Die Aufschrift „Kampf dem undeutschen Geist" wies darauf hin, worum es an diesem Abend

1 **Nationalsozialisten:** Anhänger Hitlers und Mitglieder seiner Partei

„Ich übergebe den Flammen die Schriften von … Erich Kästner!"

ging. Seit Ende April hatten, wie von Minister Goebbels angeordnet, Studenten in allen deutschen Universitätsstädten nach vorgegebenen Listen „undeutsche" Bücher gesammelt – allein in Berlin über 20 000. Universitätsbibliotheken, Volksbüchereien, Buchhandlungen, ja sogar private Bücherschränke sollten auf diese Weise „gereinigt" werden. Der 10. Mai als Tag der Bücherverbrennung in allen Städten stand seit Wochen fest.

Punkt 10 Uhr gab ein Mitglied der nationalsozialistischen Partei vor dem Berliner Studentenhaus den Befehl: „Stillgestanden. Im Gleichschritt marsch!" Der Zug setzte sich in Bewegung, trotz des strömenden Regens, allen voran eine Musikkapelle, die Märsche spielte. Nach einer Stunde erreichte man den Opernplatz, der in grelles Scheinwerferlicht getaucht war. Pressefotografen und Kameraleute von Filmgesellschaften standen bereit, als Männer von der Feuerwehr den Scheiterhaufen in Brand setzten und die Lastwagen auf das Gelände fuhren. Neun „Rufer" traten nacheinander zum Mikrofon und nannten in ihren „Feuersprüchen" die Namen der verbotenen Schriftsteller, deren Bücher von Hand zu Hand gingen und von Hurra-Rufen des Publikums begleitet in Stößen ins Feuer flogen. Es waren die Werke bedeutender Autoren – ein schwerer Verlust für die deutsche Literatur.

Kurz nach Mitternacht stieg Minister Goebbels auf das Podium um in einer kurzen Ansprache die Verbrennung der Bücher aus der Sicht der Nationalsozialisten zu begründen. Unter Absingen von Parteiliedern ging die Veranstaltung zu Ende.

Goebbels sprach noch, als plötzlich eine junge Schauspielerin verblüfft rief: „Dort steht ja der Kästner!" Eingekeilt zwischen Studenten sah er, wie seine eigenen Werke auf den Scheiterhaufen flogen. Er entfernte sich rasch ohne Aufsehen zu erregen.

Auch Kästner stand auf der Liste der unerwünschten Autoren. Das war kein Zufall. Kästner hasste das Militär, er teilte nicht die judenfeindliche Einstellung der neuen Machthaber, er galt als überzeugter Demokrat – ein Mann mit solchen Anschauungen war den Nationalsozialisten verdächtig. In ihren Augen konnte er nur einen gefährlichen Einfluss ausüben, vor allem auf die Jugend, die in einem ganz anderen Geist erzogen werden sollte. Man hatte zudem einen persönlichen Angriff auf Hitler nicht vergessen. In einem 1930 veröffentlichten Gedicht bat Kästner den Weihnachtsmann, den „Führer" in München zu besuchen und ihm den Hintern zu verhauen!

Leben als verbotener Autor und Neuanfang nach 1945

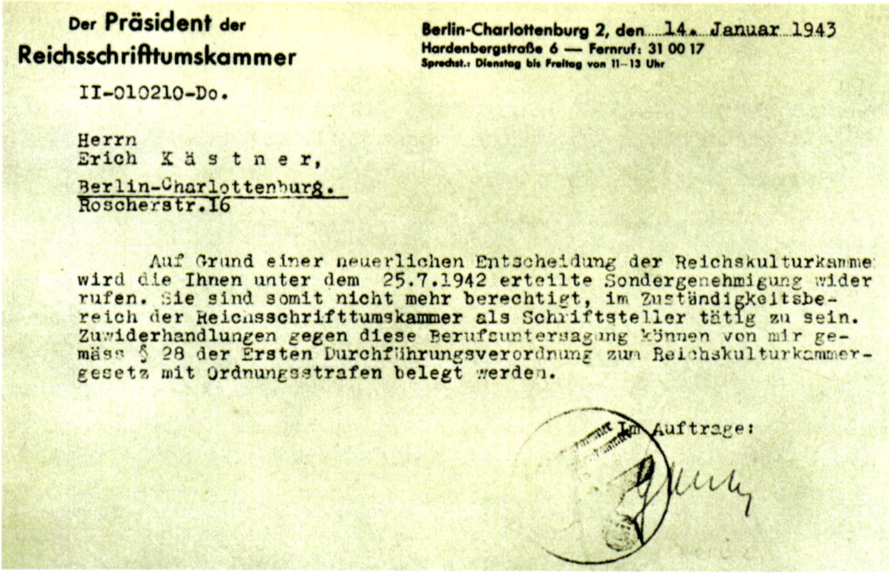

Der Präsident der Reichsschrifttumskammer

Berlin-Charlottenburg 2, den 14. Januar 1943
Hardenbergstraße 6 — Fernruf: 31 00 17
Sprechst.: Dienstag bis Freitag von 11–13 Uhr

II-010210-Do.

Herrn
Erich K ä s t n e r,
Berlin-Charlottenburg.
Roscherstr.16

Auf Grund einer neuerlichen Entscheidung der Reichskulturkamme wird die Ihnen unter dem 25.7.1942 erteilte Sondergenehmigung wider rufen. Sie sind somit nicht mehr berechtigt, im Zuständigkeitsbereich der Reichsschrifttumskammer als Schriftsteller tätig zu sein. Zuwiderhandlungen gegen diese Berufsuntersagung können von mir gemäss § 28 der Ersten Durchführungsverordnung zum Reichskulturkammergesetz mit Ordnungsstrafen belegt werden.

Im Auftrage:

Endgültiges Berufsverbot, 14. Januar 1943

Der Schlag, den die Nationalsozialisten am 10. Mai 1933 gegen Kästner führten, traf ihn hart. Er stand damals auf der Höhe seiner Schaffenskraft. Wenn der „Emil“ von dem Bücherverbot zunächst ausgenommen war, aus Rücksicht auf den großen Erfolg des Romans nicht nur in Deutschland, änderte dies nicht viel an Kästners Lage. Er kam sich vor wie ein „lebendiger Leichnam“. Man überwachte ihn, zweimal wurde er sogar verhaftet. Seine Werke konnten nur noch im Ausland erscheinen. Er lebte in Angst und von seinem deutschen Lesepublikum abgeschnitten. Was er schrieb, Unterhaltungsromane und Gedichte, brachte ein Schweizer Verlag heraus. Als durchsickerte, dass das Drehbuch für einen Münchhausen-Film von Kästner stammte, erhielt er, auf persönliche Veranlassung Hitlers, 1943 das totale Schreib- und Veröffentlichungsverbot.

Nach 1945 lebte Kästner in München und arbeitete dort als Redakteur der „Neuen Zeitung“ sowie als Herausgeber der Jugendzeitschrift „Pinguin“. Er setzte sich in seinen Artikeln mit der nationalsozialistischen Vergangenheit auseinander und trat für ein demokratisches Deutschland und ein friedliches Europa ein. – Seit den Fünfzigerjahren widmete sich Kästner wieder mehr der literarischen Arbeit. Es entstanden Romane, Gedichte und Bearbeitungen klassischer Jugendliteratur.

Erich Kästner starb am 29. Juli 1974.

Gedichte von Erich Kästner

Das verhexte Telefon

Neulich waren bei Pauline
Sieben Kinder beim Kaffee.
Und der Mutter taten schließlich
Von dem Krach die Ohren weh.

Deshalb sagte sie: „Ich gehe.
Aber treibt es nicht zu toll.
Denn der Doktor hat verordnet,
Dass ich mich nicht ärgern soll."

Doch kaum war sie aus dem Hause,
Schrie die rote Grete schon:
„Kennt ihr meine neuste Mode?
Kommt mal mit ans Telefon."

Und sie rannten wie die Wilden
An den Schreibtisch des Papas.
Grete nahm das Telefonbuch.
Blätterte darin und las.

Dann hob sie den Hörer runter.
Gab die Nummer an und sprach:
„Ist dort der Herr Bürgermeister?
Ja? Das freut mich. Guten Tag!

Hier ist Störungsstelle Westen.
Ihre Leitung scheint gestört.
Und da wäre es am besten,
Wenn man Sie mal sprechen hört.

Klingt ganz gut ... Vor allen Dingen
Bittet unsere Stelle Sie,
Prüfungshalber was zu singen.
Irgendeine Melodie."

Und die Grete hielt den Hörer
Allen sieben an das Ohr.
Denn der brave Bürgermeister
Sang: „Am Brunnen vor dem Tor."

Weil sie schrecklich lachen mussten,
Hängten sie den Hörer ein.
Dann trat Grete in Verbindung
Mit Finanzminister Stein.

„Exzellenz, hier Störungsstelle.
Sagen Sie doch dreimal ‚Schrank'.
Etwas lauter, Herr Minister!
Tschuldigung und besten Dank."

Wieder mussten alle lachen.
Hertha schrie: „Hurra!", und dann
Riefen sie von neuem lauter
Sehr berühmte Männer an.

Von der Stadtbank der Direktor
Sang zwei Strophen „Hänschen klein".
Und der Intendant der Oper
Knödelte die „Wacht am Rhein".

Ach, sogar den Klassenlehrer
Rief man an. Doch sagte der:
„Was für Unsinn? Störungsstelle –
Grete, Grete! Morgen mehr."

Das fuhr allen in die Glieder.
Was geschah am Tage drauf?
Grete rief: „Wir tuns nicht wieder."
Doch er sagte: „Setzt euch nieder.
Was habt ihr im Rechnen auf?"

1 Ein solches Gedicht lässt sich gut vortragen. Probiert es in der Klasse aus.

2 Das Gedicht könnt ihr auch in eine lustige Geschichte umschreiben. Grete erzählt, wie sie einer bestimmten Person einen Streich gespielt hat.

Die Sache mit den Klößen

Der Peter war ein Renommist.
Ihr wisst vielleicht nicht, was das ist.
Ein Renommist, das ist ein Mann,
der viel verspricht und wenig kann.

Wer fragte: „Wie weit springst du, Peter?“,
bekam zur Antwort: „Sieben Meter.“
In Wirklichkeit – Kurt hat's gesehn –
sprang Peter bloß drei Meter zehn.

So war es immer: Peter log,
dass sich der stärkste Balken bog.
Und was das Schlimmste daran war:
Er glaubte seine Lügen gar!

Als man einmal vom Essen sprach,
da dachte Peter lange nach.
Dann sagte er mit stiller Größe:
„Ich esse manchmal dreißig Klöße.“

Die andern Kinder lachten sehr,
doch Peter sprach: „Wenn nicht noch mehr!“
„Nun gut“, rief Kurt, „wir wollen wetten.“
(Wenn sie das bloß gelassen hätten!)

Der Preis bestand, besprachen sie,
in einer Taschenbatterie.
Die Köchin von Kurts Eltern kochte
die Klöße, wenn sie's auch nicht mochte.

Kurts Eltern waren ausgegangen.
So wurde endlich angefangen.
Vom ersten bis zum fünften Kloß,
da war noch nichts Besondres los.

Die andern Kinder saßen stumm
um Peter und die Klöße rum.
Beim siebenten und achten Stück
bemerkte Kurt: „Er wird schon dick.“

Beim zehnten Kloß ward Peter weiß
und dachte: Kurt erhält den Preis.
Ihm war ganz schlecht, doch tat er heiter
und aß, als ob's ihm schmeckte, weiter.

Er schob die Klöße in den Mund
und wurde langsam kugelrund.
Der Anzug wurde langsam knapp.
Die Knöpfe sprangen alle ab.

Die Augen quollen aus dem Kopf.
Doch griff er tapfer in den Topf.
Nach fünfzehn Klößen endlich sank
er stöhnend von der Küchenbank.

Die Köchin Hildegard erschrak,
als er so still am Boden lag.
Dann fing er grässlich an zu husten,
dass sie den Doktor holen mussten.

„Um Gottes willen", rief er aus,
„der Junge muss ins Krankenhaus."
Vier Klöße steckten noch im Schlund.
Das war natürlich ungesund.

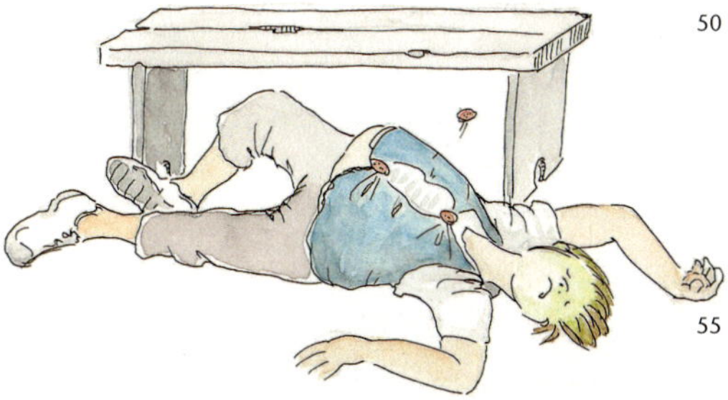

Mit Schmerzen und für teures Geld
ward Peter wiederhergestellt.
Das Renommieren hat zuzeiten
auch seine großen Schattenseiten.

1 Für das, was der „Renommist" Peter tut, gibt es viele verbale Ausdrücke: angeben, prahlen, den Mund zu voll nehmen … Kennt ihr noch mehr? Und welche Substantive und Adjektive fallen euch dazu ein?

2 Die Ausdrücke, die ihr gesammelt habt, lassen sich in einer eigenen Geschichte über einen Angeber verwenden. Denkt euch selbst in der Klasse passende Überschriften aus.

Der September

Das ist ein Abschied mit Standarten[1]
aus Pflaumenblau und Apfelgrün.
Goldlack und Astern flaggt der Garten,
und tausend Königskerzen glühn.

Das ist ein Abschied mit Posaunen,
mit Erntedank und Bauernball.
Kuhglocken läutend ziehn die braunen
und bunten Herden in den Stall.

Das ist ein Abschied mit Gerüchen
aus einer fast vergessenen Welt.
Mus und Gelee kocht in den Küchen.
Kartoffelfeuer qualmt im Feld.

Das ist ein Abschied mit Getümmel,
mit Huhn am Spieß und Bier im Krug.
Luftschaukeln möchten in den Himmel.
Doch sind sie wohl nicht fromm genug.

Die Stare gehen auf die Reise.
Altweibersommer weht im Wind.
Das ist ein Abschied laut und leise.
Die Karussells drehn sich im Kreise.
Und was vorüber schien, beginnt.

1 **Standarte:** kleine viereckige Fahne, meist von Reitern im Krieg getragen

1 Der Herbst – ein Abschied?
Wie gestaltet Kästner die herbstliche Stimmung?

Aus Kästners Sammlung „Kurz und bündig“:

Was auch geschieht

Was auch immer geschieht:
Nie dürft ihr so tief sinken,
von dem Kakao, durch den man euch zieht,
auch noch zu trinken!

Moral

Es gibt nichts Gutes
außer: Man tut es.

Nur Geduld

Das Leben, das die meisten führen,
zeigt ihnen, bis sie's klar erkennen:
Man kann sich auch an offnen Türen
den Kopf einrennen.

Der schöpferische Irrtum

Irrtümer haben ihren Wert;
jedoch nur hie und da.
Nicht jeder, der nach Indien fährt,
entdeckt Amerika.

Sprüche wie diese, aber auch ungereimte, findet ihr in manchen Büchern, in Kalendern und Zeitungen. Was ihr gesammelt habt, könnt ihr andern ins Album schreiben oder in der Klasse an die Wand pinnen.

Eine Lesung vorbereiten

Bringt Bücher von Erich Kästner aus dem eigenen Bücherschrank oder aus der Bücherei mit und stellt ein Programm zusammen.

Weitere Kinderromane von Kästner vorstellen

Titel im Verzeichnis am Ende des biografischen Teils ansehen und auswählen.
Absprechen: mündliche Buchberichte anhand eines Stichwortzettels oder kurze Texte.

Welche Texte kommen in Frage?
Lustige und ernste Gedichte, Sprüche, Auszüge aus Romanen, aus Ansprachen an die Jugend …
Wenn ihr Kästners Lebenserinnerungen einbeziehen möchtet, findet ihr passende Stellen in seinem Buch „Als ich ein kleiner Junge war“.
Überlegt gemeinsam, wie ihr das Programm aufbaut, und legt fest, wer die Texte vorträgt.

10 Kühne Seefahrer, verwegene Abenteurer und gefesselte Leser

Was Katja und Kevin in einer Kiste entdeckten

Lesen ist wie eine lange, schöne Reise. Man bricht ins Ungewisse auf. Manchmal gibt es auch beschwerliche Strecken. Aber unbekannte Gegenden locken. Fremde Menschen wecken unsere Neugier.
Dies alles sagten sich auch Katja und Kevin, als sie auf dem Speicher eine alte Kiste fanden. Zuerst durchzuckte es sie: „Eine alte Schatztruhe!“ Doch was herauskam, war bedrucktes Papier. Sie saßen vor einer Bücherkiste.
Zwischen altem Seemannsgerümpel warteten aufregende Leseabenteuer auf die beiden. Bald lasen sie sich fest.

Daniel Defoe

aus: Robinson Crusoe

Der vollständige Titel lautet in der deutschen Übersetzung:

Das Leben und die seltsamen Abenteuer des Robinson Crusoe,
eines Seemanns aus York.

Welcher achtundzwanzig Jahre ganz allein auf einer unbewohnten Insel
vor der amerikanischen Küste,
nahe der Mündung des großen Orinoco, lebte,
wohin er nach einem Schiffbruch, bei dem die ganze Besatzung
außer ihm selbst ums Leben kam, verschlagen wurde.
Nebst dem Bericht, wie er auf wunderbare Weise
durch Piraten gerettet wurde.

Geschrieben von Daniel Defoe.

Den 30. September 1659.

Ich armer, unglückseliger Robinson Crusoe habe bei einem fürchterlichen Sturm Schiffbruch erlitten und bin auf diese traurige Insel geraten, der ich den Namen „die Insel der Verzweiflung“ gegeben habe. Alle meine Schiffsgefährten sind ertrunken und ich selbst bin nur mit Not dem Tode entronnen.

Nachdem ich gelandet war, habe ich den Rest des Tages dazu verwendet, meine trostlose Lage zu erwägen und darüber nachzudenken, dass ich weder Nahrung, Wohnung, Kleidung, Waffen noch irgendeinen Zufluchtsort habe. Es gebrach mir an jedem Trost und ich sah nichts als Verderben um mich her. Ich erwartete entweder von den wilden Tieren gefressen zu werden oder von wilden Menschen ermordet zu werden oder hungers sterben zu müssen. Als die Nacht kam, erstieg ich einen Baum, aus Furcht vor den Bestien. Es regnete die ganze Nacht hindurch, dennoch aber erfreute ich mich eines gesunden Schlafs. [...]

Vom 1. bis 24. Oktober.

Alle diese Tage wendete ich nur zu verschiedenen Fahrten nach dem Schiff an, aus welchem ich, jedes Mal die Zeit der Flut benutzend, auf Flößen ans Land brachte, was ich nur vermochte.

Den 24. Oktober.

Mein Floß schlug um und mit ihm meine ganze Ladung. Doch geschah es in seichtem Wasser und da die Gegenstände schwer waren, bekam ich viele von ihnen während der Ebbe wieder.

Den 25. Oktober.

Es regnete die ganze Nacht und den ganzen Tag hindurch; einige Male traten auch starke Windstöße ein. Während eines solchen brach das Schiff in Stücke und es war nichts mehr davon zu sehen außer dem Rumpf und auch der nur bei niedrigem Wasser. Ich verbrachte den Tag damit, meine Habe in Sicherheit zu bringen. [...]

Während dieser Zeit vervollkommnete ich mich in allen mechanischen Fertigkeiten, zu deren Übung mich meine Bedürfnisse genötigt hatten.

Eine sonderbare Unruhe trieb mich immerfort nach der Spitze der Insel, wo ich, wie erwähnt, bei meinem letzten Ausflug auf den Hügel gestiegen war um die Küste und den Lauf der Strömung zu überblicken. Das Verlangen wieder dort zu sein nahm alle Tage zu. So begab ich mich denn abermals auf die Wanderschaft.

Hätte mich dabei irgendein Landsmann von mir sehen können, er würde sich entweder vor mir entsetzt oder ein großes Gelächter angeschlagen haben. Man stelle sich meine Erscheinung folgendermaßen vor:

Auf dem Kopfe trug ich eine hohe, große, unförmige Mütze von Ziegenfell mit einer hinten lang herunterhängenden Krempe.

Ferner hatte ich eine kurze Jacke von Ziegenfell an und dazu ein Paar Kniehosen von demselben Stoffe. Diese Letzteren waren aus der Haut eines alten Bockes gemacht und die Haare hingen auf beiden Seiten herab, sodass meine Beinkleider wie lange Hosen bis über die Waden herunterreichten. Schuhe und Strümpfe besaß ich nicht, aber ich hatte mir dafür ein paar Dinger gemacht, die ich kaum zu benennen weiß. Es waren eine Art Stulpstiefel, die hoch hinaufgingen und an den Seiten zugeschnürt wurden wie Gamaschen.

Außerdem trug ich einen breiten Gürtel von getrockneter Ziegenhaut, den ich anstatt einer Schnalle mit zwei Riemen aus demselben Stoffe befestigte. Daran hing zu beiden Seiten eine Art Gehänge, in dem ich an Stelle eines

Schwertes oder Dolches eine kleine Säge und ein Beil befestigte, das eine an der einen Seite, das andere an der andern. Ich hatte einen zweiten Lederriemen, etwas schmaler als der Gürtel, aber auf ähnliche Weise festgemacht, nur ging mir dieser über die Schulter, und daran hingen unter dem linken Arm zwei Beutel, ebenfalls aus Ziegenfell verfertigt, von denen der eine Pulver, der andere Kugeln und Schrot enthielt. Auf dem Rücken hatte ich einen Korb, auf der Schulter meine Flinte und über dem Kopfe meinen großen, plumpen Sonnenschirm. In jenem Aufzug nun trat ich meine neue Reise an und blieb fünf bis sechs Tage fort.

Jetzt gelange ich in dem Bericht von meinem einsamen Leben zu einem neuen Abschnitt.

Eines Tages, als ich gegen Mittag zum Boot hinunterging, geschah es, dass ich zu meiner größten Überraschung den Eindruck eines nackten menschlichen Fußes ganz deutlich im Sande des Ufers wahrnahm. Wie vom Donner gerührt oder als hätte ich ein Gespenst gesehen, stand ich davor. Ich erstieg einen Hügel um mich weiter umschauen zu können; dann ging ich an der Küste auf und ab, aber es blieb alles ohne Erfolg. Keine weiteren Fußspuren waren zu finden als jene eine. Wie die Spur dahin gekommen, wusste ich nicht und konnte es durchaus nicht begreifen. Eine Flut von wirren Gedanken stürmte auf mich ein und völlig verstört und außer mir kam ich in meiner Festung an.

Als ich zu meiner Burg (denn diesen Namen hatte ich meiner Wohnung gegeben) gelangt war, flüchtete ich hinein wie ein Verfolgter. Nie floh ein gehetzter Hase oder Fuchs in größerer Angst seinem Zufluchtsorte zu als ich in jenem Augenblick.

[...]

Völlig sicher konnte ich mich trotzdem nicht eher fühlen, als bis ich aufs Neue an jener Stelle der Küste gewesen war, den Fußtritt noch einmal angesehen und ihn mit meinem eigenen verglichen hatte. Dort angekommen aber überzeugte ich mich, dass ich unmöglich beim Anlegen meines Bootes auch nur in die Nähe des Platzes gekommen sein konnte. Sodann ergab sich, dass mein Fuß, als ich ihn gegen die Spur abmaß, bei weitem nicht so groß war. Diese beiden Beobachtungen erfüllten mich aufs Neue mit den schrecklichsten Vorstellungen.

Bevor Katja und Kevin weiterblätterten, malten sie sich aus, welche „Flut von wirren Gedanken" auf Robinson einstürmte.
Dann übersprang Katja etliche Seiten. Sie las „Robinson begegnet Freitag". Kevin griff nach einem anderen Buch.

Katja las:

Eines frühen Morgens gewahrte ich zu meiner größten Überraschung nicht weniger als fünf Kanus am Strand, und zwar alle auf meiner Inselseite. Die dazugehörigen Mannschaften waren bereits an Land gegangen und nicht mehr zu sehen. Die große Zahl, in der sie diesmal kamen, schien indes alle meine Vorsätze umzustoßen. Soweit ich wusste, waren immer vier bis sechs, mitunter auch noch mehr in einem Boote. Wie ich mich jetzt verhalten, was ich anfangen sollte um mit zwanzig, dreißig Leuten ganz allein fertig zu werden, das war mir ein Rätsel. So blieb ich also vorerst in meiner Burg, sehr verstimmt und in großer Unruhe. Doch bereitete ich alle Verteidigungsmaßnahmen vor, die ich geplant hatte um für jeden Angriff gerüstet zu sein. Ich wartete geraume Zeit und lauschte aufmerksam, ob nicht irgendein Lärm zu hören wäre. Schließlich hielt ich es aber doch nicht länger aus, stellte meine Flinten unten an die Leiter hin und stieg wie üblich über die beiden Absätze zum Gipfel des Hügels hinauf, hielt mich dabei jedoch so, dass mein Kopf nicht über den Hügel ragte, damit ich auf keinen Fall gesehen würde. Mit meinem Fernglas beobachtete ich nun, dass es nicht weniger als dreißig Männer waren. Sie hatten ein Feuer angezündet und eine Mahlzeit stand fertig da. Wie sie bereitet wurde und was es war, konnte ich nicht feststellen. Sie tanzten gerade alle auf ihre Weise um das Feuer herum und zeigten ich weiß nicht was für barbarische Gebärden und Haltungen.

Während ich das alles beobachtete, konnte ich durch mein Glas auch noch erkennen, wie sie aus den Booten zwei unglückliche Geschöpfe, die anscheinend gefesselt darin gelegen hatten, heranschleppten um sie zu schlach-

Kevin las:

Lisa Tetzner

Die Kinder auf der Insel

Zuerst waren die Spuren leicht sichtbar. Das Erdreich war feucht von dem Unwetter, es hatte sie deutlich und gut aufgefangen. Sehr langsam, immer vorsichtig Umschau haltend, kam Hans zu einer Feuerstelle. Das Gras war in einem ziemlich weiten Umkreis verbrannt und braun. Neben der Feuerstelle lagen zusammengetragene, trockene Ranken und dürre Zweige, dürre Palmenblätter und einige abgeschnittene Stecken. Hans hob sie auf. Sie waren frisch geschnitten. Von der Feuerstelle aus liefen die Spuren im Kreis und teilten sich. Die einen gingen abwärts zum Meer, die andern in den Wald hinein. Dort zweigten sie abermals ab und es war nicht mehr ersichtlich, ob es immer die gleichen oder mehrere waren. Sie verwischten sich und Hans sah eigentlich mehr am niedergetretenen, geknickten Grasboden, dass hier jemand gegangen war. Da er nicht weiter ins Dickicht eindringen wollte, kehrte er um, betrachtete nochmals die Feuerstelle und fand Vogelfedern und Fischgräten. Wenigstens schienen es Fischgräten zu sein. Nach einigem Zögern entschloss sich Hans den Spuren nachzugehen, die abwärts führten. Der Weg war nicht steil. Am Ausgang des Waldes verlor er sich auf einer Felsklippe. Um nicht zu deutlich sichtbar zu sein ging Hans gebückt und das letzte Stück kroch er. Dann blieb er, flach auf die Erde gedrückt, liegen und schob sich an den Klippenrand um von hier aus Umschau zu halten. Vielleicht fand er unten am Meer die Lagerstatt. Der Strand lag still und verlassen. Das Wasser war hier ganz hellgrün. Hans konnte fast bis auf den Grund sehen. Ein alter, sonderbar verzweigter, kahler Baum stand über das Meer geneigt. Sein breiter, silbern glänzender Stamm war fast waagerecht zum Meer hin über den Strand gewachsen.

[...]

Endlich wandte Hans den Blick vom Baum ab und entdeckte jetzt genau unter sich auf einem Vorsprung des gleichen Felsens einen dunklen, schwarzen Haarschopf. Sein Herz schlug rascher. Er hörte seinen Atem plötzlich laut und stoßartig gehen. Es war ein Haarschopf. Kein Zweifel! Der Kopf bewegte sich. Die Sonne beschien die Gestalt, aber außer dem Kopf war nichts zu sehen. Der Körper lag unter dem Vorsprung und Hans musste sich erst eine Stufe tiefer beugen um die ganze Ecke zu übersehen. Langsam ließ er sich, mit den Händen den Vorsprung umklammernd, tiefer hinab, und während er so hing, konnte er die Gestalt deutlicher sehen. Auf der Klippe unter ihm lag eine nackte, braune Gestalt mit schwarzen Haaren. Es waren starke, lange Haarsträhnen, die weithin glänzten. Genau so, wie er Indianerhaar in Erinnerung hatte. Die fast rotbraune Gestalt lag auf dem Bauch, hatte den Kopf in die Hände gestützt und schaute aufs Meer hinaus. Sehr groß war sie nicht.

Katja las:

ten. Den einen sah ich hinstürzen, wohl von einer Keule oder einem Holzschwert niedergeschlagen, wie das bei ihnen üblich ist.

Sofort machten sich zwei, drei Wilde daran, ihn zum Kochen aufzuschneiden, während das andere Opfer dabeistand, bis es an die Reihe kam. In diesem Augenblick glaubte sich der arme Kerl unbeaufsichtigt, die Liebe zum Leben flammte in ihm auf und er rannte mit unglaublicher Geschwindigkeit davon, den Strand hinunter und gerade zu mir hin, ich meine in die Richtung meiner Wohnung. Ich erschrak furchtbar, das muss ich gestehen, als ich erkannte, dass er auf mich zulief, und vor allem, weil ich glaubte, die ganze Gesellschaft sei hinter ihm her. Jetzt wartete ich nur noch darauf, dass sich auch dieser Teil meines Traumes genau erfüllen und er sich in meinem Wäldchen verstecken werde; damit aber durfte ich nicht rechnen, dass sich auch der Schluss wie im Traum abspielen würde, die anderen Wilden ihm also nicht hierher folgten und ihn nicht fänden. So blieb ich auf meinem Posten und fasste schon wieder Mut, als ich sah, dass ihm höchstens drei, vier Männer nachliefen. Noch mehr freute es mich aber, dass er ihnen in seinem rasenden Lauf entkam und immer mehr an Boden gewann. Wenn er das Tempo nur noch eine halbe Stunde durchstünde, dann würde er alle mit Leichtigkeit weit hinter sich lassen.

Zwischen ihnen und meiner Burg befand sich der kleine Flusslauf, den ich am Anfang meiner Erzählung öfters erwähnt habe, als ich von der Landung meiner Fracht vom Schiff berichtete. Ihn musste der Flüchtende unweigerlich durchschwimmen, wenn er nicht ergriffen werden wollte. Als er nun herankam, ließ er sich wirklich nicht aufhalten, obwohl gerade Flut war, stürzte sich hinein, schwamm mit etwa dreißig Stößen durch und lief drüben mit außerordentlicher Kraft und Schnelligkeit weiter. Als die drei Verfolger den Fluss erreichten, merkte ich, dass nur zwei von ihnen schwimmen konnten, der Dritte nicht; er blieb am Ufer stehen, schaute den beiden anderen nach, tat aber nichts weiter und ging langsam zurück, was, wie sich zeigen wird, wahrlich sein Glück war.

Ich beobachtete, dass die beiden anderen mehr als doppelt so lange wie der Flüchtling zum Durchschwimmen des Flüsschens brauchten. Da schoss mir blitzschnell und unabweisbar der Gedanke durch den Kopf, dies sei die rechte Gelegenheit zu einem Diener und vielleicht einem Gefährten und Helfer zu kommen, denn zweifellos habe mich die Vorsehung dazu berufen, dem armen Geschöpf das Leben zu retten. Sofort kletterte ich in größter Eile die Leitern hinunter, ergriff meine zwei Flinten, die ich, wie erwähnt, unten hingestellt hatte, stieg ebenso schnell wieder auf den Hügel, lief zum Strand, und weil ich den Weg stark abschnitt und es immer bergab ging, glückte es mir zwischen die Verfolger und den Verfolgten zu kommen. Ich rief laut dem Fliehenden etwas zu, er schaute sich um und erschrak zuerst sicher heftig, als er nun auch noch mich bemerkte. Ich winkte ihm mit der

Kevin las:

Hans war geneigt sie für einen Knaben zu halten, der nicht viel älter sein konnte als er selbst.

Jetzt galt es noch auszukundschaften, ob er allein war oder ob irgendwo unten am Strand der ganze Indianerstamm lag.

Durch ein Geräusch, das er jetzt beim Hinabklettern verursachte – ein Stein sprang ab und rollte ins Wasser –, wurde der Mensch aufmerksam. Hans sah, wie er sich zu erheben begann, langsam aufstand und Umschau hielt. Es war ein Knabe, rostbraun, ganz nackt, nur seine Lenden bedeckte ein roter Schurz, so wie Indianer das wohl häufig haben. Er bückte sich und hob einen Bogen und Pfeile auf, die neben ihm gelegen hatten.

„Wahrhaftig, ein Indianer", hörte Hans sich selber flüstern. „Ein richtiger Indianer mit Pfeil und Bogen."

Einen Augenblick zögerte er noch und sah sich vorsichtig um. Der Knabe war nicht größer als er. Pfeil und Bogen schienen ein selbst verfertigtes Gerät, so wie es auch Hans schon daheim gehabt hatte. „Ich wage es", beschloss er und sprang mit einem Satz auf den Sand. Nun befand er sich unterhalb des fremden Knaben, der noch immer eine Stufe über ihm auf dem Felsen stand und zu ihm herabschaute, nicht recht begreifend, woher er gekommen war.

Hans überlegte rasch, in welcher Sprache er den Fremden anreden solle, als dieser sein Gesicht verzog – es war nicht zu erkennen, ob zum Weinen oder zum Lachen – und noch bevor Hans sich zum Reden entschlossen hatte, in reinstem Französisch rief: *„Oh, mon dieu, mon dieu!"* Und ohne Hansens Antwort abzuwarten fragte er: „Woher kommst du?"

„Vom Schiff, das unterging."

„Nein, du warst nicht auf dem Schiff. Es hatte nur vier Passagiere. Ich war der einzige Knabe."

„Dann kommst du von einem anderen Schiff."

„Das ist wohl so."

„Seit wann bist du hier?"

„Seit drei Tagen. Wir kamen aus Peru. Es war ein kleiner chilenischer Dampfer. Er ging in dem großen Hurrikan unter. Ich rettete mich auf einer Schiffsplanke."

„Unser Schiff strandete in demselben Sturm in der Erdbebennacht. Aber wir trieben noch zwei Tage mit Steuer- und Kompassbruch leck umher. Dann waren wir noch einen Tag im Rettungsboot, bis wir hier an die Insel gespült wurden."

„Du sprichst von ‚wir'. Seid ihr noch mehr?"

„Ja, wir sind sieben Kinder."

Da fielen dem Knaben vor Staunen Pfeil und Bogen aus der Hand. „Sieben Kinder!", wiederholte er.

„Ja, sieben. Drei Mädchen, dazu noch zwei Knaben außer mir und ein ganz kleines Kind, ein Baby."

„C'est bon!", rief der Knabe. *„C'est bon!"*, und er schlug sich mit der flachen Hand auf die Schenkel. „Wir werden eine Kolonie gründen."

„Eine Kolonie? Du meinst, einen eigenen Staat?"

„Ja, so etwas meine ich. Was sind das für Knaben?"

Hans zögerte, bevor er antwortete: „Der eine ist gelähmt. Kinderlähmung, weißt du. Wir müssen ihm morgen Krücken machen, damit er sich endlich wieder bewegen kann; er hat die seinen während des Schiffbruches verloren. Der andere

Katja las:

Hand herzukommen und ging gleichzeitig langsam den beiden Verfolgern entgegen. Dann stürzte ich mich plötzlich auf den vordersten und schlug ihn mit dem Flintenkolben nieder. Ich hütete mich zu schießen, damit nicht die andern aufmerksam würden, obwohl sie auf die weite Entfernung hin den Schuss kaum gehört und, da sie auch den Rauch nicht sehen konnten, gar nicht gewusst hätten, was eigentlich vor sich ging. Als der eine Kerl am Boden lag, blieb der andere Verfolger vor Schreck stehen; langsam ging ich auf ihn zu, als ich aber näher kam, sah ich sofort, dass er Pfeil und Bogen im Anschlag hielt und auf mich schießen wollte. Ich war genötigt ihm zuvorzukommen und streckte ihn mit dem ersten Schuss nieder. Der unglückliche Flüchtling hatte ebenfalls angehalten. Obgleich er sah, dass seine beiden Feinde tot dalagen, war er über das Feuer und den Knall meiner Flinte so erschrocken, dass er wie angewurzelt stehen blieb und sich nicht vom Fleck rührte. Doch schien er eher flüchten als zu mir kommen zu wollen. Ich rief ihn an und machte ihm Zeichen sich zu nähern. Er hatte verstanden und tat ein paar Schritte, blieb dann aber wieder stehen, kam näher und hielt wieder und ich konnte sehen, wie er zitterte vor Furcht ebenfalls ergriffen und wie seine beiden Feinde getötet zu werden. Ich winkte ihn abermals heran und machte alle Zeichen, die mir einfielen, um ihm Mut einzuflößen. Nun kam er näher und näher, fiel aber dabei alle zehn, zwölf Schritte auf die Knie, wie um mir zu zeigen, dass er in mir seinen Lebensretter sah. Ich lächelte ihm zu, schaute ihn freundlich an und winkte ihn noch näher heran. Endlich kam er ganz her, warf sich wieder auf die Knie nieder, küsste den Boden und legte seinen Kopf auf die Erde, sodann ergriff er meinen Fuß und setzte ihn sich auf den Kopf. Damit schien er geloben zu wollen für immer mein Sklave zu sein. Ich hob ihn freundlich auf und ermutigte ihn, so gut ich nur konnte. Doch gab es jetzt noch mehr zu erledigen. Ich sah nämlich, dass der Wilde, den ich niedergeschlagen hatte, nicht tot, sondern durch den Schlag nur betäubt war und nun wieder zu sich kam. Ich deutete auf ihn und zeigte dem Wilden, dass der dort noch lebe. Da rief er mir einige Worte zu, die mir, obgleich ich sie nicht verstehen konnte, herrlich in den Ohren klangen; es war die erste Menschenstimme, die ich außer meiner eigenen seit über fünfundzwanzig Jahren hörte. Aber zu solchen Betrachtungen war jetzt keine Zeit. Der Wilde hatte sich einigermaßen erholt und setzte sich aufrecht hin. Ich bemerkte, dass mein Wilder Angst bekam. Darauf legte ich meine zweite Flinte an um den Mann niederzuschießen. Mein Wilder aber, so will ich ihn jetzt nennen, gab mir durch Zeichen zu verstehen, ich möchte ihm mein Schwert leihen, das ohne Scheide in einer Säbeltasche an meiner Seite hing. Ich reichte es ihm und er stürzte sich sogleich auf seinen Feind und hieb ihm mit einem Streich den Kopf ab; kein deutscher Scharfrichter hätte es rascher und besser besorgen können.

Kevin las:

ist schwächlich, bucklig und sehr widerspenstig und böse."

„Wir werden schon mit ihm fertig werden. Wie heißt du?"

„Hans Suter. Und du?"

„Pascal Pagnol. Ich komme aus Südfrankreich. Aber wir waren einige Jahre in Peru."

[...]

„Hast du zu essen?"

„Ich habe mir Vögel geschossen." Er zeigte auf Pfeil und Bogen. „Sie sind sehr zahm hier auf der Insel und leicht zu fangen. Auch ein Vogelgarn habe ich mir gemacht. Und das Fischen geht auch gut von der Klippe aus."

„Hast du dir Pfeil und Bogen gemacht?"

„Natürlich. Das war das Erste."

Wenig später gelingt es den Kindern, zwei Guanakos zu fangen. Guanakos sind lamaähnliche Tiere.

„In meiner Heimat ist es Brauch, dass die Männer über alles abstimmen", sagte Hans. „Wir wollen also jetzt auch abstimmen, was wir mit den beiden Guanakos tun. Wollen wir sie leben lassen oder töten und essen?"

„Wenn wir keine Milch von dem Biest kriegen, wird es geschlachtet." Bartel warf beide Hände in die Höhe und überschrie alle.

Pascal erhob sich und sagte: „Wir brauchen das Fell zum Zudecken, das Fleisch zur Speise, die Knochen –" Er dachte nach. „Aus ihnen könnten wir Löffel schnitzen, sogar Teller und Gabeln."

„Aber brauchen wir es nicht auch zum Lastentragen, falls wir am Strande noch Strandgut finden?", gab Hans zu bedenken. Und mit einem Blick auf Lukas setzte er hinzu: „Auch könnte vielleicht Lukas auf ihm reiten und uns dann immer begleiten."

„Ich will es aber essen, hört ihr, ich will es essen", schrie Bartel zum zweiten Mal. „Wir können doch nicht immer nur trockenen Zwieback herunterwürgen. Ich habe ihn bereits satt, den alten Zwieback."

„Wir haben Kartoffeln, wir suchen Früchte und angeln", rief Cornelia.

Bartel: „Es hat aber eine Leber. Leber schmeckt gut. Ich will das Leberlein essen. Es ist meine Leibspeise." Und er hielt sich den Bauch, als ob dieser fortlaufen wollte um sich auf die Leber zu stürzen. „Die Leber muss her."

Da sagte Mirjam: „Aber es ist doch eine Mutter und hat ein Kind, das von ihm trinken will."

„Ja, das Kind wird uns sterben, wenn wir es schlachten", klagte Gerti.

„Stimmen wir ab. Gehört haben wir jeden." Hans erhob sich.

„Jetzt muss die Hände heben, wer für Töten ist." Dann sah er sich um. „Aber Lukas hat noch gar nichts gesagt. Lukas, was willst du?"

Lukas sah treuherzig auf. „Ich möchte, was du willst."

„Das ist dumm", schalt Hans. „Du musst selber nachdenken, was du für gut und richtig hältst, und danach entscheiden."

„Du wirst es schon wissen und recht machen."

„Pah", machte Hans, „ich kann mich auch irren. Großpapa hat mir auf dem Schiff gesagt: ‚Jeder muss selber nachdenken und immer nur das tun, was für

Katja las:

Mir kam das sehr merkwürdig vor, da ich annehmen musste, er habe außer den gewöhnlichen Holzschwertern der Wilden noch nie im Leben ein scharfes Schwert gesehen. Indessen machen sie, wie ich später erfuhr, ihre Holzschwerter wohl so scharf und fest und verwenden so hartes Holz dazu, dass sie damit tatsächlich Köpfe und Arme abschlagen können, und zwar mit einem einzigen Hieb. Als er sein Werk verrichtet hatte, kam er lachend und mit allen Anzeichen des Triumphes zu mir, brachte mir das Schwert zurück und legte es unter allerlei mir unverständlichen Gebärden mitsamt dem Kopf des getöteten Wilden direkt vor mich hin.

Am meisten freilich staunte er darüber, wie ich es fertig gebracht hatte, den anderen Indianer auf solche Entfernung hin zu töten. Er deutete auf den Toten und gab mir zu verstehen, ich möchte ihn gehen lassen. Ich erteilte ihm durch Zeichen, so gut ich konnte, die Erlaubnis dazu. Als er hinkam, stand er ganz betroffen da, schaute ihn an, drehte ihn erst auf die eine, dann auf die andere Seite und sah sich die Wunde an, die die Kugel geschlagen hatte. Anscheinend war sie durch die Brust gegangen; es war wohl ein Loch entstanden, aber nicht viel Blut ausgetreten. Der Getroffene musste innerlich verblutet sein, denn er war tot. Mein Wilder nahm ihm Pfeile und Bogen ab und kam damit zurück. Jetzt wandte ich mich aber zum Gehen. Ich winkte ihm mir zu folgen und gab ihm zu verstehen, dass wohl bald mehr Feinde erscheinen würden.

Da bedeutete er mir mit Gebärden, dass er die beiden im Sand verscharren wolle, damit die anderen auf ihrer Verfolgung sie nicht entdeckten. Auf meine Zustimmung hin machte er sich daran und hatte im Nu mit den Händen ein Loch gegraben, das den einen aufnehmen konnte, zog ihn dann hinein und deckte ihn mit Sand zu. Ebenso verfuhr er mit dem andern. Ich glaube, für beide Gräber brauchte er nur eine Viertelstunde. Nun rief ich ihn heran, führte ihn aber nicht in meine Burg, sondern zu meiner Höhle in dem weit abgelegenen Teil der Insel: Dieses Kapitel meines Traums, wie er nämlich in meinem Wäldchen Schutz suchte, ließ ich also nicht zur Erfüllung kommen.

Dort reichte ich ihm Brot und ein Bündel Rosinen, dazu einen tüchtigen Schluck Wasser, das er nach seinem langen Lauf gewiss sehr nötig hatte. Auch gab ich ihm zu verstehen, er solle sich hinlegen und schlafen, und deutete dabei auf einen Platz, wo ein großes Bund Reisstroh mit einer Decke lag, auf dem ich selbst mitunter zu schlafen pflegte. Der arme Kerl legte sich nieder und war bald eingeschlafen.

Er war ein recht hübscher Bursche, gut gebaut, mit kräftigen Gliedern, nicht zu groß, schlank und ebenmäßig gewachsen; ich schätzte sein Alter auf sechsundzwanzig Jahre.

[...]

Nachdem er etwa eine halbe Stunde mehr geschlummert als richtig geschlafen hatte, erwachte er und kam aus der Höhle zu mir heraus, ich

Kevin las:

alle richtig ist; denn nur das ist gut!' Und ich habe es ihm versprochen. Jetzt wollen wir es versuchen."

Lukas schwieg, dann sah er sich ratlos um. „Ich möchte, dass es leben bleibt, aber des Nachts habe ich sehr gefroren und es wäre gut für uns alle, eine Decke zu haben."

„He, da hört ihr es", schrie Bartel. Er schlug Lukas vor Vergnügen auf die Schulter. „Ich habe auch gefroren."

Hans seufzte. Auch ihm war kalt gewesen. Aber das eine Fell würde noch nicht für alle reichen. „Wer ist für Töten?"

Und zu Pascal gewandt sagte er: *„Pour tuer?"*, und erklärte ihm nochmals genau, was die anderen dafür und dagegen gesagt hatten.

„Warum spricht er denn immerzu französisch?", fragte Cornelia.

„Weil es seine Sprache ist und er keine andere kann", antwortete Hans.

„Er soll deutsch sprechen, sonst versteh ich ihn nicht", quengelte Cornelia.

„Du wirst ihn verstehen lernen. Du sprichst ja auch in deiner Sprache."

„Sie ist auch viel hübscher; er soll sie lernen. Französisch ist dumm", maulte sie weiter.

„Nein, nein", lenkte Hans freundlich ab. „Jeder darf in seiner Sprache reden und wir werden uns trotzdem verständigen. In meiner Heimat geschieht das auch."

„Äh, immer kommst du mit ihr. Sie ist auch dumm und noch dazu schrecklich klein", brummte sie.

„Wir leben recht gut dort", sagte Hans leise. „Und du bist nur müde und willst Streit anfangen. Ich frage also noch einmal: Wer ist dafür, dass wir das Guanako töten?"

Bartel warf beide Arme in die Luft und spreizte die Finger, als sollten sie zehnfach zählen. Zu Lukas gewandt rief er: „Stimm doch ‚Ja' und hebe die Hand."

Aber Lukas schüttelte den Kopf. „Ich weiß nicht, ob ‚Ja' oder ‚Nein' besser ist. Ich finde es so schwer abzustimmen."

„Er kann sich der Stimme enthalten", rief Hans. „Das darf man."

Außer Bartel hob keiner die Hand und stimmte für Töten.

Da stand Pascal auf und redete. Er sagte, er wolle eine Zwischenlösung vorschlagen. Das Tier solle leben, bis ihre Not so groß würde, dass sie nichts anderes mehr zum Essen hätten, bis es so kalt würde, dass sie sein Fell unbedingt brauchten, und das Jungtier groß und selbstständig genug sei. Inzwischen wollten sie beide zähmen und zum Lastentragen erziehen. Mit einem Blick auf Lukas setzte auch er hinzu: „Besonders für ihn werden wir es brauchen, dann müssen wir ihn nicht tragen, wenn wir weite Strecken wandern."

Es brauchte einige Zeit, bis Hans wieder alles übersetzt, was Pascal gesagt hatte, weil Cornelia, Bartel und Lukas kein Französisch verstanden. Nun jubelten sie. Das war die richtige Lösung! Alle Wünsche waren erfüllt worden.

„Abstimmen ist schrecklich fein!", schrie Gerti. „Über was stimmen wir jetzt ab? Ich will noch einmal abstimmen."

Hans war froh. Es war nicht so leicht gewesen abzustimmen. Er hatte es sich leichter gedacht. Aber es gab nichts mehr abzustimmen, sondern die Arbeit musste verteilt werden. Es war vieles zu tun, wenn sie alle satt werden wollten.

Katja las:

war nämlich gerade beim Melken der Ziegen in dem Pferch dicht daneben. Als er mich erblickte, lief er auf mich zu, warf sich wieder auf den Boden und bemühte sich auf alle Weise mit seltsamen Gebärden seine Dankbarkeit und Ergebenheit zu zeigen. Zuletzt legte er seinen Kopf auf den Boden, ganz dicht bei meinem einen Fuß, und setzte wie schon früher meinen andern auf seinen Kopf. Durch allerhand Zeichen wollte er mir seine Unterwürfigkeit, Dienstbarkeit und vollkommene Ergebenheit zum Ausdruck bringen und mir andeuten, dass er mir zeitlebens zu dienen bereit sei. Ich begriff das meiste, was er sagen wollte, und gab ihm zu verstehen, dass ich mit ihm sehr zufrieden wäre. Bald darauf fing ich an ihn im Sprechen zu unterrichten und brachte ihm zuerst bei, dass er Freitag heiße, das sei der Tag, an dem ich ihm das Leben gerettet habe. Ich gab ihm diesen Namen um mich stets daran zu erinnern. Mich sollte er mit „Herr" anreden, wobei ich ihm zu verstehen gab, dass dies mein Name sei.

Katja und Kevin hatten sich jetzt einiges zu erzählen. Überrascht stellten sie fest, dass sie offenbar etwas ganz Ähnliches gelesen hatten. Sie tauschten ihre Bücher aus und unterhielten sich über den Unterschied.
Dann fiel ihnen eine weitere Geschichte über einen Schiffbrüchigen in die Hände.

Eduardo Galeano

Der Schiffbrüchige und der andere

1531, Serrana-Insel

Ein Wind aus Salz und Sonne peitscht Pedro Serrano, der nackt am Steilufer entlangstreift. Pelikane verfolgen und umflattern ihn. Die Hand über den Augen starrt er aufs feindliche Territorium[1].

Er steigt zur Bucht hinab und läuft auf dem Sand. [...] Er weiß, falls der andere sich in der Nähe versteckt hält und zusieht, ist er mit einem Satz bei ihm und stellt ihn wegen dieser Provokation[2] zur Rede.

Er wartet. Die Vogelungetüme kreischen und fliehen. Wo steckt der andere bloß? Der Himmel gleißt in kalkweißem Licht, die Insel ist ein glühender Felsbrocken.

Weiß sind die Klippen, weiß die Schatten, weiß der Gischt[3] am Ufersaum.

1 **Territorium:** Land, Hoheitsgebiet (eines Staates)
2 **Provokation:** Herausforderung
3 **Gischt:** Meeresschaum

Eine salzige, kalkige kleine Welt. Wo steckt der Halunke bloß?

Pedros Schiff zerbarst schon vor langer Zeit in einer Sturmnacht und als der andere von der tobenden See auf einer Planke an die Küste geworfen wurde, waren Pedros Haar und Bart schon bis auf die Brust gewachsen. Pedro ließ dem anderen das Wasser aus der Lunge laufen, gab ihm zu essen und zu trinken und brachte ihm bei, wie man auf diesem öden Eiland[4], auf dem nur Felsen wachsen, nicht zu Grunde geht. Er brachte ihm bei, wie man Schildkröten umdreht und mit einem Messerhieb köpft, wie man ihr Fleisch in Streifen schneidet, damit es an der Sonne trocknet, und wie man in ihren Panzern Regenwasser sammelt. Er brachte ihm bei, wie man um Regen betet und Muscheln aus dem Sand klaubt, er zeigte ihm die Löcher der Krebse und Garnelen und lud ihn zu einem Mahl aus Schildkröteneiern und aus Austern, die an Mangrovenwurzeln hafteten und so vom Meer angeschwemmt wurden. Der andere erfuhr von Pedro, dass man alles, was die Brandung auf die Klippen spült, einsammeln muss um mit dürren Algen, abgerissenen Ästen, Seesternen und Fischknochen Tag und Nacht ein Feuer in Gang zu halten. Pedro half ihm sich mangels Bäumen aus Schildkrötenpanzern eine Hütte gegen die Sonne, ein schattiges Plätzchen zu bauen.

In ihrem ersten Krieg ging es um Wasser. Pedro verdächtigte den anderen, dass er ihn im Schlaf bestehle, und der andere warf Pedro vor, wie ein Fass zu saufen. Als das Wasser ausging, verschütteten sie die letzten Tropfen, weil sie sich mit Fäusten darum schlugen, und es blieb ihnen nichts anderes übrig, als das Blut der letzten Schildkröte zu trinken, die sich sehen ließ. Dann legten sie sich zum Sterben in den Schatten und hatten gerade noch genug Spucke um sich leise zu beschimpfen.

Schließlich kam der rettende Regen. Der andere meinte, Pedro könne sein Hüttendach ruhig um die Hälfte verkleinern, da sie knapp an Schildkrötenpanzern seien.

– Deine Hütte ist ja ein Schildpattpalast, sagte er, – und ich muss mich in meiner den ganzen Tag bücken.

– Wenn dir meine Insel nicht passt, kannst du ja gehen! Und er wies mit dem Finger auf die weite See.

Sie beschlossen das Wasser aufzuteilen. Fortan gab es an jedem Inselende einen Regenwasserbehälter.

In ihrem zweiten Krieg ging es ums Feuer. Sie hüteten ihr Lagerfeuer immer abwechselnd für den Fall, dass in der Ferne ein Schiff aufkreuzte. Eines Nachts hielt der andere Wache und das Feuer ging aus. Pedro schimpfte und rüttelte ihn aus dem Schlaf.

– Wenn die Insel dir gehört, kümmer du dich doch darum!, knurrte der andere und bleckte die Zähne.

Da rollten sie über den Sand. Als sie sich genug geprügelt hatten, beschlossen sie, dass jeder sein eigenes Feuer anzünden sollte. Pedro schlug mit dem Messer Funken aus dem Stein und seitdem brannte an jedem Inselende ein Lagerfeuer.

4 Eiland: Insel

In ihrem dritten Krieg ging es ums Messer. Der andere hatte nichts zum Schneiden und Pedro ließ ihn, wenn er ihm das Messer lieh, jedes Mal mit frischen Garnelen bezahlen.

Danach brachen noch der Krieg um die Nahrung und der Krieg um Muschelketten aus.

Als der letzte Krieg zu Ende war, der mit Steinen ausgetragen wurde, unterzeichneten sie einen Waffenstillstand und einen Grenzvertrag. Urkunden darüber gab es nicht, weil in ihrer Einöde nicht einmal ein Cupey[5]-Blatt zum Draufkritzeln zu finden war und außerdem keiner von beiden seinen Namen schreiben konnte. Aber sie zogen eine Grenzlinie und schworen bei Gott und dem König sie zu respektieren. Sie warfen einen Fischwirbelknochen in die Luft und Pedro bekam die Inselhälfte, die nach Cartagena[6] ging, und der andere die mit dem Blick auf Santiago de Cuba.

Und jetzt steht Pedro vor der Grenze, knabbert Fingernägel, blickt zum Himmel, als halte er nach Regen Ausschau, und denkt: „Der versteckt sich bestimmt in einer Uferschleife. Ich rieche ihn ja. Dieser Schmutzfink! Ringsum von Meer umgeben und wäscht sich nicht. Der schmort lieber in seinem Speck. Da ist er ja! Er will kneifen!“

– He, du Wicht!, ruft er.

Als Antwort darauf donnert nur die Brandung, kreischen die Vögel und pfeift der Wind.

– Du Undankbarer!, brüllt er. Und brüllt und brüllt sich die Kehle wund und läuft auf dem Sand kreuz und quer, von einem Ende der Insel zum anderen, allein und ohne einen Menschen.

5 Cupey-Blatt: Blatt der tropischen Kletterpflanze Cobaea

6 Cartagena: Stadt in Nordkolumbien, Südamerika

Diesem Schiffbrüchigen geht es ganz anders als Robinson und Freitag oder den Kindern auf der Insel. Die Gründe hierfür hätten Katja und Kevin gern herausgefunden. Sie kamen ins Vermuten.

Katja und Kevin schmökern weiter

Eduardo Galeano

Kolumbus[1]

1492, Guanahaní

Er fällt in die Knie, er weint, er küsst den Boden. Er bewegt sich taumelnd, weil er fast einen Monat kaum oder gar nicht geschlafen hat, und er zerhaut das Geäst mit dem Schwert.

Danach pflanzt er das Banner auf. Auf Knien, die Augen gen Himmel, spricht er dreimal den Namen Isabella und Ferdinand. An seiner Seite verfasst der Schreiber Rodrigo de Escobedo mit behäbigen Schriftzügen das Protokoll. All dies gehört ab heute dem fernen Königspaar: das Korallenmeer, die Sandstrände, die grün bemoosten Felsen, die Wälder, die Papageien und diese Menschen mit der lorbeerfarbenen Haut, die noch keine Kleider, keine Schuld und kein Geld kennen und der Szene verwirrt beiwohnen.

Luis de Torres übersetzt Kolumbus' Fragen ins Hebräische: – Kennt ihr das Reich des Großkhans? Woher stammt das Gold, das ihr an Nase und Ohren tragt?

Die nackten Menschen starren ihn mit offenen Mündern an und der Dolmetscher versucht sein Glück mit Chaldäisch, von dem er auch ein wenig versteht:

– Gold? Tempel? Paläste? König aller Könige? Gold?

Danach versucht er es mit seinem kärglichen Arabisch: – Japan? China? Gold?

Der Dolmetscher entschuldigt sich bei Kolumbus auf Kastilisch. Kolumbus flucht auf Genuesisch und schleudert seine lateinischen Empfehlungsbriefe an den Großkhan auf den Boden.

Die nackten Menschen erleben den Zornesausbruch des rothaarigen, rohhäutigen Fremden, der in einen samtenen Umhang und prachtvolle Gewänder gekleidet ist.

Bald eilt die Kunde über die Inseln: – Kommt und seht euch die vom Himmel gekommenen Männer an! Bringt Essen und Trinken für sie mit!

Katja und Kevin mussten beim Lesen einige Wörter überspringen. Sie hatten sie nicht sofort verstanden. So bald wie möglich wollten sie diese Wörter nachschlagen.
Zuerst aber wollten die beiden Genaueres über die Entdeckung Amerikas wissen. Sie steckten ihre Köpfe in einige Sachbücher.
Sie blätterten in Wolfram zu Mondfeld: Schicksale berühmter Segelschiffe;
Huck Scarry: So funktionieren Schiffe. Mit Ruder, Segel, Dampf und Schraube;
Rolf Temming: Illustrierte Geschichte der Seefahrt.

1 **Kolumbus:** Seefahrer, der im Dienste des spanischen Königshauses 1492 Amerika entdeckte

Entdeckung der Neuen Welt

Spanien 1492

Am 3. August 1492 brachen die drei Schiffe: *Santa Maria* als Flaggschiff, *Pinta* und *Santa Clara*, genannt *Niña*, von Palos auf und am Freitag, dem 12. Oktober 1492, sichtete man Land: „Ich begab mich, begleitet von Martín Alonso Pinzón und dessen Bruder Vincente Yáñez, an Bord eines bewaffneten Bootes an Land. Dort entfaltete ich die königliche Flagge, während die beiden Schiffskapitäne zwei Fahnen schwangen mit einem grünen Kreuz und rechts und links davon, je mit einer Krone verziert, die Buchstaben F und Y (für Fernándo de Aragon und Ysabel de Castilla), wie sie von den Schiffen geführt wurden." Die *Santa Maria* sollte diesen ruhmreichen Augenblick nur um zwei Monate überleben. Am 24. Dezember scheiterte sie durch Unachtsamkeit auf einer Klippe.

Christoforo Colombo hatte die *Santa Maria*, weil sie nun einmal das größte Schiff war, zwangsläufig als Flaggschiff akzeptieren müssen, doch viel Gutes wusste er von dieser dickbauchigen Não mit den höchst mäßigen Segeleigenschaften nicht zu berichten und bezeichnete sie später recht harsch „als für Expeditionen völlig ungeeignet". Als sie bei Navidad scheiterte, weinte ihr der Admiral keine Träne nach und stieg nur zu gern auf sein Lieblingsschiff, die schnelle und wendige *Niña*, um, die trotz ihrer geringen Größe auf der Rückreise einen bösen Orkan überstand und wenig nach der *Pinta*, die wieder einmal davongesegelt war, in Palos eintraf, wo Martín Alonso Pinzón mittlerweile den Ruhm der Entdeckung für sich zu beanspruchen versuchte.

Vom 25. September 1493 bis zum 11. Juni 1496 diente die *Niña* alias *Santa Clara* Christoforo Colombo auf seiner zweiten Reise über den Atlantik nun auch offiziell als Flaggschiff, entdeckte einige Inseln der Kleinen Antillen, Puerto Rico, erforschte gründlich die Küsten Espanolas (des heutigen Haiti), die Südküste Kubas und fand Jamaica.

Eines der drei Schiffe von Kolumbus' erster Fahrt, von ihm selbst gezeichnet. Die anderen beiden findet ihr oben auf den Seiten 200 bis 228.

Santa Maria

Santa Maria, das Flaggschiff des Kolumbus, war eine Karracke; er zeichnete sie dreimastig mit einem Toppsegel[1] am Großmast und erwähnt in seinem Tagebuch die Blinde[2] am Bugspriet[3]. Allerdings war es eine für die damalige Zeit kleine Karracke[4] mit etwa 100 Tonnen Ladefähigkeit und folgenden Maßen:

Länge über alles 24 m,
Kiellänge 17 m,
Breite 8 m,
Segelfläche ca. 330 m^2, davon Großsegel 200 m^2.

Dennoch war ihm das Schiff offenbar zu groß und für eine Forschungsreise zu unhandlich. Kolumbus selbst bezeichnete die *Santa Maria* stets als Não, was wörtlich Schiff bedeutet, von ihm aber im Sinne des Wortes Großschiff gemeint ist.

Die beiden kleineren Schiffe aus Kolumbus' Flotte, *Pinta* und *Niña*, waren Karavellen[5].

Die Karracke konnte genügend Mannschaft und Proviant aufnehmen und eignete sich auch für längere Seereisen. Kolumbus' Flaggschiff „Santa Maria" war eine solche Karracke von etwa hundert Tonnen – eine Nussschale im Vergleich zu einem modernen Schiff.

1 **Toppsegel:** oberstes Segel
2 **Blinde:** kleines viereckiges Segel unter dem Bugspriet
3 **Bugspriet:** schräg über den Bug (Schiffsvorderteil) hinausragender Mastbaum
4 **Karracke:** ein- bis dreimastiges Segelschiff
5 **Karavelle:** dreimastiges Segelschiff mit hohem Aufbau

Egon Erwin Kisch

Bei den Heizern des Riesendampfers

An Bord der „Vaterland", 2. Juni 1914

Wir fallen in die Unterwelt, den regulierten Fall des Fahrstuhls. Hasserfüllt und fürchterlich hören wir es aus der Tiefe dringen, in die wir sinken, immer unheimlicher und unerträglicher wird die Glut.

Die zehnte Station ist die Endstation des Lifts, aber wir sind noch lange nicht unten, erst im Vorraum sind wir der Teufelsküche. Höllenhunde in glatt schwarzem Fell scharren und stampfen und knurren und belfern[1] in grausam gleichförmigem Takt und bläulicher Schweiß tropft aus ihren Poren, ihren Nüstern.

Fest geschmiedet sind die stählernen Ungetüme da, die ihre Wut verdampfen, die sich in kosmischen[2] Geschwindigkeiten um ihre Achse drehen, ewig um ihre Achse, einhundertachtzigmal in der Minute. Sie müssen sich bewegen, denn sie bewachen das Reich der Verdammnis, das unter ihnen ist. Und sie sind selbst gut bewacht und kontrolliert: Die zitternden Zeiger hinter halbkreisförmigen Scheiben würden es denunzieren[3], die starren, roten Ochsenaugen an den Wänden würden es verlöschend verraten und die Ventile würden Hilfe herbeipfeifen, wenn in diesen seelenlosen Lebewesen ein Gedanke an Auflehnung keimte. Der Mensch weiß sich zu schützen gegen die Kolosse[4], die für ihn arbeiten – er schützt sich durch ihresgleichen.

[...]

Und als wir die Maschinensäle durchwandert haben, vorbei an Vorwärtsturbinen[5] und Rückwärtsturbinen, an beschaufelten Rädern und beschaufelten Trommeln, an einundsechzigtausend Wellen Pferdestärken, geht es noch tiefer hinab. Steil und eng ist der eiserne Stufenweg, wir tun besser,

1 **belfern:** umgangssprachl. für bellen
2 **kosmisch:** den Weltraum betreffend
3 **denunzieren:** brandmarken, anzeigen
4 **Koloss:** Riese, Ungetüm
5 **Turbine:** Kraftmaschine

Das Schiff „Imperator" bei seiner ersten Ausreise 1914

Nr. 2188
Deutsches Reich.
Seefahrtsbuch
für Andreas Weid
Biberehnen
Ausgefertigt den 27ten Mai 19..
BREMERHAVEN
Das Seemannsamt.
Der Preis dieses Buches beträgt 35 Pfennig.

15
Inhaber hat auf dem Segel- Dampf- Schiffe Seydlitz.
während der Reise ~~Fahrt~~ von BREMERHAVEN
nach Australien u. weite
in der Zeit vom 22 NOV 1909
bis zum 21 März 10
(Dienstzeit: 4 Monate — Tage)
als Kohlenzieher gedient.
Dem Inhaber sind für die Zeit vom ...
bis ... für 16 Beitragswochen Invalidenversicherungsbeiträge zur Lohnklasse II insgesamt 3.6 ℳ von der Heuer abgezogen.
BREMERHAVEN, den 21ten März 1910
Unterschrift des Kapitäns:
A. Ahlborn
Die vorstehende Unterschrift wird beglaubigt und die erfolgte Abmusterung hiermit vermerkt.
BREMERHAVEN, den 21ten März 1910
Das Seemannsamt.
Dammann
Die Abmusterung ist unterblieben, weil

352.
14
Inhaber ist angemustert als Kohlenzieher
auf dem Segel- Dampf- Schiffe Seydlitz(QHNW)
Heimatshafen Registerhafen Bremen
geführt von Kapt.A.Ahlborn
gegen eine Heuer von Mark 60.- monatlich
für die Reise Zeit unbestimmte Zeit nach australischen oder andern Häfen
Der Dienstantritt erfolgt am 22/11.
Als Liegeplatz (Meldeort) ist angegeben BREMERHAVEN
BREMERHAVEN, den 24ten Novbr. 1909
Das Seemannsamt.
Dammann
Die Abmusterung ist unterblieben, weil

rückwärts zu gehen um nicht kopfüber hinunterzustürzen. Die Geländerstange der Treppe können wir nicht mit bloßen Händen berühren, denn sie glüht. Je weiter wir tappen, desto heißer schlägt es uns um Stirn, Wangen und Hals, desto schwerer ringt sich der Atem aus dem Munde.

Die Leiter endet, wir betreten Boden. Unsere gemarterten Augen sehen schwarze Dämonen, die schattenhaft aus Wänden treten und in Wänden verschwinden, von Zeit zu Zeit peitscht uns ein gelbroter Lichtstrahl und aus grauem Höllenrachen springt eine Feuerwelle hervor, uns zum Bewusstsein bringend, dass wir Gerösteten noch immer nicht unempfindlich gegen Hitze sind. Wehe der Seele, die hier brät!

[...]

Keine Nachtruhe gibt es. Schon im Hafen wurden die unermesslich großen Bunker außenbords gefüllt, ein ganzes Bergwerk versenkte sich donnernd hierher, achttausenddreihundertvierundsechzig Tonnen und noch eine Notreserve von vierhundertdreiundneunzig Tonnen – zwanzig Stunden brauchten die Kohlenelevatoren[6] dazu. Dann begann für zweihundert Heizer und für zweihundert Trimmer[7] das Kesseltreiben, die Arbeit, ihre eigene Werkstätte in eine Höllenlandschaft zu verwandeln.

6 **Elevator:** Fahrstuhl, Lift
7 **Trimmer:** Arbeiter, der auf Schiffen Kohlen vor die Kessel schafft

Hinab stürzt aus den Bunkern das schwarze Gestein in stählerne Schubkarren, die nun beladen zwischen den Kesseln schwanken. Es geht zu den Feuern. Die Glocke schrillt. Fünfmal in der Stunde schrillt sie. Das ist das Knurren des Magens, das ist das Zeichen zur Fütterung, das hier ist die Musik. Kohorten[8] nackter Heizer greifen mit ihren Schaufeln in die Kohle und stoßen sie dem gierigen Tier zwischen die Lefzen[9]. In beiden Unterkesseln, in den Röhren und bald auch im Oberkessel siedet das Wasser, Dampf wallt auf und man hört, wie er oben im Maschinenraum die Speichen der Räder bewegt, wie die Turbinen, die vier Wellen und die vier Schrauben mit den Kräften von sechzigtausend Pferden zu atmen, zu leben und zu toben beginnen.

Die Gestalten am Ofen sind schwarz, schwarz wie alles ringsumher. Nur wenn sich das eiserne Gebiss des Kessels klaffend zu neuer Mahlzeit öffnet, wenn der Heizer mit der vier Meter langen Durchstoßbrücke das Feuer glatt über den Rost streicht oder wenn er mit der Schleuse alle vier Stunden die Schlacke aufbricht und Asche forträumt, dann fällt rotes Licht auf seine Stirn, nur dann sieht man weiße Streifen um seine Augen und an seinen Mundwinkeln und man erkennt, dass diese Kohlenformation[10] ein Mensch ist.

Sein Oberkörper ist waagerecht vorgeneigt, sein Unterkörper ist zum Sprung nach hinten bereit. So zurückweichend-vorwärtsstrebend kämpfen Gladiatoren[11]. Der Speer fährt in den Schlund des Molochs[12], aus dem giftiger Odem[13] faucht. Schon wirft sich das Ungeheuer empor – da klappt die Tür des Zwingers zu und hinter ihr hört man ohnmächtiges Stöhnen. Es wird wieder dunkel in den Straßen der Dampffabrik.

[...]

Ewig jedoch steht der Heizer an der Feuerung und schiebt dem nimmersatten Raubtier neues und neues Futter zu. Nach je vier Stunden dürfen die Feuermänner aus der Arena treten, von der anderen Schicht abgelöst. Vier Stunden später geht es wieder los. Wie beim Sechstagerennen. Auch die Überfahrt dauert sechs Tage.

[...]

8 **Kohorte:** Gruppe von Soldaten im alten Rom
9 **Lefze:** Lippe bei Tieren

10 **Formation:** Gebilde
11 **Gladiator:** altrömischer Schwertkämpfer bei Zirkusspielen
12 **Moloch:** alles verschlingende Macht
13 **Odem:** Atem

Theodor Fontane

John Maynard

John Maynard!
„Wer ist John Maynard?“

„John Maynard war unser Steuermann,
Aus hielt er, bis er das Ufer gewann,
Er hat uns gerettet, er trägt die Kron,
Er starb für uns, unsre Liebe sein Lohn.
John Maynard.“

*

Die „Schwalbe“ fliegt über den Eriesee,
Gischt schäumt um den Bug wie Flocken von Schnee;
Von Detroit fliegt sie nach Buffalo –
Die Herzen aber sind frei und froh,
Und die Passagiere mit Kinder und Fraun
Im Dämmerlicht schon das Ufer schaun,

Und plaudernd an John Maynard heran
Tritt alles: „Wie weit noch, Steuermann?“
Der schaut nach vorn und schaut in die Rund:
„Noch dreißig Minuten ... Halbe Stund.“

Alle Herzen sind froh, alle Herzen sind frei –
Da klingt's aus dem Schiffsraum her wie Schrei,
„Feuer!“, war es, was da klang,
Ein Qualm aus Kajüt und Luke drang,
Ein Qualm, dann Flammen lichterloh,
Und noch zwanzig Minuten bis Buffalo.

Und die Passagiere, bunt gemengt,
Am Bugspriet stehn sie zusammengedrängt,
Am Bugspriet vorn ist noch Luft und Licht,
Am Steuer aber lagert sich's dicht,
Und ein Jammern wird laut: „Wo sind wir? wo?“
Und noch fünfzehn Minuten bis Buffalo. –

Der Zugwind wächst, doch die Qualmwolke steht,
Der Kapitän nach dem Steuer späht,
Er sieht nicht mehr seinen Steuermann,
Aber durchs Sprachrohr fragt er an:
„Noch da, John Maynard?“
„Ja, Herr. Ich bin.“
„Auf den Strand! In die Brandung!“
„Ich halte drauf hin.“
Und das Schiffsvolk jubelt: „Halt aus! Hallo!“
Und noch zehn Minuten bis Buffalo. – –

„Noch da, John Maynard?“ Und Antwort schallt's
Mit ersterbender Stimme: „Ja, Herr, ich halt's!“
Und in die Brandung, was Klippe, was Stein,
Jagt er die „Schwalbe“ mitten hinein.
Soll Rettung kommen, so kommt sie nur so.
Rettung: der Strand von Buffalo!

Das Schiff geborsten. Das Feuer verschwelt.
Gerettet alle. Nur e i n e r fehlt!

*

Alle Glocken gehn; ihre Töne schwelln
Himmelan aus Kirchen und Kapelln,
Ein Klingen und Läuten, sonst schweigt die Stadt,
E i n Dienst nur, den sie heute hat:
Zehntausend folgen oder mehr,
Und kein Aug im Zuge, das tränenleer.

Sie lassen den Sarg in Blumen hinab,
Mit Blumen schließen sie das Grab,
Und mit goldner Schrift in den Marmorstein
Schreibt die Stadt ihren Dankspruch ein:
„Hier ruht John Maynard! In Qualm und Brand
Hielt er das Steuer fest in der Hand,
Er hat uns gerettet, er trägt die Kron,
Er starb für u n s, unsre Liebe sein Lohn.
John Maynard.“

Wie Katja und Kevin Seeleute und Piraten aufstöberten

Helga Helsper

Grace O'Malley – Als Piratin auf See

Die Crew[1] an Bord eines Piratenschiffes war meist eine bunt gemischte Horde.

[...]

In der Regel bestand eine Mannschaft aus einhundertvierzig bis einhundertachtzig Leuten. Doch zweihundert und mehr Besatzungsmitglieder waren keine Seltenheit. Der weitaus größte Teil der Piraten war von Beruf Matrose. So genannte Landratten waren, mit Ausnahme der Ärzte und der Musikanten, nicht sonderlich an Bord willkommen. Denn jeder in dieser Gemeinschaft musste einen Marlpfriem[2] von einem Senkblei[3] unterscheiden und Segel festmachen und reffen[4] können.

Ein Teil der Seeräuber war von der Marine desertiert[5]. Die Mehrheit gehörte jedoch vorher zu der Besatzung gewöhnlicher Kauffahrer. Oft waren es auch Meuterer, die auf ihrem Handels- oder Marineschiff die Macht übernommen hatten und so zu Piraten wurden.

War ein Seeräuberschiff unterbesetzt, was durch Krankheit, Desertion oder Tod im Kampf passieren konnte, warb man neue Crewmitglieder von aufgebrachten Schiffen. Kamen sie nicht freiwillig, wurden sie gepresst.

Verglichen mit dem Dienst auf Kauffahrern und Kriegsschiffen war das Seeräuberleben jedoch höchst verlockend. Nicht nur wegen der höheren Gewinnchancen, sondern vor allem wegen der Gleichberechtigung, die unter den Piraten häufig zu beobachten war und im krassen Gegensatz zu der strengen Hierarchie[6] auf anderen Schiffen stand.

Der Hass auf Autoritäten jeder Art war deshalb ein grundlegendes Merkmal eines echten Seeräubers. Ein Piratenkapitän namens Charles Bellamy sagte einmal dazu: „Arme werden ausgeraubt unter dem Deckmantel des Gesetzes. Wir aber plündern die Reichen unter dem Schutz allein unserer Courage."

[...]

Der berühmte Seeräuber Bartholomew Roberts sah das so: „In einer ehrbaren Stellung gibt es karge Rationen, niedrige Löhne und harte Arbeit – in dieser dagegen Hülle und Fülle, Vergnügen und Sorglosigkeit, Freiheit und Macht; und wer würde da nicht das Haben auf dieser Seite verbuchen, wenn das einzige Risiko, das man dabei eingeht,

1 **Crew** (engl.): (Schiffs-)Mannschaft
2 **Marlpfriem:** Gerät, mit dem Segel am Mast angeschlagen werden (Seemannssprache)
3 **Senkblei:** Messgerät
4 **reffen:** Segel verkürzen (Seemannsprache)
5 **desertieren:** eine Kampftruppe widerrechtlich verlassen

6 **Hierarchie:** Rangordnung

schlimmstenfalls in einem bitteren Blick auf den Strick[7] besteht."

Selbst unter den besten Bedingungen war das Leben auf See hart. Aber für jemanden, der Individualität[8], Reichtum und Flucht aus der Unterdrückung wollte, war das Leben an Bord eines Piratenschiffes ein möglicher Weg.

Das galt auch für die Frauen, die sich für die Seeräuberei entschieden. Hier konnten sie ihre Vorstellungen von persönlicher Unabhängigkeit verwirklichen, konnten sich Freiheiten herausnehmen, die ihnen die strenge Gesellschaft an Land niemals zugebilligt hätte.

[...]

Schon als Kind wusste Grace O'Malley ganz genau, was sie einmal werden wollte: Kapitänin. Für ein Mädchen, das 1530 auf Clare Island an der stürmischen Westküste Irlands geboren wurde, war das ein mehr als ungewöhnlicher Wunsch.

Doch die Liebe zum Meer lag ihr im Blut, auch wenn das ihre überängstliche Mutter Margaret und ihr gestrenger Vater Owen ‚Dubhdarra', der von allen „Black Oak" genannte Führer und Fürst des O'Malley-Clans[9], gar nicht gern sahen. Ein Mädchen, noch dazu die einzige Tochter eines Fürsten, hatte andere Aufgaben zu erfüllen.

Aber Grace, die von ihren gälischen[10] Landsleuten Granuaile genannt wurde, lehnte diese Rolle rundweg ab. Schließlich zeigte ihr das Beispiel ihrer Mutter nur zu genau, wie eintönig das Leben einer Fürstenfrau verlief: Spinnerinnen und Weberinnen beaufsichtigen, Mahlzeiten vorbereiten, Gäste verwöhnen und für Geselligkeit sorgen.

Da war Black Oaks Alltag doch viel aufregender. Als Eigner und Kapitän von Handelsschiffen war er ständig auf See unterwegs und lernte ferne Länder kennen. Jedes Mal, wenn der Vater auf große Fahrt ging, schaute sie seinem Segler voller Sehnsucht und Neid hinterher, während ihre Mutter stets in Tränen aufgelöst zur Kapelle lief um dort inbrünstig für die gute Heimkehr ihres Mannes zu beten.

Mit neun Jahren beschloss Grace, dass es endlich an der Zeit war zu handeln, falls sie ihrem Ziel, Kapitänin zu werden, näher kommen wollte. Heimlich schnitt sie sich die langen Locken ab und besorgte sich Jungenkleidung. Dann schlich sie sich ungesehen an Bord eines der beiden Schiffe, die unter ihrem Vater nach Spanien segeln sollten. Doch schneller, als ihr lieb war, flog ihre Verkleidung als Decksjunge auf. Sogleich wurde sie zu Black Oak gebracht, der über die Eskapaden[11] seiner Tochter außer sich vor Zorn geriet. Aber dann hatte er eine bessere Idee. Er wollte Grace so hart an Bord arbeiten lassen, dass ihr für immer die Lust verging zur See zu fahren.

Die Rechnung ging nicht auf. Die Neunjährige machte sich mit so viel

7 **Blick auf den Strick:** Anspielung auf Todesstrafe durch Erhängen
8 **Individualität** hier: persönliche Freiheit
9 **Clan:** in Irland und Schottland Bezeichnung für Stammes-, Familienverband
10 **gälisch** hier: eine bestimmte keltische Sprache sprechend

11 **Eskapade:** Seitensprung, mutwilliger Streich

Begeisterung und Geschick ans Werk, dass es letztendlich der Fürst war, der kapitulierte[12]. Seine Tochter hatte ihr Ziel erreicht. Sie durfte das Seehandwerk und sogar das Navigieren[13] lernen.

Zurück in Clare Island gab es heftige Auseinandersetzungen zwischen ihren Eltern. Black Oak hatte nämlich beschlossen, wenn er Grace schon wie einen Jungen mitsegeln ließ, müsste sie auch die entsprechende Schulausbildung erhalten. So wurde sie gegen Margarets erbitterten Widerstand zu den Augustinischen Mönchen von Murrisk geschickt um dort Lesen, Schreiben und Latein zu lernen.

So sehr Grace auch ihre Schulausbildung genoss, ihre eigentliche Liebe galt nach wie vor der Seefahrt. Sie nutzte jede sich bietende Gelegenheit um ihren Vater auf seinen Reisen zu begleiten. Als sie sechzehn Jahre alt war, geschah etwas, was ihrem Leben eine bedeutende Wende geben sollte.

Während einer Fahrt brach an Bord des Schiffes ein Feuer aus. Unerklärlicherweise reagierte der erfahrene Seemann Black Oak vollkommen panisch[14]. Doch Grace behielt einen kühlen Kopf. Sie riss das Kommando an sich. Die Seeleute reagierten erst mit Murren auf die Tatsache, dass ihnen nun eine Frau Befehle erteilte. Aber als sie sahen, dass Grace genau wusste, wovon sie sprach, und dass die von ihr angeordneten Maßnahmen Erfolg hatten, wurde Black Oaks Tochter sehr rasch von ihnen als Kapitänin akzeptiert. Auch der Fürst zeigte sich von Grace' Geistesgegenwart beeindruckt. Es war deutlich sichtbar, dass er außerordentlich stolz auf sie war.

[...]

Bald wurde Grace in der Führung von Handels-, Piraten- und Kriegszügen aktenkundig. Bekannt wurde sie dabei für ihre Marotte[15], bei den Überfällen stets einen Teil der Beute für die Mannschaft des gegnerischen Schiffes zurückzulassen. „Seeleute müssen ihre Heuer[16] kriegen. Die fetten Kaufleute jedoch nicht", lautete ihre Devise[17].

12 **kapitulieren:** aufgeben, sich ergeben
13 **navigieren:** ein Schiff führen
14 **panisch:** mit Entsetzen
15 **Marotte:** sonderbare Neigung
16 **Heuer:** Lohn der Seeleute
17 **Devise:** Leitspruch

Robert Louis Stevenson

aus: Die Schatzinsel

Kapitän Smollett, Doktor Livesey und gut ein Dutzend Seeleute unternehmen mit dem Segelschiff Hispaniola eine Fahrt zur Skelettinsel. Sie hoffen dort einen Schatz zu finden.

Vor uns im Südwesten sahen wir zwei niedrige Hügel, etwa zwei Meilen voneinander entfernt, und hinter dem einen erhob sich ein dritter, höherer Hügel, dessen Spitze noch im Nebel verborgen lag. Alle drei waren kegelförmig und zeichneten sich klar und scharf ab.

[...]

„Und jetzt, Leute“, sagte der Kapitän, als alles klargemacht war, „hat einer von euch das Land vor uns schon je gesehen?“

„Ich, Sir“, sagte Silver. „Wir haben einmal hier Wasser eingenommen, als ich Koch auf einem Handelsschiff war.“

„Der Ankerplatz ist im Süden hinter einer kleineren Insel, vermute ich“, sagte der Kapitän.

„Ja, Sir; ‚Skelettinsel‘ wird sie genannt. Einmal, in früheren Zeiten, war es ein Hauptpiratennest, und ein Matrose, den wir an Bord hatten, kannte alle Ortsbezeichnungen. Den Hügel dort im Norden nannte er den ‚Fockmasthügel‘; es sind drei Hügel in einer Reihe von Norden nach Süden – ‚Fockmast‘, ‚Großmast‘ und ‚Besanmast‘, Sir. Den ‚Großmast‘ – das ist der hohe dort mit der Wolke oben drauf – den haben sie gewöhnlich ‚Fernrohrhügel‘ genannt, weil sie von dort Ausguck hielten, wenn sie hier vor Anker lagen und ihr Schiff putzten. Denn hier haben sie immer ihre Schiffe sauber gemacht, Sir.“

„Ich hab hier eine Karte“, sagte Kapitän Smollett. „Seht selber, ob das der rechte Ort ist.“

Nach der Landung meutern einige Besatzungsmitglieder. John Silver schwingt sich zu ihrem Anführer auf. Jim Hawkins, ein junger Bursche, der hier die Geschichte erzählt, wird von John Silver als Gefangener behandelt.

Wir hielten uns auf unserem Marsch über die Insel ziemlich genau nordwestlich und so kamen wir einerseits dem Hang des „Fernrohrhügels“ immer näher, auf der anderen Seite überblickten wir die westliche Bucht.

[...]

Der erste von den hohen Bäumen war erreicht, doch erwies die Messung, dass er nicht der Richtige war. Ebensowenig der zweite. Der dritte erhob sich beinahe zweihundert Fuß aus dem Unterholz. Ein wahrer Riese im Pflanzenreich mit einem rötlichen Stamm, groß wie ein Bauernhaus, und in seinem Schatten hätte eine ganze Kompanie ihre Übungen machen können. Er war von See her aus weiter Entfernung von Osten wie von Westen sichtbar und hätte sehr wohl einen Platz auf einer Karte verdient.

Doch nicht seine gewaltige Größe beeindruckte meine Gefährten; es war das Wissen, dass irgendwo in seinem Schatten siebenhunderttausend Pfund in Gold lagen. Der Gedanke an dieses Gold verscheuchte mit jedem Schritt, den sie näher kamen, ihre frühere Angst. Die Augen brannten in den Köpfen; ihre Füße hoben sich schneller und leichter, ihre Seelen hingen ganz und gar an diesem Schatz, an dem Leben von Lust und Ausschweifung, das verheißungsvoll vor jedem von ihnen lag.

Silver humpelte brummend an seiner Krücke; seine Nasenflügel zitterten, er fluchte wie ein Besessener, wenn die Fliegen sich auf seinem heißen, schweißglänzenden Gesicht niederließen, er riss wütend an dem Strick, der mich mit ihm verband. Er gab sich keine Mühe mehr, seine Gedanken zu verbergen, und so konnte ich sie lesen wie gedruckte Schrift. In der unmittelbaren Nähe des Goldes war alles vergessen; sein Versprechen, die Warnung des Doktors, das alles gehörte der Vergangenheit an; und ich konnte nicht daran zweifeln, dass ihn die Hoffnung erfüllte die Hand auf den Schatz zu legen, die „Hispaniola“ im Schutz des Dunkels zu finden und sich ihrer zu bemächtigen, allen redlichen Leuten auf der Insel die Kehle abzuschneiden und, wie er es von Anfang an geplant hatte, mit Schuld und Schätzen reich beladen von der Insel zu segeln.

Solche beunruhigenden Vorstellungen peinigten mich und darum fiel es mir schwer, mit dem beschleunigten Marsch der Schatzsucher Schritt zu halten. Hin und wieder stolperte ich; und dann geschah es, dass Silver rau an dem Strick riss und mir einen seiner morddrohenden Blicke zuwarf. Dick, der hinter uns zurückgeblieben war und jetzt die Nachhut bildete, plapperte Gebete und Flüche vor sich her, während sein Fieber immer höher stieg. Auch das trug zu meinem Elend bei; und die Krönung war, dass ich den Gedanken an die Tragödie nicht loswerden konnte, die sich einst auf dieser Hochebene abgespielt hatte, als der gottlose Freibeuter mit dem blauen Gesicht, der grölend und nach Ruhm dürstend in Savannah gestorben war, hier mit eigener Hand sechs Gefährten hingemordet hatte! Dieser Wald, jetzt so friedvoll, musste damals von den Todesschreien widergehallt haben, meinte ich. Und so eindringlich war diese Vorstellung, dass ich die Schreie auch jetzt zu hören glaubte.

„Vorwärts, Maaten[1], alle miteinander!“, brüllte Merry und die Vordersten begannen zu laufen.

Und plötzlich, keine zehn Yard[2] weiter, sahen wir sie stehen bleiben. Ein Schrei erschallte. Silver beschleunigte seine Schritte, pflügte mit dem Ende seiner Krücke den Boden wie ein Rasender; und im nächsten Augenblick blieben auch wir wie angewurzelt stehen.

Vor uns öffnete sich eine große Höhlung, die nicht mehr frisch war, denn die Seitenwände waren eingesunken und auf dem Grund wuchs Gras. Darin sahen wir den zerbrochenen Stiel einer Hacke und die Bretter verschiedener

1 **Maat:** Unteroffizier der Marine, auch Kamerad
2 **Yard:** engl. Längenmaß (0,91 m)

Kisten herumliegen. Auf einem der Bretter entdeckte ich, mit heißem Eisen eingebrannt, den Namen „Walrus“ – den Namen von Flints Schiff! Alles war sonnenklar. Das Versteck war gefunden und geplündert worden; die siebenhunderttausend Pfund waren fort!

Kurt Hutterli

Ein Opfer heimtückischer Piraten

Als Svea, Björn und Astrid aus dem Kiefernwäldchen traten um die Tärnor-Bucht nach Schwemmholz abzusuchen, trauten sie ihren Augen nicht. Auf dem nächstgelegenen Inselchen hockte ein bunt gefiederter Vogelmensch. Das Fabelwesen war an Armen und Beinen gefesselt und stieß heisere Rufe aus. Aufgeregt schreiende Seeschwalben versuchten mit wilden Sturzflügen den Eindringling zu verjagen. Offensichtlich hatten sie ringsum in den Grasbüscheln ihre Gelege, die es zu verteidigen galt.

Die drei Kinder starrten unschlüssig hinüber.

„Hjälp, hjälp! Förbarmande!“

Hatte der Vogelmensch nicht gerade auf Schwedisch um Hilfe und Erbarmen gerufen?

„Wir müssen ihn befreien“, fand Björn.

„Er sieht aber so unheimlich aus! Wir sollten besser Vater holen!“, schlug Astrid vor.

„Hjälp! Förbarmande!“ Der Vogelmensch hatte eine Männerstimme und sprach wirklich schwedisch.

Die kleinen Wellen blinkten grell. Svea watete ins seichte Wasser hinaus und hielt sich die rechte Hand über die Augen. Das Fabelwesen rief um Hilfe ohne dabei seinen langen Krummschnabel zu öffnen. Was sie in der ersten Überraschung als Schnabel gesehen hatten, war in Wirklichkeit die Nase einer Halbmaske, die Mund und Kinn frei ließ. Und das bunte Gefieder war jetzt nur noch eine schwarz, gelb und blau gescheckte Jacke mit entsprechender Hose. Das Fabelwesen war nichts anderes als ein merkwürdig verkleideter Mensch mit fremdländisch schwarzem Haarschopf.

„Hilfe! Erbarmen! Ich bin ein Opfer von heimtückischen Piraten!“

Das Schiff von vorgestern!, dachte Svea.

„Bleibt hier. Ich hole ihn herüber!“

Björn watete hastig an Svea vorbei und glitt auf den schlammigen Steinen aus. Als er wieder auf den Beinen war, klebten ihm die knielange Hose und das Hemd klatschnass am Leib. Unter anderen Umständen hätten Astrid und Svea bestimmt schadenfroh gelacht, aber jetzt waren sie einfach zu aufgeregt.

Bevor Björn weiterging, vergewisserte er sich, dass sein Messer immer noch in der Lederscheide am Gurt steckte. Die Seeschwalben pfeilten nun auch über seinen Kopf hinweg und ein Kotspritzer klatschte auf seine linke Schulter.

Zwischen Küste und Insel war das Wasser so seicht, dass Björn selbst an den tiefsten Stellen nicht schwimmen musste.

„Der Himmel schickt dich!“ Mit diesen Worten wurde Björn von dem merkwürdig maskierten und bekleideten Mann empfangen, der gefesselt auf einem Steinblock hockte. „In ein, zwei Tagen wäre ich hier jämmerlich verdurstet. Du bist mein Retter. Und ich kann mich dafür nicht einmal erkenntlich zeigen. Die ruchlosen Piraten haben mir nichts gelassen.“

Beim Anblick des bedauernswerten Gefangenen verlor Björn jede Furcht. Er zerschnitt die Fesseln und der befreite Mann streifte sich die lederne Halbmaske vom stoppelbärtigen Gesicht. Seine Haut war gebräunt. Der Blick seiner Augen hatte etwas Stechendes.

„Ich habe fürchterlichen Durst.“

„Unser Hof liegt zum Glück nicht weit von hier“, sagte Björn.

Der Mann erhob sich mühsam. Er war eher schmächtig und nur wenig größer als Björn.

„Ich bin so steif. Ich werde beim Hinüberwaten bestimmt auch ins Wasser klatschen. Ach, ich habe mich ja noch gar nicht vorgestellt.“

Seine Stimme wurde mit jedem Satz heiserer.

„Mein Name wird in deinen Ohren ungewohnt klingen: Ugo Bessi – ehemaliger königlicher Schauspieler am schwedischen Hof.“

Seine theatralische Verbeugung schmerzte ihn so, dass er laut aufstöhnte.

„Mein Vater stammte aus Napoli in Italien. Ich selbst habe diese wunderbare Stadt noch nie gesehen, denn ich wurde in Frankreich geboren. Vor der Großen Revolution[1] war meine Mutter Hofdame am königlichen Schloss von Versailles ... Ach, sobald ich mich wieder etwas erholt habe, erzähle ich dir mein bewegtes Leben.“

Er knüpfte sich die Maske an seinen Gurt.

„Ich heiße Björn Björk. Ich bin auf dieser Insel geboren und werde hier Störschreiner werden wie mein Vater.“

„Was unterscheidet einen Störschreiner von anderen Schreinern?“

„Ein Störschreiner besitzt zwar eigene Werkzeuge, aber keine eigene Werkstatt. Er arbeitet jeweils im Haus seines Auftraggebers.“

„Also ein abwechslungsreicher Beruf.“

Ugo Bessi hatte den Satz mehr gekrächzt als gesprochen und wurde nun von einem heftigen Hustenanfall geschüttelt.

„Stützt Euch auf mich“, sagte Björn, als der seltsame Fremdling wieder zu Atem gekommen war. Dann führte er ihn behutsam an den Seeschwalbengelegen vorbei und hielt ihn im Wasser am rechten Oberarm fest. Die Seeschwalben beruhigten sich erst, als die beiden bei Svea und Astrid angekommen waren.

Bei der Begrüßung verbeugte sich Herr Bessi vor den beiden Mädchen so ko-

1 **Große Revolution:** Gemeint ist die französische Revolution von 1789 bis 1799.

misch, dass Astrid laut herauslachte. Björn schämte sich für seine ungezogene Schwester, aber Herr Bessi nahm es ihr offensichtlich überhaupt nicht übel. Er löste die Maske vom Gurt und streckte sie Astrid entgegen.

„Falls ich stolpere und hinfalle, könnte ich sie zerdrücken. Trag du sie doch bitte!“

Astrid strahlte. Björn und Svea fanden beide insgeheim, Astrid habe diese Ehre nicht verdient.

Zu viert machten sie sich auf den Weg zum Björk-Hof. An der Abzweigung im Wik-Wald verabschiedete sich Svea. Sie wollte das aufregende Erlebnis sofort Großmutter Malin berichten.

Ugo Bessi hatte kaum mehr die Kraft aufgebracht sich den Eltern Björk vorzustellen. Sobald er seinen Durst gestillt hatte, war er in der Schlafkammer der Kinder auf Björns Pritsche gesunken und sogleich eingeschlafen.

Nicht nur die beiden jüngeren Geschwister Karin und Hjalmar bestürmten Björn und Astrid mit Fragen. Der merkwürdige Gast hatte auch die Eltern in Aufregung versetzt. Björn und Astrid erzählten noch einmal in allen Einzelheiten, wie sie zusammen mit Svea den Gefesselten entdeckt hatten.

Als die Rede dabei wiederum auf die Piraten kam, fragte Karin angstvoll: „Wollen die uns auch fesseln und ausrauben?“ Und Hjalmar ergriff unwillkürlich Mutters Hand.

„Piraten überfallen nur Schiffe“, erklärte ihnen Astrid mit fester Stimme. Schließlich war sie drei Jahre älter als Karin und fünf Jahre älter als Hjalmar und bestimmt nicht weniger mutig als Björn.

Katja und Kevin wollten ihre Schätze aus der Bücherkiste in ihre Klassenbücherei bringen. Sie stellten Stapel bereit. Offensichtlich haben sie sich dabei etwas gedacht.

Wir richten eine Klassenbücherei ein oder: Was junge Bibliothekare wissen müssen

- Ihr könnt eure Bücherei in Teilgebiete, in **Abteilungen**, gliedern, z. B. „Sachbücher für Jugendliche“.
- Innerhalb einer Abteilung werden die Bücher nach Autoren- bzw. Verfassernamen alphabetisch von links nach rechts geordnet.
- Ein **Katalog** gibt euch eine Übersicht über die vorhandenen Bücher. Er besteht aus kleinen Karteikarten oder einer Computerdatei. Ein **Verfasserkatalog** ist nach Autorennamen geordnet, ein **Titelkatalog** nach den Titeln der Bücher. Nach Sachgebieten, z. B. Abenteuergeschichten, ist ein **Schlagwortkatalog** aufgebaut.
- Eine **Entleihkarte** mit Verfassernamen, Titel und Signatur gehört zu jedem Buch. Darauf tragt ihr den Namen des Entleihers sowie das Datum der Entleihung und der Rückgabe ein.
  Ein Schuhkarton dient in eurer Klassenbücherei zur Aufbewahrung von Entleihkarten oder Katalogkarten.
- Der **Klappentext**, in der Regel auf dem Schutzumschlag, informiert knapp und möglichst werbewirksam, worum es im Buch geht. Da der Schutzumschlag leicht kaputt- oder verloren geht, könnt ihr ihn auf das Buch aufkleben und aus Folie eine Schutzhülle darüber ziehen.
- Jedes Buch solltet ihr auf dem Buchrücken mit einer **Signatur** versehen. Sie gibt die Abteilung und die Kurzform des Autorennamens an, z. B. „Abenteuer, 5.1., Steve“ für Robert Louis Stevenson: Die Schatzinsel.
- Wenn ihr das Buch aufschlagt, findet ihr auf der (rechts stehenden) **Titelseite** den Namen des Verfassers, den Buchtitel und den Verlag.
- Ein **Untertitel**, ein zusätzlicher Titel mit genaueren Angaben, erleichtert den Lesern und Leserinnen die Buchauswahl. Beispiel:
- Titel: Abenteuer See, Untertitel: Über Piratinnen und andere Seefrauen.
- **Vignetten** sind Verzierungen oder Bildchen am Buch- oder Kapitelanfang sowie im Text.

11 Theater mitten unter uns

Bahnhofstheater ohne Worte – Stummes Spiel

Das lebende Plakat oder Wer kennt das Reiseziel?

Einige Spieler bilden zusammen ein Denkmal oder ein Bauwerk, das für eine Stadt charakteristisch ist. Dabei deuten nur die Körper an, welche Stadt die Spieler gewählt haben. Die Zuschauer sollen das Reiseziel erraten können.

Ranzen, Koffer und anderes Gepäck

Die Spieler haben unsichtbares Gepäck bei sich. Sie tragen es so, dass man erkennen kann, worum es sich handelt.

Sonderbare Zäune oder Nicht alle Plätze sind frei

Wer kennt ihn nicht, den Fahrgast, der gern ein ganzes Abteil oder eine ganze Sitzreihe für sich alleine hätte? Er möchte offensichtlich nicht, dass man die freien Plätze neben ihm einnimmt. Er richtet sozusagen einen Zaun auf, mit dem er den Raum um sich herum beansprucht. Wir alle benutzen Zeichen, die wie Zäune wirken, oft ohne es selbst zu merken. Probiert, wie man ohne Worte solche Zäune ziehen kann.

Einige Spieler deuten mit einer Stuhlreihe einen nur teilweise besetzten Omnibus an. Sie versuchen abweisend zu wirken. Die Zuschauer schlüpfen in die Rolle von Fahrgästen, die eben erst zusteigen. Welche freien Plätze erscheinen am wenigsten frei?

Ohne Fahrkarte – mit rotem Kopf

In einem vollbesetzten Bus, Straßenbahnwagen oder Eisenbahnabteil hat ein Fahrgast keinen Fahrausweis. Die Kontrolle rückt näher!

Die Spieler spielen so, dass man – ohne dass ein Wort fällt – die Stimmung der Fahrgäste erkennen kann. Bewahrt der „blinde Passagier" einen kühlen Kopf? Verliert er den Kopf? Rutscht ihm das Herz in die Hose? Täuscht er? Schämt er sich?

Welcher der übrigen Fahrgäste ist empört? Schadenfroh? Gleichgültig? Hilfsbereit?

Die Schlange vor dem Schalter

Mindestens vier Spieler stehen ungeduldig in einer Schlange an. Sie verkörpern verschiedene Personen. Für alle ist es „höchste Eisenbahn", gleich fährt ihr Zug.

Vor dem Vorspielen verabreden die Spieler unter sich, welche Personen sie darstellen wollen, sie legen Alter, Geschlecht und Beruf fest. Sie besprechen auch, wie sie nach vorne drängen und wie sie nach hinten abblocken wollen. Dabei können sie Gegenstände einsetzen, z. B. einen Regenschirm oder eine Zeitung. Diese Gegenstände müssen nicht wirklich vorhanden sein. Es genügt, sie mit Handbewegungen anzudeuten.

In der Eisenbahn – Ein Sketch

Auf der Bühne stehen zwei Paar Stühle einander gegenüber. Dahinter wird ein Stück Pappe gestellt, auf das ein Eisenbahnfenster gemalt ist.
(Die beiden Frauen sitzen einander gegenüber.)

1. FRAU: Und das Fenster wird jetzt geöffnet.

2. FRAU: Nein, das Fenster bleibt geschlossen.

1. FRAU: Und ich sage, das Fenster wird geöffnet. *(Sie springt auf und will das Fenster öffnen.)*

2. FRAU: *(Springt auch auf und hält die 1. Frau fest.)* Und Sie lassen das Fenster zu. Das wollen wir doch mal sehen. Wenn Sie das Fenster öffnen, dann erfriere ich.

SCHAFFNER: *(Kommt auf die Bühne.)* Aber meine Damen, was ist denn hier los?

1. FRAU: Diese Frau will nicht, dass das Fenster geöffnet wird, sie versucht schon die ganze Zeit mich daran zu hindern. Aber wenn ich das Fenster nicht öffnen kann, ersticke ich.

2. FRAU: Und wenn das Fenster geöffnet wird, dann erfriere ich.

SCHAFFNER: Ich mache Ihnen einen Vorschlag, meine Damen. Wir öffnen jetzt eine Weile das Fenster, dann erfriert die eine, dann schließen wir das Fenster und es erstickt die andere. Dann haben wir endlich Ruhe.

1 Wenn ihr diese oder eine der folgenden Szenen vorspielen möchtet, könnt ihr beim Proben z. B. herausfinden: Wie sollen die Personen sprechen?
Sollen sie weniger oder mehr sagen als in der Vorlage? Oder etwas anderes?
Sollen zusätzliche Personen auftreten? Wo kann man „Theater ohne Worte" spielen?

Frederik Hetmann

Freie Fahrt – Ein kleines Theaterstück

Das folgende kleine Theaterstück „Freie Fahrt" hat zwei Handlungsorte. Diese lassen sich leicht den Zuschauern vor Augen führen, indem man z. B. auf die Rückseite von alten Tapetenrollen die entsprechende Szenerie malt. Auch Uniformteile (Dienstmützen, Dienstjacken usw.), die z. B. an einem Kleiderhaken hängen, sind geeignet die Zuschauer in den Handlungsort hineinzuversetzen.
Ein wichtiges Requisit in „Freie Fahrt" ist ein Kofferkuli. Man kann hierfür einfach einen Stuhl nehmen. Eine Schreibmaschine, die in unserem Stück auch benötigt wird, kann man gut mit einer bemalten Schuhschachtel andeuten.

PERSONEN: *Sprecher, Vater, Fenz, Passant, Mann in Uniform, Bahnhofsvorsteher, Fräulein Elvira*

SPRECHER: Es war einmal ein noch ziemlich kleiner Junge, der nannte sich selbst Fenz.

Er ging mit seinem Vater gern auf den Bahnhof. Nicht um zu verreisen, nur so ... um den Güterwaggons beim Rangieren zuzusehen, um Pfefferminzplätzchen aus dem Automaten zu ziehen, um die Schaffner pfeifen zu hören und um zu beobachten, wie die Leute, die zu spät kamen, rennen mussten, wenn sie den Zug noch erwischen wollten. [...]

Am liebsten kletterte er auf einen Kofferkuli und ließ sich von seinem Vater schieben.

Der Kofferkuli war die Lokomotive, Fenz der Lokomotivführer und im dicken Bauch seines Vaters saß der starke Elektromotor. Es war eine sehr schnelle Lokomotive. Sie erreichte eine Höchstgeschwindigkeit von mindestens 250 Stundenkilometern, wenn sie durch die Bahnhofshalle raste.

VATER: Gut festhalten! Sonst gibt es einen Unfall.

FENZ: Weiß ich doch, pass du nur auf, dass dir nicht die Puste ausgeht.

SPRECHER: Die Lokomotive ratterte los über die glitzernden Steinplatten. Schienen brauchte sie keine. Sie konnte kreuz und quer fahren, wie sie gerade wollte.

PASSANT: Können Sie mir sagen, wann der nächste Zug nach Essen fährt?

MANN IN UNIFORM: Halt ... ! Was soll dieser Unsinn? Unerhört!

FENZ: Gehen Sie aus dem Weg, bitte. Sie werden sonst noch überfahren. Das sieht man doch.

SPRECHER: Der Mann in Uniform schien keinen Spaß zu verstehen.

MANN IN UNIFORM: Hören Sie mal, was soll das? Ich bin im Dienst. Ich muss doch sehr bitten.

FENZ: Ich bin auch im Dienst.

MANN IN UNIFORM: Halt du deinen Mund, du verstehst das doch nicht, du bist noch zu klein ... aber Sie ... Kofferkulis sind nicht für solche Dummheiten da.

FENZ: Er kann Sie nicht hören. Er ist nämlich ein Elektromotor.

MANN IN UNIFORM: Das interessiert mich nicht im Geringsten.

SPRECHER: Der Vater gab einen surrenden Ton von sich.

FENZ: Hören Sie doch!

MANN IN UNIFORM: Zum letzten Mal, nehmen Sie das Kind von dem Kofferkuli herunter!

VATER: Na, na ...

MANN IN UNIFORM: Ist Ihnen klar, dass ich Sie unter Strafe nehmen könnte? Sie können froh sein, dass ich heute meinen großzügigen Tag habe.

VATER: Ich verstehe. Lokomotivführer YZ 7, bitte verlassen Sie den Führerstand. Ihre Lokomotive wird anderswo gebraucht.

FENZ: Scheiße.

MANN IN UNIFORM: Ihr Sohn hat ja eine nette Ausdrucksweise.

VATER: Mein Sohn hat doch Recht. Sie haben uns unser ganzes schönes Spiel verdorben. Aber gut, wenn der Kofferkuli gebraucht wird ... ich sehe das ein.

MANN IN UNIFORM: Es geht nicht allein darum, mein Herr, es geht um das Prinzip.

FENZ: Was ist Prinzip?

SPRECHER: Sein Vater hatte ihm nämlich gesagt, er solle immer fragen, wenn er ein Wort nicht verstehe, also fragte er.

FENZ: Was ist denn nun Prinzip?

VATER: Wenn man von einem Kofferkuli absteigen muss, obwohl er anderswo gar nicht gebraucht wird.

MANN IN UNIFORM: Mann, werden Sie bloß nicht unverschämt. So können Sie bei mir nicht landen ... bei mir nicht. Ich sage Ihnen, ich kann hart werden, wenn's sein muss.

SPRECHER: Jetzt schlagen sie sich, dachte Fenz. Ob der Vater wohl stärker ist als der? Aber es kam nicht dazu. Der Blick des Mannes fiel wieder auf ihn.

MANN IN UNIFORM: Du bist ja immer noch nicht abgestiegen, du Wanze.

SPRECHER: Fenz begann zu heulen. Laut, noch lauter. Er schrie wie am Spieß. So jedenfalls nannte seine Mutter diese Lautstärke. Sie sollen nur alle merken, dass ich Angst habe, dachte er. Vielleicht kommen sie dann alle angerannt, schimpfen mit diesem blöden Kerl und wir können dann weiter Lokomotive spielen. Aber niemand kam. Und der Vater sagte auch nur:

VATER: Komm jetzt. Wir geben's auf. Und hör auf zu heulen. [...]

FENZ: Vielleicht hättest du den Mann umhauen sollen. Das hätte vielleicht gekracht, wenn der hingeflogen wäre.

VATER: Damit mich die Polizei wegen solchen Blödsinns ins Loch steckt. Nein, du, ich weiß da etwas Besseres. Vielleicht klappt es ... vielleicht. Freu dich nicht zu früh. Ich hab gesagt, vielleicht, aber wir wollen es wenigstens einmal versuchen.

FENZ: Was machen wir?

VATER: Wir gehen zum Bahnhofsvorsteher, der ist für alle Lokomotiven zuständig.

BAHNHOFSVORSTEHER: Bitte, meine Herren, was kann ich für Sie tun?

VATER: Wir wollen uns nur einmal erkundigen, ob es verboten ist mit Kofferkulis ... diesen kleinen Wagen für das Handgepäck, na, Sie wissen schon ... ob es also verboten ist mit diesen Wägelchen Lokomotive zu spielen.

BAHNHOFSVORSTEHER: Mmm, diese Frage ist mir auch noch nicht untergekommen!

VATER: Wir bitten, dass diese Frage geklärt wird.

FENZ: Ja ... bitte!

BAHNHOFSVORSTEHER: Also, eine besondere Verordnung gibt es darüber wohl nicht ... soviel ich weiß. Ich würde sagen, wenn Kofferkulis gerade nicht gebraucht werden und man beim Spielen vorsichtig ist ...

FENZ: Vorsichtig sind wir. Mein Vater ruft immer, bevor wir abfahren: Halt dich gut fest. Und ich sag dann: Weiß ich doch.

BAHNHOFSVORSTEHER: Also, wenn man vorsichtig ist, wäre wohl in Ausnahmefällen nichts dagegen einzuwenden. Natürlich, wir sind hier kein Kinderspielplatz.

FENZ: Hat er Ja gesagt?

VATER: Fast.

FENZ: Komische Lokomotive, die fast fährt.

VATER: Könnten Sie uns Ihre Ansicht zu dieser Frage schriftlich geben? Es gibt nämlich da draußen einen wild gewordenen Mann in Uniform, der etwas dagegen hat, wenn man mit Kofferkulis spielt.

BAHNHOFSVORSTEHER: Ihr seid mir vielleicht zwei komische Typen, aber wenn euch das nun einmal solchen Spaß macht ... von mir aus. Ich bin doch ein Gemütsmensch, nicht wahr, Fräulein Elvira?

FRÄULEIN ELVIRA: Ich kann nicht klagen.

BAHNHOFSVORSTEHER: Tja, aber was schreibt man denn da?

VATER: Darf ich Ihnen behilflich sein?

BAHNHOFSVORSTEHER: Ja bitte, diktieren Sie!

VATER: Ich bin der Meinung, dass es, die nötige Vorsicht und Rücksichtnahme vorausgesetzt, gegen keine Vorschrift der Deutschen Bundesbahn verstößt, mit Kofferkulis, sofern diese nicht von Reisenden gebraucht werden, Lokomotive zu spielen. Freilich übernimmt die Deutsche Bundesbahn bei Unfällen, die sich ergeben könnten, keine Haftung. Der Stationsvorsteher.

(Bei jedem Komma schaut er zu Fräulein Elvira.)

FRÄULEIN ELVIRA: *(unterbricht)* Könnten Sie bitte noch einmal etwas langsamer wiederholen.

(Vater wiederholt noch einmal den letzten Satz.)

BAHNHOFSVORSTEHER: Hier, Kleiner, du darfst mal stempeln. Mensch, wenn ich da nur keinen Ärger mit meiner vorgesetzten Behörde kriege.

VATER: Im Gegenteil, ich werde dafür sorgen, dass man Ihnen eine Belobigung ausspricht. Vielen Dank.

FENZ: Vielen Dank auch von mir.

SPRECHER: Als sie nun wieder draußen in der Bahnhofshalle waren, suchten sie sich einen neuen Kofferkuli.

VATER: Einsteigen und gut festhalten.

FENZ: Weiß ich doch ... fertig!

SPRECHER: Kaum hatte die Lokomotive 150 Stundenkilometer erreicht, da tauchte schon wieder der Kerl in Uniform auf.

MANN IN UNIFORM: Das darf doch nicht wahr sein!

FENZ: Wir dürfen! Wir dürfen!

MANN IN UNIFORM: Keine faulen Sprüche jetzt, diesmal kommt ihr mir nicht mehr ungeschoren davon.

VATER: Würden Sie bitte zur Kenntnis nehmen, was auf diesem Papier steht. Sie können doch lesen, oder?

MANN IN UNIFORM: Versteh noch einer diese Welt.

Ludwig Thoma

Auf der Elektrischen[1] – Eine Geschichte als Spielvorlage

In München. Der schwere Wagen poltert auf den Schienen; beim Anhalten gibt es einen Ruck, dass die stehenden Passagiere durcheinander gerüttelt werden.

Ein Schaffner ruft die Station aus. [...]

Der Wagen hält.

„Deonsplatz!“, schreit der Schaffner.

Heißt eigentlich Odeonsplatz.

Eine Frau, die ein großes Federbett trägt, schiebt sich in den Wagen. Ein Sitzplatz ist noch frei.

Die Frau zwängt sich zwischen zwei Herren. Sie stößt dem einen den Zylinder vom Kopfe.

Das ärgert den Herrn. Er klemmt den Zwicker[2] fester auf die Nase und blickt strafend auf das Weib.

„Aber erlauben Sie!“, sagt er.

– ?! –

„Aber erlauben Sie, mit einem solchen Bett!“

Die Leute im Wagen werden aufmerksam.

Der Mann scheint ein Norddeutscher zu sein, der Sprache nach zu schließen. Ein besserer Herr, der Kleidung nach zu schließen.

Was fällt ihm ein, die arme Frau aus dem Volke zu beleidigen?

Ein dicker Mann, dessen grünen Hut ein Gemsbart ziert, verleiht der allgemeinen Stimmung Ausdruck.

„Warum soll denn dös arme Weiberl net da herin sitzen? Soll's vielleicht draußen bleib'n und frier'n? Bloß weil's dem nobligen[3] Herrn net recht is? Wenn ma so noblig is, fahrt ma halt mit da Droschken[4]!“

Der dicke Mann ist erregt. Der Gemsbart auf seinem Hut zittert.

Einige Passagiere nicken ihm beifällig zu; andere murmeln ihre Zustimmung. Ein Arbeiter sagt: „Überhaupt is de Tramway für an jed'n da. Net wahr? Und dera Frau ihr Zehnerl is vielleicht g'rad so guat, net wahr, als wia dem Herrn sei Zehnerl.“

Die Frau mit dem Bett sieht recht gekränkt aus. Sie schweigt; sie will nicht reden; sie weiß schon, dass arme Leute immer unterdrückt werden.

1 **Elektrische:** veraltete Bezeichnung für Straßenbahn
2 **Zwicker:** Brille ohne Bügel
3 **noblig:** bayer. für vornehm, nobel
4 **Droschke:** ältere Bezeichnung für Mietfahrzeug, Taxi

Sie schnupft ein paarmal auf und setzt sich zurecht. Dabei fährt sie mit dem Bette ihrem anderen Nachbarn ins Gesicht. Der stößt das Bett unsanft weg und redet in soliden Baßtönen: „Sie, mit Eahnan dreckigen Bett brauchen S' mir fei's Maul net abwisch'n! Glauben S' vielleicht, Sie müassen's mir unta d' Nasen halt'n, weil S' as jetzt aus'm Versatzamt[5] g'holt hamm?"

Die Passagiere horchen auf. Da ist noch einer, der die Frau aus dem Volke beleidigt; aber, wie es scheint, ein süddeutscher Landsmann.

Die Stimmung richtet sich nicht gegen ihn. Übrigens sieht er so aus, als wenn ihm das gleichgültig sein könnte.

Er hat etwas Gesundes an sich, etwas Robustes, Hinausschmeißerisches.

Er imponiert sogar dem Herrn mit dem grünen Hute.

Und dann, alle haben es gesehen:

Die Frau ist ihm wirklich mit dem Federbette über das Gesicht gefahren. So etwas tut man nicht. Der Mann selbst ist noch nicht fertig mit seiner Entrüstung. Er wirft einen sehr unfreundlichen Blick auf die Frau aus dem Volke und einen sehr verächtlichen Blick auf das Bett.

Er sagt: „Überhaupt is dös a Frechheit gegen die Leut', mit so an Bett do rei'geh'. Wer woaß denn, wer in dem Bett g'leg'n is? Vielleicht a Kranker; und mir fahren S' ins G'sicht damit! Sie ausg'schamte[6] Person!" Einige murmeln beifällig.

Der Mann mit dem grünen Hute gerät wieder in Zorn.

Er sagt: „Der Herr hat ganz Recht. Mit so an Bett geht ma nett in a Tramway. Da kunnten ja mir alle o'g'steckt wer'n. Heuntzutag, wo's so viel Bazüllen gibt!"

Der Gemsbart auf seinem Hute zittert. Alle Passagiere sind jetzt wütend über die Unverschämtheit der Frau. Man ruft den Schaffner.

„De muass außi!", sagt der Mann mit dem Gemsbart, „und überhaupts, wia könna denn Sie de Frau da einaschiab'n? Muass ma sie vielleicht dös g'fallen lassen bei der Tramway[7]? Dass de Bazüllen im Wag'n umanandfliag'n?"

Der Schaffner trifft die Entscheidung, dass die Frau sich auf die vordere Plattform stellen muss. Sie verlässt ihren Platz und geht hinaus.

5 Versatzamt: bayer. für Leihhaus
6 ausg'schamt: unverschämt
7 Tramway: engl. für Straßenbahn

„Dös war amal a freche Person!“, sagt der Mann mit dem Gemsbart.
Der Herr mit dem Zwicker meint: „Eigentlich war sie ganz anständig. Nur mit dem Bette …“
„Was?!“, schreit sein robuster Nachbar. „Sie woll'n vielleicht dös Weibsbild in Schutz nehma? Gengan S' außi dazua, wann's Eahna so guat g'fallt!“
Alle murmeln beifällig.
Und der Arbeiter sagt: „Da siecht ma halt wieda de Preißn!“

1 Selbstverständlich kann man diese Spielvorlage auch in andere Städte übertragen. Wie würden sich die Spieler in eurer Heimat ausdrücken?
2 Denkt euch vor den Spielproben für die einzelnen Figuren einen passenden Lebenslauf oder Tagesablauf aus.
3 Jemand will ein „besserer“ Herr oder eine „bessere“ Dame sein; jemand schweigt gekränkt; jemandem ist es gleichgültig, was andere sagen oder denken; wie kann man dies mit Händen und Füßen und noch mehr in der Körpersprache ausdrücken?
4 Was kann oder muss man ändern, wenn man diese Spielvorlage in die Gegenwart „übersetzt“? Welche anderen Figuren, welche neueren Requisiten[1] bieten sich dabei an?

1 **Requisiten:** Zubehör, Gegenstände, die man zum Theaterspielen braucht

Theaterklub der Klasse 6 – Nicht nur Stegreifspiele

Bekannte in der Menge

Alle Schüler bewegen sich wie in einer großen Menschenmenge. Jeder wählt sich insgeheim zwei Mitschüler aus, ohne dass diese es wissen. Diese Mitschüler grüßt man im flüchtigen Vorübergehen mit den Augen oder mit leichten Kopfbewegungen.
Nach einiger Zeit nennt jeder Mitschüler diejenigen, die ihn nach seiner Ansicht gegrüßt haben. Es wird Missverständnisse geben!

Nicht nur „Hallo!"

Menschen begrüßen sich auf sehr verschiedene Weise. Je nachdem, wie sie zueinander stehen, halten sie unterschiedliche Abstände ein. Ob und wie man sich bei der Begrüßung berührt, auch dafür gibt es unausgesprochene Regeln. Wir spielen Begrüßungsszenen. Mindestens zwei Spieler vereinbaren, wen sie darstellen. Paarrollen sind z. B. ein kleines Kind und sein Vater, ein Junge und seine Tante, zwei Geschäftsfreunde, ein Fußballstar und sein Fan. Überlegt, wie man sich je nach Gesprächspartner unterschiedlich verhält.

Gesucht wird nicht nur ein Text

Theater

Programm: 4 Kurzstücke

1 Bus verpasst
2 Da wackelt ja der ganze Bus
3 Der unbekannte Austauschschüler
4 ???

Bühne und Requisiten

Welche Spielflächen wählen wir – und räumen wir frei?
Wie deuten wir mit einfachen Dekorationen den Handlungsort an?
Welche „sprechenden" Dinge brauchen wir?

Gemeinsame Regie:

Wir sammeln und besprechen alle unsere Ideen.

Handlungen

vertauschen
verwechseln
verwirren
verfehlen
verfolgen
versöhnen
verwandeln
sich verlieben
sich zerstreiten
...

Rollen

Wer tritt auf?
Was sagen die Personen?
Wie sagen sie es?
Stummes Spiel?
...

Nervensägen

Passagiere in Bus oder Bahn gehen sich manchmal kräftig auf die Nerven. Spielt Personen, die andere absichtlich oder unabsichtlich „nerven". Probt auch verschiedene Reaktionen auf „Nervensägen".

12 Foto-Safari in der Schule

In Petras Dunkelkammer

In Petras Dunkelkammer ist noch am späten Abend „Licht" – natürlich gelb gefiltertes Licht, damit die unentwickelten Filme nicht verdorben werden. Petra und Jürgen haben gerade einen Film entwickelt und bereiten Probeabzüge vor. Sie sind gespannt, wie ihnen die Aufnahmen vom Vormittag gelungen sind. Mit einer Pinzette hebt Jürgen einen Abzug aus dem Fixierbad[1], lässt ihn etwas abtropfen und hält ihn unter die gelbe Lampe. „Schau mal her, Petra, die Sabine turnt mit der Zunge", amüsiert sich Jürgen. „Genau wie du, wenn du Mathe-Aufgaben rechnest!" – „Na hör mal, das kannst du doch nicht vergleichen!" Jürgen fühlt sich in seiner Würde leicht gekränkt.

„Du, das war eine gute Idee, dass du den Stefan vom Boden aus geknipst hast. In diesem Bild ist richtig Action drin." Petra zeigt Jürgen den Abzug, den sie gerade an der Pinzette hält. „Weißt du was? Wir machen eine Fotoserie, in der jedes Mal eine andere Perspektive oder ein anderer Ausschnitt vorkommt. Wir führen einfach mal vor, was man beim Fotografieren alles anstellen kann. Die Redaktion wird Augen machen."

Jürgen nickt. „Genau! Ich kann mir auch schon die Überschrift vorstellen: ‚Die Kamera und was man mit ihr machen kann' – also los, an die Arbeit!"

Die beiden betätigen sich neuerdings als „Pressefotografen" für die Schülerzeitung. Die Redakteure und Redakteurinnen der Schülerzeitung haben geplant in mehreren Ausgaben nacheinander Fotoberichte zum Thema „Unsere Schule" zu veröffentlichen. Um entsprechendes Bildmaterial haben sie die Foto-Arbeitsgemeinschaft der Schule gebeten und in dieser Arbeitsgemeinschaft arbeiten Petra und Jürgen schon lange mit.

Die beiden sollen das Leben an der Schule „vielfältig und wirklichkeitsnah" einfangen. Heute Abend zum Beispiel wollen sie Bilder aus einer Sportstunde zusammenstellen, die sie in der 6c „geschossen" haben. Petra und Jürgen hatten neulich alle Hände voll zu tun um die vielen Wünsche ihrer Mitschülerinnen und Mitschüler erfüllen zu können, sich wirkungsvoll vor der Kamera in Szene zu setzen.

Nach Stunden konzentrierter Arbeit in ihrem Fotolabor blicken sie zufrieden auf das Ergebnis.

1 **Fixierbad:** Lösung, in der Fotos lichtbeständig gemacht werden

Die Kamera und ihre Möglichkeiten

Der Schauplatz als Ganzes – die „Totale“

Wenn mit der Kamera ein Überblick vermittelt werden soll, rückt man sie von der Szenerie[1] so weit weg, dass der Schauplatz total im Sucher erfasst wird. Man nennt diese Einstellung daher die „Totale“. Durch ein Weitwinkelobjektiv kann man diese Kameraperspektive unterstützen; allerdings wird das Bild dann in Breite und Tiefe leicht verzerrt.

Oft befindet sich die Kamera bei einer Totaleinstellung oberhalb des Geschehens um beispielsweise den Standpunkt eines Tribünenzuschauers einzunehmen. Dieser Blickwinkel „von oben“ heißt „Vogelperspektive“.

1 **Szenerie:** Bühnen oder Landschaftsbild

Die Entfernung halbiert – die „Halbtotale“

Soll nur ein Teil des Geschehens im Bild erfasst werden, aber trotzdem der Schauplatz noch teilweise überschaubar bleiben, rückt die Kamera näher heran auf etwa die Hälfte der Entfernung bei der „Totalen“. Diese Kameraperspektive nennt man daher „Halbtotale“. (Die gleiche Wirkung kann natürlich auch durch ein Teleobjektiv erreicht werden, das den gewünschten Ausschnitt „heranholt“.)

Ähnlich wie bei der „Totalen“ sind auch in der „Halbtotalen“ einzelne Personen oder Dinge noch nicht sehr gut zu erkennen. Sie wirken – noch verstärkt durch die Vogelperspektive – eher klein. Das Interesse des Betrachters an einem Überblick kann aber befriedigt werden.

Ein Blick auf die Einzelaktion – „halbnah“

Um eine oder zwei Personen, z. B. Sportler, in ihrer Aktion genauer betrachten zu können muss die Kamera das Geschehen so nah erfassen, dass der Vorgang im Mittelpunkt des Bildes liegt und die Personen in voller Größe erkennbar sind. Einen so gewählten Ausschnitt nennt der Experte die „halbnahe“ Einstellung.

Konzentration auf eine Person – „amerikanische Einstellung“

Das Zusammenspiel von Gestik und Mimik einer Einzelperson genau zu erfassen macht es erforderlich, so nah an sie heranzugehen, dass das Mienenspiel, Arme und Hände von nahem zu sehen sind. Der Ausdruck „amerikanische Einstellung“ stammt ursprünglich aus Wildwestfilmen, in denen der Revolverheld vor dem Schießduell groß ins Bild rückt. Wichtig ist der Ausschnitt vom Gesicht bis kurz oberhalb der Knie, denn in Höhe der Oberschenkel befinden sich sowohl die Pistole als auch die schießbereite Hand. Ebenfalls in Fernsehserien, die man als „Seifenopern“ bezeichnet und in denen das Geschehen fast ausschließlich in geschlossenen Räumen spielt, bedient man sich häufig der „amerikanischen Einstellung“. In der Hauptsache sprechen die Personen miteinander und die spannenden Vorgänge sind in ihrem Gesicht bzw. an ihrer Gestik wahrzunehmen.

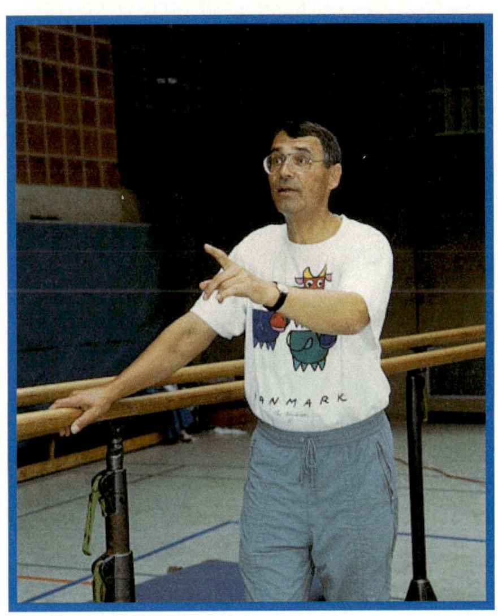

Ein Gesicht als Porträt – die Naheinstellung

Richtet sich das Interesse auf eine bestimmte Persönlichkeit, über die beispielsweise in der Zeitung berichtet wird, dann erscheint im Bild oft nur der Kopf – evtl. bis zu den Schultern oder kurz darunter. In einem solchen Ausschnitt, der „Naheinstellung", wirkt die Abbildung wie ein Porträt.

Eine Aktion – zwei Perspektiven

Beim Vergleich der „Vogelperspektive" mit der „Froschperspektive" fällt die unterschiedliche Bildwirkung auf: Die Perspektive „von unten" kann mehr Spannung und Bewegung einfangen als der Blick „von oben". Diese unterschiedliche Wirkung des Blickwinkels kann man auch ohne Kamera an sich selbst ausprobieren. Ihr könntet euch z. B. im Sportunterricht beim Weitsprung in die Sprunggrube legen – natürlich nur einzeln und weit vorne beim Absprungbalken! – und beobachtet dann den Satz eines Klassenkameraden über euch hinweg aus der „Froschperspektive". Vergleicht diesen Eindruck mit der Beobachtung eines Weitsprungs aus erhöhter Position.

Die „Froschperspektive" macht sich ein Fotograf im halbnahen und nahen Bereich vor allem bei der Aufnahme von Personen zu Nutze. In der Regel gefallen sich die Personen besser, wenn sie aus der „Froschperspektive" aufgenommen wurden. Probiert es einmal selbst bei der nächsten Gelegenheit aus, z. B. bei Urlaubsfotos.

1 Schneidet aus Sportteilen der Tagespresse die Fotos aus und ordnet sie nach der jeweils erkennbaren Kameraeinstellung. Vielleicht könnt ihr unterschiedliche Fotos zu denselben Ereignissen vergleichen; beurteilt, welches das Ereignis am besten veranschaulicht. Begründet eure Entscheidung.

2 Stellt euch vor, ihr entwerft eine Fotoserie über „Pendelstaffel der 6. Klassen“. Überlegt, welche Situationen ihr abbilden wollt und welche Kameraperspektive jeweils geeignet erscheint.

Situation	Bildinhalt	Kameraperspektive
Am Start	Die Startläufer warten in Startposition auf das Kommando ...	?

Bilder, Bilder, Bilder

Kehren wir in die Dunkelkammer zu Petra und Jürgen zurück. Sie entwickeln gerade einen Film, den sie in den großen Pausen auf dem Schulhof und im Schulgebäude verknipst haben. Das Thema für die Schülerzeitung lautet diesmal „Große Pause“.

„Was hat sich die Redaktion eigentlich bei diesem Thema gedacht?“, fragt Petra nachdenklich. „Wollen sie nur Schüler und Schülerinnen im Bild haben, hauptsächlich Schulhofszenen oder was sonst?“

„Mit unserem Bildmaterial kann man jedenfalls eine Menge anfangen“, sagt Jürgen stolz, „aber die Redaktion muss schon genauer angeben, unter welchen Gesichtspunkten die Fotos zusammengestellt werden sollen.“

Schaut euch einmal die Fotoausbeute von Petra und Jürgen auf Seite 246 f. an.

1

2

3

4

1 Findet Überschriften zu den Pausenfotos.

2 Welche anderen Motive oder Bildinhalte – statt der vorliegenden – könnt ihr euch zu den Überschriften vorstellen?

3 Wie wäre es mit einer „Foto-Safari“ durch eure Schule? So etwas lässt sich auch als Wettbewerb aufziehen.

Dieser fabel-hafte Cartoon zeigt, dass sich mit der Kamera Überraschendes anstellen lässt. Ihr könnt das auch selbst versuchen:

1 Schneidet Zeitungsfotos so zurecht, dass ihr – auch mit Hilfe eines entsprechenden Kommentars – eine inhaltlich andere Aussage erhaltet.

2 Sortiert Schulfotos, die bei einer „Foto-Safari“ entstanden sind, danach, ob sie einen vorteilhaften oder einen eher schlechten Eindruck von eurer Schule hervorrufen. Teilt euch in zwei Gruppen und erstellt eine Werbemappe und eine „Anti-Werbung“ für eure Schule.

Bildnachweis

S. 10: Foto M. Pasdzior/Factory, München; **S. 17**: aus: Erich Rauschenbach, Oh, Tochter, Bd. 2, rororo rotfuchs 259, © 1982 Rowohlt Taschenbuch Verlag, Reinbek b. Hamburg; **S. 20**: Jansen/dpa, Frankfurt/M; **S. 26 oben**: M. Pasdzior/Factory, München; **S. 26 unten**: Image Bank, München; **S. 28, 29**: M. Beck, Hamburg / Weltbild, Augsburg; **S. 31**: Kamel Taylan, Frankfurt/M. Aus: K. König u. a.: Merhaba ... Guten Tag. Ein Bericht über eine türkische Familie. Lamuv Verlag, Bornheim 1985; **S. 32**: René Böll. Aus: K. König u. a.: Merhaba ... Guten Tag. Ein Bericht über eine türkische Familie. Lamuv Verlag, Bornheim 1985; **S. 40**: Pressefoto Michael Seifert, Hannover; **S. 58**: Schälicke, Trier; **S. 60** (4): Bildagentur Bongarts, Hamburg; **S. 60 unten**: Sierpinski-Scope/Superbild, Berlin **S. 68**: Eberhard Holz, Cartoon-Caricature-Contor, München; **S. 74**: Bildagentur Bongarts, Hamburg; **S. 76**: Staatsgalerie moderne Kunst, München, Foto: Artothek, Peissenberg; **S. 78**: Karin Kneffel, Der Hahn, Foto: Achim Kukulis, Düsseldorf; **S. 79**: Skizze aus: Das große Wilhelm Busch Album. Joachim Richter Verlagsbuchhandlung, Heinrichshagen; **S. 80**: Okapia, Frankfurt/M.; **S. 81**: Victoria and Albert Museum, London; **S. 86**: Zeichnung aus: Dada, Monographie einer Bewegung. Verlag Arthur Niggli, Teufen, Schweiz. © VG Bild-Kunst, Bonn 1997; **S. 92**: Coll. Scheidweiler, Bruxelles, Lauros / Giraudon, Vanves Cedex; **S. 94**: AKG, Berlin; **S. 96, 100, 101, 115**: Federzeichnung von Theodor Hosemann aus: Gottfried August Bürger, Wunderbare Reisen zu Wasser und zu Lande, Feldzüge und lustige Abenteuer des Freiherrn von Münchhausen". © 1978 by Manesse Verlag, Conzett + Huber, Zürich; **S. 97**: Illustration aus: „Das Pferd auf dem Kirchturm" von Horst Lemke. Verlag Carl Ueberreuter, Wien; **S. 99**: Gustave Doré; **S. 116**: bpk, Berlin; **S. 117**: AKG, Berlin; **S. 118**: aus: Der Spiegel, Nr. 41/1968, S. 186; **S. 121**: Service photographique de la Réunion des musées nationaux, Paris; **S. 122**: Badisches Landesmuseum, Karlsruhe; **S. 124**: Geopress / Bavaria, Gauting; **S. 127**: bpk, Berlin; **S. 131**: Staatliche Antikensammlungen und Glyptothek, München; **S. 134**: Scala, Florenz; **S. 136**: Werner Schmidt, Berlin; **S. 137**: aus: Rudolf Riege, Rattenfänger (Ausschnitt); **S. 138**: Rudolf Riege, Rattenfänger (kolorierter Holzschnitt). Foto: Museum Hameln, Hameln; **S. 141**: Städtische Museen, Heilbronn; **S. 142**: Historisches Museum, Basel; **S. 152**: bpk, Berlin; **S. 155**: Holzschnitt v. Ludwig Richter, aus: Johann Peter Hebel, Kalendergeschichten, Insel Verlag, Frankfurt/M.; **S. 156**: Der Esel, der Bauer und sein Sohn. Zeichnung v. Mouche Vormstein. Foto: Ariola-Eurodisc GmbH, München; **S. 159 rechts**: Frans Masereel, Mein Stundenbuch. Gesammelte Werke, Bd. 1, Zweitausendeins-Versand, Frankfurt/M.; **S. 159 links**: bpk, Berlin; **S. 166**: Illustration aus: Heinrich Steinhöwel, Aesopus, Vita et Fabulae, Ulm 1476. Faksimileausgabe, Edition Libri Illustri, Ludwigsburg; **S. 167**: Holzschnitt aus: Heinrich Steinhöwel, Buch und Leben des hochberühmten Äsopi, Ulm 1476/77; **S. 173**: Holzschnitt v. Lukas Cranach. Aus: Luthers Fabeln und Sprichwörter. Hrsg. v. Reinhard Dithmar. Wissenschaftliche Buchgesellschaft, 1995; **S. 176**: James Thurber, Zeichnung aus: James Thurber, 75 Fabeln für Zeitgenossen. Ins Deutsche übertragen v. H. M. Ledig-Rowohlt. Reinbek b. Hamburg (Rowohlt); **S. 177**: aus: Der Löwe und die Maus. Insel-Taschenbuch; **S. 178**: Foto: bpk, Berlin; Montage: Britta Waldmann, Düsseldorf; **S. 179; 180, 182, 185**: Zeichnungen v. Walter Trier, © Atrium Verlag, Zürich; **S. 187**: Stiftung Deutsche Kinemathek, Berlin; **S. 188, 192**: Fotos aus: Luiselotte Enderle, Kästner. Eine Bildbiographie. Kindlers Klassische Biographien. Kindler Verlag, München; **S. 190**: AKG, Berlin; **S. 214 oben**: Scala, Florenz; **S. 214 unten**: Zeichung aus: Rolf Temming, Illustrierte Geschichte der Seefahrt. Pawlak Verlag, Hersching; **S. 215**: Zeichnung aus: Hans Peter Thiel, Erklär mir die Entdecker. Piper Verlag, München 1976; **S. 216**: Bilderdienst Süddeutscher Verlag, München: **S. 242, 243, 244, 247**: Pressefoto Michael Seifert, Hannover; **248**: Comic v. Jan Schniebel, Umschlagrückseite zu: Janne und Roland Günter, Vorsicht Foto!, rororo rotfuchs 312, © Rowohlt Taschenbuch Verlag, Reinbek b. Hamburg 1980

Autoren- und Quellennachweis

Die mit *gekennzeichneten Überschriften sind keine Originalüberschriften

Anders, Günther (1902–1992)
Der Löwe (S. 172). Aus: Der Blick vom Turm. Fabeln. München (C. H. Beck) 1968

Äsop (6. Jh. v. Chr.)
Die Katze und die Mäuse (S. 167); Die Stadtmaus und die Feldmaus (S. 168); Die Eiche und das Schilfrohr (S. 168). Aus: R. Hagelstange: Fabeln des Äsop. Ravensburg (Otto Maier) [4]1976

Arntzen, Helmut (geb. 1931)
Der Wolf kam zum Bach (S. 166). Aus : Kurzer Prozeß. Aphorismen und Fabeln. München (Nymphenburger) 1966

Bartos-Höppner, Barbara (geb. 1923)
Münchhausens Erzählrunde (S. 102). Aus: Das große Buch der schönsten Schwänke. Würzburg (Arena) 1979

Bichsel, Peter (geb. 1935)
Jodok lässt grüßen (S. 110). Aus: Kindergeschichten. Darmstadt/Neuwied (Luchterhand) 1969

Bolte, Karin (geb. 1943)
Ich sehe mich (S. 11); Ein Versager (S. 71). Aus: Menschengeschichten. 3. Jahrbuch der Kinderliteratur. Hrsg. H.-J. Gelberg. Weinheim/Basel (Beltz & Gelberg) 1975

Brecht, Bertolt (1898–1956)
Lied der Starenschwärme (S. 84); Es war einmal ein Adler (Auszug) (S. 91); Tierverse. Aus: Gesammelte Werke in 20 Bänden. Bd. 9, Gedichte 2, S. 644, 508). Frankfurt/M. (Suhrkamp) 1967. Die Denkaufgabe (S. 162). Gesammelte Werke in 20 Bänden. Bd. 11, Prosa 1. Frankfurt/M. (Suhrkamp) 1967

Brender, Irmela (geb. 1935)
Eine (S. 41). Aus: Menschengeschichten. 3. Jahrbuch der Kinderliteratur. Hrsg. H.-J. Gelberg. Weinheim/Basel (Beltz & Gelberg) 1975

Britting, Georg (1891–1964)
Der Hahn (gekürzt, S. 78). Aus: Gesamtausgabe in Einzelbänden. Gedichte. München (List) 1993

Bürger, Gottfried August (1747–1794)
Münchhausen erzählt von seinen Jagderlebnissen* (S. 100). Aus: Des Freiherrn von Münchhausen wunderbare Reisen. Berlin/Darmstadt/Wien (Deutsche Buchgemeinschaft) o. J.

Busch, Wilhelm (1832–1908)
Der Spatz (S. 83). Aus: Sämtliche Werke in 2 Bd. Hrsg. v. R. Hochhuth. München (Bertelsmann) o. J.

Busta, Christine (geb. 1915)
Eine Gutenachtgeschichte (S. 86). Aus: Die Zauberin Frau Zappelzeh. Gereimtes und Ungereimtes für Kinder und ihre Freunde. Salzburg (Otto Müller) 1979

Carstensen, Richard (geb. 1906)
In der Höhle des Kyklopen (S. 119). Aus: Griechische Sagen. Erzählt von Richard Carstensen. Reutlingen (Ensslin & Laiblin) 1954

Chamisso, Adelbert v. (1781–1838)
Die Weiber von Winsperg (S. 140). Aus: Sämtliche Werke. Hrsg. Josef Perfahl. München (Winkler) 1975

Defoe, Daniel (1660–1731)
Das Leben und die seltsamen Abenteuer des Robinson Crusoe, eines Seemanns aus York (S. 199). Aus: Robinson Crusoe. Erster und zweiter Band. Übers. v. E. G. Jacob. München (Winkler) o. J.

Domma, Ottokar (geb. 1924)
Unser Heidenröslein (S. 44). Aus: Rückblick eines braven Schülers. Hrsg. u. kommentiert v. Joachim Giera. Berlin (Eulenspiegel) [2]1994

Durian, Sibylle (geb. 1946)
Wenn ich ein Vöglein wär ... (S. 52). Aus: Primel schwindula. Berlin (Der KinderbuchVerlag) [4]1984

Dürrson, Werner (geb. 1932)
ungeziefer-serenade (S. 89). Aus: Deutsche Unsinnspoesie. Hrsg. v. K. P. Dencker. Stuttgart (Klett) 1978

Etzel, Theodor
Die Jagd auf den Hirsch (S. 172) Aus: Einhundert Fabeln. Von der Antike bis zur Gegenwart. Husum (Hamburger Lesehefte) o. J.

Fontane, Theodor (1819–1898)
John Maynard (S. 219). Aus: Sämtliche Werke. Bd. 10. Hrsg. v. E. Groß und K. Schreinert. München (Nymphenburger) 1962

Fried, Erich (1921–1988)
Humorlos (S. 85). Aus: Anfechtungen. Fünfzig Gedichte. Berlin (Wagenbach) 1967

Fühmann, Franz (1922–1984)
Es war einmal eine Au (S. 113). Aus: Die dampfenden Hälse der Pferde im Turm von Babel. Berlin (Der Kinderbuch Verlag)

Galeano, Eduardo (geb. 1940)
Der Schiffbrüchige und der andere (S. 210); Kolumbus (S. 213). Aus: Geburten. Erinnerung an das Feuer I. Übers. v. M. López. Wuppertal (Hammer) 1983

Goethe, Johann Wolfgang (1749–1832)
Die Frösche* (S. 171). Aus: Goethes Werke. Hamburger Ausgabe in 14 Bänden. Hrsg. v. E. Trunz. Bd. 1. München (C. H. Beck) [11]1978

Grandt, Herta (geb. 1907)
Gefangener Vogel (S. 85). Aus: Texte zum Thema Mensch und Tier. Zusammengestellt v. Günter Busse. Stuttgart (Klett) 1982

Grimm, Jacob (1785–1863)
Grimm, Wilhelm (1786–1859)
Die Kinder zu Hameln (S. 137); Die Weiber zu Weinsperg (S. 140). Aus: Deutsche Sagen. Darmstadt (Wissenschaftliche Buchgesellschaft) 1981

Grosse, Christine
Leih-Oma Elsbeth Kreuz (S. 27). Aus: Weltbild v. 31. 3. 95

Hacks, Peter (geb. 1928)
Irrtümer (S. 86); Das Pflaumenhuhn (S. 87). Aus: Der Flohmarkt. Gedichte für Kinder. Zürich/Köln (Benziger) 1973.

Härtling, Peter (geb. 1933)
Ein Autor stellt sich vor (S. 20). Text für den Cornelsen Verlag Berlin 1996
Wie Kalle zu Oma kam (S. 21); Mit Oma auf dem Amt (S. 23). Aus: Oma. Weinheim/Basel (Beltz & Gelberg) 1975, S. 5 ff., S. 19 ff.

Haucke, Ursula (geb. 1924)
Papa, Charly hat gesagt ... (S. 14). Hannover (Fackelträger Verlag) 1975

Hebel, Johann Peter (1760–1826)
Das Mittagessen im Hof (S. 145); Suwarow (S. 146); Der geheilte Patient (S. 148) Böser Markt (S. 150); Das wohlfeile Mittagessen (S. 153); Seltsamer Spazierritt (S. 156); Kannitverstan (S. 157); Drei Wünsche (S. 160). Aus: Schatzkästlein des rheinischen Hausfreundes. Kritische Gesamtausgabe mit den Kalenderholzschnitten. Hrsg. v. W. Theiss. Stuttgart (Reclam) 1981. Die Ohrfeige (S. 147). Aus: Werke. 3 Bände. Hrsg. v. W. Altwegg. Bd. 2. Berlin/Zürich (Atlantis) [2]1958. Unglück der Stadt Leiden (S. 154). Der Barbierjunge von Segringen (Auszug; S. 164). Aus: Kalendergeschichten. Hrsg. v. L. Wittmann u. W. J. Hachgenei. Frankfurt/M. (Diesterweg) 1968

Heckmann, Herbert (geb. 1930)
Tor! – Eine Stehaufgeschichte für Träumer, Schlafpelze und andere (S. 61). Aus: Da kommt ein Mann mit großen Füßen. Tag- und Nachtgeschichten. Reinbek b. Hamburg (Rowohlt)

Helsper, Helga
Grace O'Malley – Als Piratin auf See* (S. 221). Aus: Abenteuer auf See. Über Piratinnen und andere Seefrauen. Dortmund (edition ebersbach) 1991, S. 22 f., S. 58 ff.

Hetmann, Frederik (geb. 1934)
Freie Fahrt (S. 232). Aus: Schüler spielen Theater. Frankfurt/M. (Fischer) 1981

Hutterli, Kurt (geb. 1944)
Ein Opfer heimtückischer Piraten* (S. 226). Aus: Die sanfte Piratin. Aarau/Frankfurt/M. (Sauerländer) 1994, S. 31 ff.

Jandl, Ernst (geb. 1925)
ottos mops (S. 90). Aus: Der künstliche Baum. Neuwied/Berlin (Luchterhand) 1970 (S. 1 9). auf dem Land (S. 91) Aus: Laut und Luise. Neuwied/Berlin (Luchterhand) 1971

Jens, Walter (geb. 1923)
Odysseus bei den Phäaken (S. 130); Odysseus und Penelope (S. 133). Aus: Ilias und Odyssee. Nacherzählt von Walter Jens. Ravensburg (Otto Maier) 1958

Jünger, Friedrich Georg (1898–1977)
Der Specht (S. 80). Aus: Sämtliche Gedichte. St. Gallen (Erker) 1974

Kästner, Erich (1899–1974)
Münchhausen (S. 94); Das Pferd auf dem Kirchturm (S. 96); Die Rettung (S. 99). Aus: Münchhausen. Die phantastischen Lügengeschichten. Hamburg (C. Dressler) 1979 / © Atrium, Zürich, 1951. Stecknadeln haben auch ihr Gutes (S. 179); Der Erzähler stellt Emil vor* (S. 183); Ratschläge eines Kellners* (S. 186). Aus: Emil und die Detektive. Ein Roman für Kinder. Hamburg (C. Dressler) [92]1970 / © Atrium, Zürich o. J. Das verhexte Telefon (S. 193); Die Sache mit den Klößen (S. 194). Aus: Das verhexte Telefon. Hamburg (C. Dressler) / © Atrium Verlag, Zürich 1934. Der September (S. 196). Aus: Die 13 Monate. Zürich (Atrium) 1955. Sprüche (S. 197). Aus: Kurz und bündig. Zürich (Atrium) 1986

Kisch, Egon Erwin (1885–1948)
Bei den Heizern des Riesendampfers (S. 216). Aus: Der rasende Reporter. Gesammelte Werke in Einzelausgaben, Bd. 6. Berlin/Weimar (Aufbau) 1972

Koller, Christine
Das Fohlen (S. 77). Aus: Rabenschnabelschnupfen. Verse und Reime über große und kleine Tiere. Gesammelt von Fritz Senft. Frauenfeld (Huber)

Korschunow, Irina (geb. 1926)
Ich bin so gemein gewesen (S. 42). Aus: Kindergeschichten aus Deutschland Hrsg. v. K. Frank. Frankfurt/M. (S. Fischer) 1980

Krilla, Anton (geb. 1904)
Leider war das l unausgeschlafen (S. 115). Aus: abcd – Buchstabengeschichten. Reinbek b. Hamburg (Rowohlt) 1972

Krylow, Iwan Andrejewitsch (1769–1844)
Der Affe und die Brillen (S. 170). Aus: Fabeln. Nachdichtungen aus dem Russischen von Martin Remané. Berlin (SWA Verlag) 1948. Der Rabe und der Fuchs (S. 174). Aus: Fabeln. Ins Deutsche übertragen v. Ernst Busse. Potsdam (Eduard Stichnote) o. J.

Künzler-Behncke, Rosemarie (geb. 1926)
Weihnachtsbaumkaufen ist Männersache (S. 18). Aus: Kindern erzählt. Neue Advents- und Weihnachtsgeschichten. Hrsg. v. Melanie Schwalbe. Siebenstern (GTB) 1990

Kusenberg, Kurt (1904–1983)
Eine Schulstunde (S. 46). Aus: Gesammelte Erzählungen. Reinbek b. Hamburg (Rowohlt) 1969

La Fontaine, Jean de (1621–1695)
Der Frosch, der so groß sein wollte wie ein Ochse (S. 171). Aus: Die Fabeln. Gesamtausgabe. Übertragen v. Rolf May. Düsseldorf (Eugen Diederichs) 1964

Lechner, Auguste (geb. 1905)
Sirenenklänge und eine schwierige Durchfahrt (S. 125). Erzählt von Auguste Lechner. Aus: Die Abenteuer des Odysseus. Innsbruck (Tyrolia) 8 1985

Lenzen, Hans Georg (geb. 1921)
Die Reportage (S. 64). Aus: Der fliegende Robert. Viertes Jahrbuch der Kinderliteratur. Hrsg. v. H. J. Gelberg. Weinheim/Basel (Beltz & Gelberg) 1977

Lessing, Gotthold Ephraim (1729–1781)
Der Rabe und der Fuchs (S. 175). Das dichterische Werk. Bd. 1, Hrsg. v. Herbert G. Göpfert. München (Deutscher Taschenbuch Verlag) 1979

Lobe, Mira (geb. 1913), **Zotter**, Gerri
Giraffe u. Krokodil (S. 91). Aus: Das Sprachbastelbuch. Hrsg. v. H. Domenego. Wien/München (Jugend und Volk) 1983, S. 41

Luther, Martin (1483–1546)
Vom Raben und Fuchs (S. 173). Aus: Luthers Fabeln. Nach seiner Handschrift und den Drucken neu bearbeitet v. Ernst Thiele. Halle/Saale (Neudrucke deutscher Literaturwerke) 1911

Morgenstern, Christian (1871–1914)
Das ästhetische Wiesel (S. 90). Aus: Galgenlieder. Ginganz und Horatius Travestitus. Sämtliche Dichtungen I, Bd. 6 Basel (Zbinden) 1972

Mund, E. D.
Die Rettung aus dem Sumpf (S. 98). Aus: Münchhausen. Seine Reisen und Abenteuer. Wiedererzählt von E. D. Mund. Bayreuth (Loewes) 1967

Prévert, Jacques (1900–1977)
Rechenstunde (S. 56). Aus: Gedichte und Chansons. Französisch und Deutsch. Nachdichtungen von Kurt Kusenberg. Reinbek b. Hamburg (Rowohlt) 1962

Reinick, Robert
Der Hahn (S. 79). Aus: Rabenschnabelschnupfen. Verse und Reime über große und kleine Tiere. Gesammelt von Fritz Senft. Frauenfeld (Huber)

Ringelnatz, Joachim (1883–1934)
Das Lied von der Hochseekuh (S. 88). Aus: Das Gesamtwerk. Zürich (Diogenes) 1982

Rückert, Friedrich (1788–1866)
Barbarossa (S. 139). Aus: Gesammelte poetische Werke. Frankfurt/M. 1882

Ruck-Pauquèt, Gina (geb. 1931)
Ist ja auch nichts für ein Mädchen (S. 69); Pferd am Baum (S. 77). Aus: Die Stadt der Kinder. Hrsg. v. H.-J. Gelberg. Recklinghausen (Georg Bitter) 1969

Sandburg, Carl (1879–1967)
Büffel-Dämmerung (S. 85) Aus: Guten Morgen, Amerika. Übers. v. A. Czach. München (Herbig) 1948

Stevenson, Robert Louis (1850–1894)
Aus: Die Schatzinsel (S. 224). Übersetzt v. N. O. Scarpi Hamburg (C. Dressler) 1990, S. 98 f., 264–266

Storm, Theodor (1817–1888)
Von Katzen (S. 82). Aus: Deutsche Gedichte. Von den Anfängen bis zur Gegenwart. Hrsg. v. Th. Echtermeyer u. B. v. Wiese. Düsseldorf (Bagel) 1956

Tekinay, Alev
Das Kind am Anlegeplatz (S. 33). Aus: Freihändig auf dem Tandem. 30 Frauen aus 11 Ländern, hrsg. v. Luisa Costas Hölzl, Eleni Torossi. Kiel (Neuer Malik Verlag) 1985, S. 115, S. 120 f.

Tetzner, Lisa (1894–1963)
Die Kinder auf der Insel* (S. 203). Aus: Die Kinder aus Nr. 67. Bd. 5. Aarau/Frankfurt/M., (Sauerländer) 1994, S. 33–37, S. 56–59

Thoma, Ludwig (1867–1921)
Auf der Elektrischen (S. 236): Aus: Gesammelte Werke. Bd. 4. München (Piper) 1968

Thurber, James (1894–1961)
Der Fuchs und der Rabe (S. 175). Aus: 75 Fabeln für Zeitgenossen. Ins Deutsche übertragen v. H. M. Ledig-Rowohlt. Reinbek b. Hamburg (Rowohlt)

Tsepeneag, Dumitru
Der Lügner (S. 103). Aus: Dichter Europas erzählen Kindern. Hrsg. v. G. Middelhauve. Köln (Gertraud Middelhauve Verlag), 1966

Waldbröl, Hans-Joachim
Interview mit Vreni Schneider (S. 74). Aus: FAZ Nr. 263 v. 11. 11. 1995

Wünsche, Konrad
Klassenordnung (S. 43). Aus: Am Montag fängt die Woche an. Zweites Jahrbuch der Kinderliteratur. Hrsg. v. H.-J. Gelberg. Weinheim/Basel (Beltz & Gelberg) 1973

Zakiewicz, Zbigniew
Die schreckliche Geschichte von Stefan Zirperich (S. 107). Aus: Dichter Europas erzählen Kindern. Hrsg. v. G. Middelhauve. Köln (Getraud Middelhauve Verlag), 1966, S. 120 ff.

Zechner, Johannes Heinz (1955)
Nicht genügend; Briefwechsel; Fragen (S. 51). Aus: Was für ein Glück. 9. Jahrbuch der Kinderliteratur. Hrsg. v. H.-J. Gelberg. Weinheim/Basel (Beltz & Gelberg) 1993

Unbekannte u. ungenannte Verfasser

Damals musste noch alles seine Ordnung haben (S. 26). Aus: Das Zeitbild: Familien-Bande. Bonn (ZEITBILD-Verlag) 1993

Birgül – ein türkisches Mädchen berichtet* (S. 31). Aus: K. König u. a.: Merhaba ... Guten Tag. Ein Bericht über eine türkische Familie. Bornheim-Merten (Lamuv) 1985

Metin und Martin (S. 36). Aufsatz eines türkischen Schülers (Aufgezeichnet v. Alev Tekinay). Aus: Sie haben mich zu einem Ausländer gemacht. Hrsg. v. Norbert Ney. Reinbek b. Hamburg (Rowohlt Taschenbuch Verlag) 1985

Wie ein Vogel im Käfig (S. 38) Aus: Täglich eine Reise von der Türkei nach Deutschland. Hrsg. v. Förderzentrum Jugend schreibt. Fischerhude (Atelier im Bauernhaus) 1980

Spechte (S. 80). Lexikonartikel. Aus: dtv junior Lexikon. Bd. 5. München (Deutscher Taschenbuch Verlag) 1980

Der beste Lügner (S. 93). Aus: Von Schelmen und närrischen Leuten. Spaßgeschichten. Schwänke und Schnurren aus vielen Ländern. Aus dem Volksmund nacherzählt v. M. Stebich. Wien/München/Zürich (Julius Breitschopf) 1961

Der Wirt und sein Gast (S. 145). Aus: Vademecum für lustige Leute. Hrsg. v. F. Nicolai. Berlin (Mylius) 1764

Eine Zeitungsnotiz aus Hebels Zeit* (S. 164). Aus: Korrespondenten von und für Deutschland. Nürnberg v. 20. 1. 1808

Köln gleicht „Klein-Venedig“ (S. 154). Aus: Schwarzwälder Bote v. 14. 4. 1983
Rheinbrücken unterflogen (S. 165). Aus: Schwarzwälder Bote v. 19.3.1983
Hund als Lebensretter (S. 165). Aus: Schwarzwälder Bote v. 8. 4. 1983
Bankräuber wurde ohnmächtig (S. 165). Aus: Schwarzwälder Bote v. 15. 4. 1983

Entdeckung der Neuen Welt (S. 214). Aus: Wolfram zu Mondfeld, Schicksale berühmter Segelschiffe. München (W. Heyne) 1989, S. 79, S. 81 f.

Santa Maria (S. 215). Aus: Rolf Temming, Illustrierte Geschichte der Seefahrt. Herschmg (Pawlak) 1974, S. 105

In der Eisenbahn (S. 232). Theaterspielkiste. Texte und Ideen zum darstellenden Spiel für Schülerinnen und Schüler der Klassen 5 bis 7. Berlin (Volk und Wissen) 1995

Verzeichnis der Texte nach Formen

- **Jugendbuchauszüge**

- **Kalendergeschichten**

- **Reportage**

Sachtexte

Sagen

Spielvorlagen u. szenische Texte

Sprüche

Unsinns- und Lügengeschichten

Fachbegriffe

- **Erzählerische Mittel:** Durch anschauliches Erzählen, den Aufbau von Spannung und das Hinführen zu einem Höhepunkt wird eine Erzählung lebendig und interessant für den Leser oder Zuhörer. *Anschauliches Erzählen* meint, dass der Erzähler/die Erzählerin – z. B. durch die Wahl treffender Wörter – so erzählt, dass sich Hörer/innen und Leser/innen das Erzählte gut vorstellen können.
  Aufbau von Spannung: Die Erzählung ist in Erzählschritte gegliedert. Sie enthalten häufig Andeutungen und führen stufenweise zum *Höhepunkt*. Leser/innen und Hörer/innen sind also immer mehr „gespannt" auf den Höhepunkt, um dessentwillen die Geschichte erzählt wird.
  Erzählperspektive ist der Blickwinkel, aus dem erzählt wird. Eine Erzählung kann aus der Sicht einer beteiligten Person, in Ichform also, oder „von außen", in Er-Form, erzählt sein.
  Die Erzählung „Jodok lässt grüßen" (Peter Bichsel, S. 110) ist in der Ichform, aus der Perspektive des Mannes, erzählt; die Erzählung „Eine" (Irmela Brender, S. 41) ist in der Er-Form erzählt.

- **Fabel:** Fabeln sind kleine Geschichten, meist von Tieren, denen wir bestimmte Eigenschaften zuschreiben: Der Fuchs ist schlau, listig, der Esel ist dumm usw. Die Tiere denken und handeln wie Menschen; häufig handeln sie auch klüger als die Menschen. Fabeln enthalten eine Lehre, die der Leser erkennen und beherzigen sollte.

- **Kalendergeschichte:** Kalendergeschichten sind kürzere, meist lehrhafte Erzählungen, die man seit dem 15. Jahrhundert in den jährlich erscheinenden Kalendern zusätzlich zum Verzeichnis der Tage, Wochen und Monate mit den kirchlichen Feiertagen abdruckte.

- **Lügengeschichte:** Eine lebensnahe Erzählung von Erlebnissen, die mit Hilfe einer unerwarteten Lüge maßlos übertreibt. Sie will auf verschmitzte und fantastische Art unterhalten. Dazu zählen auch Münchhausen-Geschichten, in denen der Erzähler vorgibt, mit Hilfe einer glänzenden Idee – eben einer fantastischen Lüge – ein Problem zu lösen, ein Hindernis zu überwinden oder eine Aufgabe zu meistern. Dabei soll der Leser/die Leserin die maßlose Übertreibung durchschauen und sich an dem Einfallsreichtum und an der Gewitztheit des Erzählers erfreuen.

- **Sachbuch:** „Sachbuch" heißt ein Buch, das nicht erfundene Geschichten enthält, sondern das genau über Tatsachen informiert. Sachbücher beschäftigen sich z. B. mit geschichtlichen Ereignissen oder mit Erscheinungen in der Natur, z. B. in der Tierwelt.

- **Sage:** Sagen sind – wie Märchen – kurze Erzählungen. Sie wurden früher mündlich überliefert und haben keinen bestimmten Verfasser.
  Im Unterschied zum Märchen werden in der Sage Ereignisse oder Handlungen so erzählt, als ob sie wirklich geschehen wären. Oft werden Personen genannt und Orts- und Zeitangaben gemacht. Doch ist die Sage kein Tatsachenbericht, vieles ist hinzugedichtet.
  Es gibt sehr unterschiedliche Sagen. Manche ranken sich um bestimmte Orte (*Ortssagen*), begründen die Entstehung von Städten, handeln von berühmten Persönlichkeiten der Geschichte (*historische Sagen*) oder von volkstümlichen Heldengestalten. Andere Sagen entstehen im Zusammenhang mit nicht erklärbaren, unheimlichen oder überirdischen Erscheinungen (*dämonische* oder *Geistersagen*) oder ranken sich um auffällige Naturdenkmäler, wie z. B. Felsen, Bäume (*Natursagen*).
  Sagen dienen oft dazu, diese Dinge auf einfache und volkstümliche Weise zu erklären.

- **Sketch:** „Sketch" nennt man einen gespielten Witz. Ein Sketch besteht aus einem kurzen lustigen Wortwechsel, meist nur zwischen zwei oder drei Personen. Er endet oft mit einer Pointe, einem Knall mit Worten.

- **Spielvorlage:** „Spielvorlage“ nennt man einen Dialog oder eine Geschichte, die mehrere Personen für sich oder vor anderen vorspielen.

- **Stegreifspiel:** Bei einem Stegreifspiel ist nur die Situation vorgegeben. Die Schauspieler und Schauspielerinnen müssen keinen Text vorher auswendig lernen, sondern improvisieren (erfinden) ihre Sprechpartien jeweils neu.

Redaktion: Ingeborg Busack

Lay-out: Katharina Wolff
Technische Umsetzung: werkstatt für gebrauchsgrafik, Berlin
Illustrationen: Egbert Herfurth, Leipzig; Dorothee Menden, Berlin; Margit Pawle, München; Frauke Trojahn, Berlin
Umschlaggestaltung: Saskia Klemm
Umschlagillustration: Egbert Herfurth, Leipzig

Dieses Werk berücksichtigt die Regeln der reformierten Rechtschreibung und Zeichensetzung.

Bei den Fremdtexten auf S. 46, 84 und 162 haben die Rechteinhaber der Anpassung an die Rechtschreibreform widersprochen. Diese Texte sind durch [R] gekennzeichnet.

1. Auflage ✔ Druck 6 5 4 3 Jahr 03 02 01 2000

Alle Drucke dieser Auflage können im Unterricht nebeneinander verwendet werden.

Druck: CS-Druck Cornelsen Stürtz, Berlin

ISBN 3-464-62131-6

Bestellnummer 621316

gedruckt auf säurefreiem Papier, umweltschonend hergestellt aus chlorfrei gebleichten Faserstoffen

Ich habe von Gestern

Ich habe nichts mehr

OK!!